SAN FRANCISCO
EN QUELQUES JOURS

Alison Bing

Dans ce guide

L'essentiel
Pour aller droit au but et découvrir la ville en un clin d'œil.

Les basiques
À savoir avant de partir

Les quartiers
Se repérer

Explorer San Francisco
Sites et adresses quartier par quartier.

Les incontournables
Pour tirer le meilleur parti de votre visite

100% San Francisco
Vivre comme un habitant

San Francisco selon ses envies
Les meilleures choses à voir, à faire, à tester…

Les plus belles balades
Découvrir la ville à pied

Envie de…
Le meilleur de San Francisco

Carnet pratique
Trucs et astuces pour réussir votre séjour.

Hébergement
Une sélection d'hôtels

Transports et infos pratiques

Retrouvez facilement chaque adresse sur les plans de quartiers

- 🎯 **Voir**
- ❌ **Se restaurer**
- 🍷 **Prendre un verre**
- ⭐ **Sortir**
- 🔒 **Shopping**

Légende des symboles

- 📞 Numéro de téléphone
- ⏰ Horaires d'ouverture
- 🅿 Parking
- 🚭 Non-fumeurs
- @ Accès Internet
- 📶 Wi-Fi
- 🥗 Végétarien
- 📖 Menu en anglais
- 👨‍👩‍👧 Familles bienvenues
- 🐾 Animaux acceptés
- 🚌 Bus
- ⛴ Ferry
- Ⓜ Muni/Métro
- 🅱 BART
- 🚋 Tramway/Cable Car
- 🚆 Train

Retrouvez facilement chaque adresse sur les plans de quartiers

Legion of Honor

1 🎯 Plan p. 166, B1

Modèle et femme ho[mme] [co]mmun, "Big Alma' [...] fit don de [...] [fai]re ce m[...] [mo]rts e[...] [pre]mière [...] [n]phéas [...] [œuv]res de [...] [R]obert Cr[...]

San Francisco En quelques jours

Les guides *En quelques jours* édités par Lonely Planet sont conçus pour vous amener au cœur d'une ville.

Vous y trouverez tous les sites à ne pas manquer, ainsi que des conseils pour profiter de chacune de vos visites. Nous avons divisé la ville en quartiers, accompagnés de plans clairs pour un repérage facile. Nos auteurs expérimentés ont déniché les meilleures adresses dans chaque ville : restaurants, boutiques, bars et clubs... Et pour aller plus loin, découvrez les endroits les plus insolites et authentiques dans les pages "100% San Francisco".

Ce guide contient également tous les conseils pratiques pour éviter les casse-tête : itinéraires pour visites courtes, moyens de transport, montant des pourboires, etc.

Grâce à toutes ces infos, soyez sûr de passer un séjour mémorable.

Notre engagement

Les auteurs Lonely Planet visitent en personne, pour chaque édition, les lieux dont ils s'appliquent à faire un compte-rendu précis. Ils ne bénéficient en aucun cas de rétribution ou de réduction de prix en échange de leurs commentaires.

L'essentiel 7

Les incontournables 8
Vivre comme un habitant 12
San Francisco en 4 jours 14
Les basiques 16
Carte des quartiers 18

Explorer San Francisco 21

- **22** Golden Gate Bridge et la marina
- **34** Fisherman's Wharf et les quais
- **54** North Beach et Chinatown
- **76** Downtown et SoMa
- **106** Hayes Valley et Civic Center
- **126** Mission
- **148** Haight et NoPa
- **160** Golden Gate Park et les avenues

Vaut le détour :

Alcatraz **50**
Exploratorium **52**
Secrets de Russian Hill et Nob Hill **74**
Boutiques, sushis et spectacles à Japantown **124**
Le Castro révolutionnaire **146**

San Francisco selon ses envies 179

Les plus belles balades

Ambiance bohème dans Haight **180**
Les trésors de Mission **182**
Mouvement Beat à North Beach **184**

Envie de...

Restaurants gastronomiques **186**
Restaurants à prix doux **188**
Concerts **189**
Bars et cafés **190**
Scène gay et lesbienne **192**
Musées et galeries **194**
Architecture **195**
Plein air **196**
Shopping **198**
San Francisco en famille **200**
San Francisco gratuit **201**
Spectacles **202**

Carnet pratique 203

Avant de partir **204**
Arriver à San Francisco ... **206**
Comment circuler **207**
Infos pratiques **209**
Langue **214**

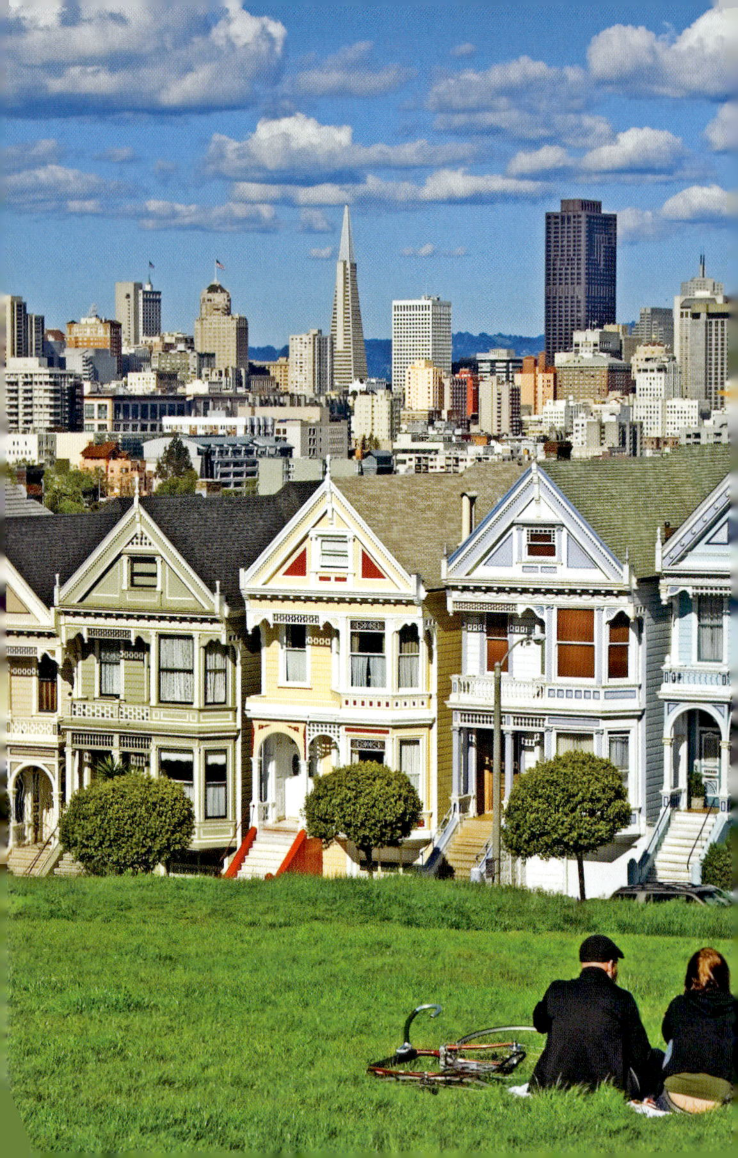

L'essentiel

Les incontournables 8
Vivre comme un habitant.....................12
San Francisco en 4 jours 14
Les basiques 16
Carte des quartiers 18

Bienvenue à San Francisco

Munissez-vous de votre manteau et d'une poignée de paillettes pour entrer dans le royaume du brouillard et du fabuleux. Vous êtes juste à l'heure pour le prochain numéro extravagant, à l'extrême limite de la Californie et de la raison – si un costume n'a pas encore été porté, une technologie imaginée, une figure de skate essayée ou une bizarrerie fêtée, c'est ici que cela va se produire. Adieu, les inhibitions ; bonjour, San Francisco !

Vue sur Downtown depuis Alamo Square Park (p. 152)
MITCHELL FUNK / GETTY IMAGES

San Francisco
Les incontournables

Le Golden Gate Bridge (p. 24)

Ce pont orange emblématique de la ville, véritable merveille d'ingénierie, a la fâcheuse manie de disparaître au gré des brouillards de l'après-midi, alors que le matin, il tranche sur le bleu du ciel et de la baie

Les incontournables

L'Exploratorium
(p. 52)

Ce musée offre un voyage total à travers des expositions scientifiques interactives. Entrez dans un monde sans couleur, avancez à l'aveuglette dans le Tactile Dome, sirotez des cocktails luisants dans l'Ultraviolet Room et ressortez éclairé.

Le MH de Young Memorial Museum
(p. 164)

S'oxydant, l'élégant bâtiment en cuivre se fond peu à peu dans le parc. Collage Beat des années 1950, soutiens-gorge de Jean Paul Gaultier des années 1980 ou masques d'Océanie des années 1890 peuplent ses collections éclectiques.

Alcatraz (p. 50)

Aucun prisonnier ne s'échappa d'Alcatraz (du moins officiellement). Mais quand les portes du bloc D se referment sur vous, nager 1,25 mile nautique contre les courants pour rejoindre la côte semble être une option envisageable. Heureusement pour vous, le ferry est là.

Les incontournables

La California Academy of Sciences (p. 162)

Quelque 38 000 créatures (pingouins, pieuvre rose…) vous attendent à la California Academy of Sciences. Ce musée possède une forêt tropicale de 4 étages, un planétarium, un aquarium et des laboratoires en activité.

L'Asian Art Museum (p. 108)

Plutôt que de tenter d'apercevoir l'Asie depuis la côte, vous pourrez en découvrir les chefs-d'œuvre grâce à cette collection de 17 000 pièces couvrant une période de 6 000 ans, du Pakistan au Japon.

Les cable cars (p. 80)

Les *cable cars* sont indissociables des rues de la ville. Hissez-vous sur le marchepied et accrochez-vous bien ! Voir le Golden Gate apparaître, à la faveur d'une côte vertigineuse, apporte une touche de couleur et de poésie typiquement san-franciscaine.

Les incontournables

La Coit Tower et les Filbert Steps (p. 56)

Le panorama et les peintures murales récompensent de l'ascension des Filbert Steps vers les hauteurs de Telegraph Hill, sous l'œil impassible des perroquets sauvages qui y ont élu domicile.

Le Ferry Building (p. 78)

Plus que la tour de l'horloge du XIXe siècle, c'est la cuisine qui en impose, ici. Des chefs réputés y cuisinent les produits locaux, et les producteurs font honneur au terroir lors des marchés. Le tout avec vue sur la baie.

Fisherman's Wharf (p. 36)

Les otaries ont la belle vie au Pier 39 : sieste au soleil et festin de poisson sont au programme. Les mascottes officieuses de la ville lézardent sur les quais depuis des décennies, inspirant les humains à leur emboîter le pas.

La Lombard Street (p. 40)

La rue la plus tordue au monde ! Les 8 virages en lacets de Lombard St mènent à de belles promenades et à une vue imprenable sur le Golden Gate Bridge depuis le George Sterling Park.

100% San Francisco
Vivre comme un habitant

Conseils d'initiés pour découvrir le vrai San Francisco

Il n'est pas surprenant qu'une ville aussi active et libre soit également le creuset de l'avant-garde artistique et à la pointe des tendances : le graffiti est élevé au rang d'art dans les ruelles de Mission, et les bars écolos fleurissent dans les nuits californiennes.

Le Castro révolutionnaire (p. 146)

▶ Sites gays historiques
▶ Organismes LGBT

Quartier gay historique de San Francisco, Castro fut au centre de la lutte pour la reconnaissance des droits civiques et de la liberté d'expression des homosexuels et du traitement du VIH. Le premier musée de l'histoire LGBT d'Amérique raconte cette épopée.

Promenade ensoleillée à Mission (p. 128)

▶ Hauts lieux de la détente
▶ Ruelles recouvertes de peintures murales

Grâce au microclimat de San Francisco, quand la brume envahit Golden Gate Park, il fait toujours beau à Mission. Oubliez l'air lourd de la côte et joignez-vous aux adeptes de la détente et du bronzage. Mangez une glace bio sur les pentes panoramiques de Dolores Park, observez des fresques et des plantations dans les ruelles et regardez les gens passer dans Valencia St en buvant l'apéritif.

Boutiques, sushis et spectacles à Japantown (p. 124)

▶ Design futuriste
▶ Divertissement

Malgré les aléas de l'Histoire depuis 1860, ce petit quartier a su conserver intacts son style et son talent pour la réinvention : ici se mêlent joyeusement bains japonais traditionnels, sushis, bossa-nova japonaise ou chaussures psychédéliques inspirées de celles des ninjas.

Vie nocturne à SoMa (p. 84)

▶ Discothèques dans des entrepôts
▶ Clubs LGBT

SoMa est la destination clubbing de SF depuis les années 1970. Avec quelques innovations : les bains publics ont disparu, la lumière des LED balaie la piste de danse et des trapèzes se balancent au-dessus du bar… mais les tubes rétro attirent encore les foules, et les soirées gays du dimanche battent leur plein.

Vivre comme un habitant 13

Peinture murale dans Castro (p. 146)

La Gay Pride (p. 192).

Russian Hill et les secrets de Nob Hill
(p. 74)

▶ Promenades dans des escaliers
▶ Points d'inspiration

Tout en haut de Russian Hill, trouvez les sources de l'inspiration san-franciscaine : les jardins poétiques, les escaliers cachés énigmatiques, et la ruelle où Jack Kerouac trouva sa voie et rédigea *Sur la route* en 20 jours. Sur Nob Hill sont révélés les secrets d'État et les mystères de l'univers – même si les moussons intérieures du Tonga Room n'ont de sens que pour les buveurs de Scorpion Bowl.

Autres expériences pour vivre comme un habitant :

Les San Francisco Giants (p. 98)

Longer la côte (p. 170)

Les POPOS (p. 95)

Le rassemblement culinaire Off the Grid à Fort Mason (p. 30)

Les lieux de rencontre installés dans des conteneurs (p. 118)

Potrero Flats (p. 144)

Un cours de cuisine à Mission (p. 142)

La poste de Rincon Annex (p. 94)

La Galería de la Raza (p. 132)

Une descente en skate de Haight St (p. 158)

San Francisco en 4 jours

1er jour

☀ Montez dans le *cable car* de Powell-Mason pour une balade à travers les collines de la ville. Descendez à North Beach et grimpez jusqu'à la **Coit Tower** (p. 56) pour admirer les fresques et le panorama. Descendez les pittoresques **Filbert Steps** (p. 57) pour rejoindre le front de mer ensoleillé de l'Embarcadero, avant de plonger dans l'obscurité du Tactile Dome à l'**Exploratorium** (p. 53).

☀ Goûtez les délicieux tacos de poisson chez **Mijita** (p. 79) dans le **Ferry Building** (p. 78), puis prenez le ferry que vous avez réservé pour **Alcatraz** (p. 51). Dirigez-vous vers North Beach, où vous pourrez lire à la librairie **City Lights** (p. 71) et côtoyer les esprits les plus libres de San Francisco au **Beat Museum** (p. 60).

☾ Savourez tranquillement les meilleures pâtes de North Beach à **Cotogna** (p. 64), en ayant pris soin de réserver auparavant. Après votre séjour en prison, vous n'aurez aucun mal à supporter la promiscuité du **Cobb's Comedy Club** (p. 71) ou l'humour décapant des travestis du **Beach Blanket Babylon** (p. 70). Enfin, arrosez cette périlleuse journée à San Francisco avec des Pisco Sours bien chargés au **Comstock Saloon** (p. 67).

2e jour

☀ Prenez le tramway N Judah jusqu'à **Golden Gate Park** (p. 176), à l'heure du petit-déjeuner des plantes carnivores du **Conservatory of Flowers** (p. 168). Suivez la ligne de faille artificielle du sculpteur Andy Goldworthy le long du trottoir jusqu'au **MH de Young Museum** (p. 164) qui attire les foules pour les œuvres d'art, les collections de costumes et le panorama en haut de la tour. Allez ensuite à la **California Academy of Sciences** (p. 162), où les papillons bleus flirtent avec les visiteurs du Rainforest Dome. Appréciez un moment zen au **Japanese Tea Garden** (p. 168) et poursuivez la détente au **Botanical Garden** (p. 168).

☀ Joignez-vous aux surfeurs à **Outerlands** (p. 170) pour manger du fromage artisanal grillé et de la soupe bio, puis arpentez **Ocean Beach** (p. 168) en allant au **Beach Chalet** (p. 174) pour voir des fresques des années 1930 célébrant San Francisco. Suivez le **Coastal Trail** (p. 170), en passant par les **Sutro Baths** (p. 169) et Land's End, et regardez le brouillard envelopper le **Golden Gate Bridge** (p. 24) et les danseuses tournoyer sur les tableaux impressionnistes de la **Legion of Honor** (p. 168).

☾ Dégustez une cuisine bio interculturelle chez **Aziza** (p. 170), puis écoutez des légendes du jazz chez **Yoshi's** (p. 125).

San Francisco en 4 jours

Votre temps est compté ?
Nous avons concocté pour vous des itinéraires détaillés qui vous permettront d'optimiser le peu de temps dont vous disposez.

3ᵉ jour

☀ Attrapez le *cable car* de California St et descendez à Grant Ave pour deux expériences à Chinatown : les dégustations de thé de **Red Blossom** (p. 68) et les collections d'éphémères de la **Chinese Historical Society of America** (p. 61). Flânez sur **Waverly Place** (p. 60) et Ross Alley, ancienne rue malfamée, avant de tenter votre chance à la **Golden Gate Fortune Cookie Company** (p. 71).

☀ Régalez-vous de *dim sun* à **City View** (p. 65), puis montez la colline en passant par Commercial St et ses anciennes maisons closes pour attraper le *cable car* de Powell-Hyde. Après **Lombard Street** (p. 40), vous arriverez à l'**Aquatic Park Bathhouse** (p. 43), où les fresques et les mosaïques des années 1930 dépeignent le monde aquatique. Sauvez la planète des Space Invaders au **Musée Mécanique** (p. 37) ou visitez un véritable sous-marin de la Seconde Guerre mondiale : l'**USS Pampanito** (p. 37).

☾ Au coucher du soleil, observez les otaries sur **Pier 39** (p. 37), puis grimpez dans le tramway d'époque de la F-line pour aller manger à **Rich Table** (p. 113). Faites un peu des boutiques avant un concert au **San Francisco Symphony** (p. 119) ou au **SFJAZZ Center** (p. 119), puis allez boire un Dead Reckoning au **Smuggler's Cove** (p. 116).

4ᵉ jour

☀ Descendez 24th St par-delà les bodegas couvertes de peintures jusqu'à **Balmy Alley** (p. 132). Prenez une glace chez **Humphry Slocombe** (p. 136), puis un café à **Ritual Coffee Roasters** (p. 138). Complétez votre panoplie de pirate au **826 Valencia** (p. 132) et glissez-vous dans **Clarion Alley,** (p. 128). Après la **Mission Dolores** (p. 132), recueillez-vous au mémorial voisin dédié à ses bâtisseurs ohlones et miwoks.

☀ Achetez des tacos coréens à **Namu Gaji** (p. 134), que vous dégusterez sur place ou au soleil de **Dolores Park** (p. 129). Admirez les "Painted Ladies" en montant vers **Alamo Square** (p. 152) pour profiter de la vue sur Downtown. Suivez le parc Panhandle en direction des tambours de Hippie Hill, puis faites du lèche-vitrine dans Haight St, pôle hippie historique, où vous trouverez des magasins de disques, des bazars vintage et la librairie **Bound Together Anarchist Book Collective** (p. 158).

☾ Commandez au **Rosamunde Sausage Grill** (p. 154) de quoi accompagner votre bière artisanale de **Toronado** (p. 155). Pour finir la soirée, ne manquez pas le public entonnant "*San Francisco, open your Golden Gate*" avant la projection, au cinéma baroque **Castro Theatre** (p. 147).

Les basiques

Reportez-vous au Carnet pratique (p. 203) pour plus d'informations

Monnaie
Dollar US ($)

Langue
Anglais

Formalités
Le programme US Visa Waiver permet aux ressortissants de 37 pays d'entrer aux États-Unis sans visa (voir p. 213).

Argent
Il y a des DAB partout. La majorité des hôtels, magasins et restaurants acceptent les cartes de crédit, les marchés d'alimentation, les *food trucks* et certains bars, uniquement les espèces.

Téléphone portable
Hormis l'iPhone, la plupart des mobiles américains fonctionnent selon le système CDMA et non GSM comme en Europe ; vérifiez la compatibilité auprès de votre opérateur.

Heure locale
Pacific Standard Time (GMT/UTC moins 8 heures)

Prises et adaptateurs
Les prises comportent d'ordinaire deux plots plats, mais celles de certains appareils électriques possèdent en plus un trou rond. Le courant est en 120 V.

Pourboire
Au restaurant, comptez 15% à 25% selon la qualité du service, 1 à 2 $ par consommation dans les bars, 2 $ par bagage pour les porteurs d'hôtel et 1 $ minimum pour les taxis.

❶ Avant de partir

Budget quotidien

Moins de 100 $
- Lit en dortoir 25-30 $
- Plat d'un *food truck* 5-10 $
- Soirée à la California Academy of Sciences 12 $

De 100 à 250 $
- Motel/hôtel dans le centre 90-180 $
- Repas au Ferry Building 15-35 $
- Exploratorium 25 $
- Billet de dernière minute pour l'orchestre symphonique 20 $

Plus de 250 $
- Hôtel de charme 150-380 $
- Menu dégustation gastronomique 65-175 $
- Visite nocturne d'Alcatraz 37 $

Sites Web

- **Lonely Planet** (www.lonelyplanet.fr). Conseils d'experts et forum des voyageurs.
- **Bold Italic** (www.thebolditalic.com) Articles et événements locaux.
- **SFGate** (www.sfgate.com). Site du *San Francisco Chronicle* ; actualité, événements…

À prévoir

- **Deux mois avant** Réservez l'hébergement pour un séjour entre mai et septembre.
- **Trois semaines avant** Réservez la visite d'Alcatraz, le circuit Precita Eyes et la visite guidée Chinatown Alleyways Tours, ainsi qu'une table chez Rich Table, Benu ou Coi.
- **Une semaine avant** Cherchez des billets pour un spectacle de l'American Conservatory Theater, du San Francisco Symphony ou de l'Opéra.

Les basiques 17

❷ Arriver à San Francisco

Les trois aéroports de la région sont desservis par des moyens de transport pratiques et rapides. Le BART permet de rallier aisément San Francisco depuis le SFO et l'aéroport d'Oakland, tandis que des navettes circulent entre l'aéroport de San José et le réseau ferroviaire Caltrain. Au départ des États-Unis, les trains Amtrak constituent un moyen non polluant de rejoindre la ville.

✈ Depuis l'aéroport international de San Francisco (SFO)

Destination	Meilleur moyen de transport
Downtown/Mission	BART
Reste de San Francisco	Taxi/navette porte à porte

✈ Depuis l'aéroport d'Oakland (OAK)

Destination	Meilleur moyen de transport
Downtown/Mission	BART
Reste de San Francisco	Taxi/navette porte à porte

✈ Aéroports

Aéroport de San Francisco On trouve des DAB dans tous les terminaux et un bureau de change dans celui des vols internationaux. La navette gratuite AirTrain relie la station SFO du BART. Des taxis sont stationnés devant le retrait des bagages ; des minibus partagés partent du trottoir marqué au niveau supérieur.

Aéroport d'Oakland Des DAB sont présents un peu partout. Des taxis, des minibus porte à porte et des navettes AirBART stationnent dehors.

❸ Comment circuler

Petite et vallonnée, San Francisco peut être parcourue à pied en ne prenant qu'occasionnellement les transports publics et le taxi ou le vélo. Pour les itinéraires, consultez le site www.511.org ou appelez le 📞511. Un plan détaillé du réseau, la *Muni Street & Transit Map*, est disponible gratuitement en ligne.

🚋 Cable cars

Ces tramways à câble lents et pittoresques roulent tous les jours de 6h à 1h.
Un itinéraire touristique intéressant va de Downtown à Chinatown, North Beach et Fisherman's Wharf. Chaque trajet coûte 6 $; pour un usage fréquent, achetez le Muni Passport.

Ⓜ Tramways Muni

Des lignes relient Downtown et SoMa au Golden Gate Park, à Mission et à Castro. La ligne F historique connecte Fisherman's Wharf au Castro via Market St. Trajet : 2 $.

🚌 Bus Muni

Assez rapides, ces bus ont cependant des horaires très variables selon les lignes et deviennent peu fréquents après 21h.
Trajet : 2 $.

🅱 BART Subway

Ce train rapide au départ du centre dessert Civic Center, Mission, Oakland/Berkeley, l'aéroport de San Francisco et Millbrae, où l'on peut prendre le Caltrain.
Trajet : 1,75-8,25 $.

🚗 Taxi

Prise en charge de 2,75 $, plus environ 2,25 $/mile.

San Francisco
Les quartiers

Golden Gate Bridge et la marina (p. 22)
Le monument emblématique de San Francisco côtoie Yoda, Disney, la nature et la nudité.

◉ **Les incontournables**
Golden Gate Bridge

Golden Gate Bridge

Golden Gate Park et les avenues (p. 160)
Le Far West de San Francisco : les bisons paissent, les pingouins se dandinent, les hippies font du tambour et les surfeurs chevauchent les vagues.

◉ **Les incontournables**
California Academy of Sciences

MH de Young Museum

MH de Young Museum

California Academy of Sciences

Vaut le détour
◉ **Les incontournables**
Alcatraz
Exploratorium

Haight et NoPa (p. 148)
Réminiscences des années 1960, mode radicale, musique gratuite et skateboards hors de prix.

Les quartiers 19

Fisherman's Wharf et les quais (p. 34)
Aventures avec les otaries et les Space Invaders, plongée à bord d'un sous-marin et échappée à Alcatraz.

◉ **Les incontournables**

Fisherman's Wharf

Lombard Street

North Beach et Chinatown (p. 54)
Dragon Gate et dim sum d'un côté de Grant Ave, perroquets et expresso de l'autre, et poésie dans toutes les ruelles.

◉ **Les incontournables**

Coit Tower et Filbert Steps

Downtown et SoMa (p. 76)
Boutiques phares et musées la journée, clubs underground et lumières du Bay Bridge la nuit.

◉ **Les incontournables**

Ferry Building

Cable Cars

Hayes Valley et Civic Center (p. 106)
Bâtiments grandioses et grands spectacles, trouvailles gastronomiques et créateurs locaux.

◉ **Les incontournables**

Asian Art Museum

Mission (p. 126)
Un livre dans une main, un burrito dans l'autre et des fresques partout.

Alcatraz ◉

Fisherman's Wharf ◉

Lombard Street ◉

Coit Tower et Filbert Steps

Exploratorium ◉

Ferry Building ◉

Asian Art Museum ◉

Cable cars ◉

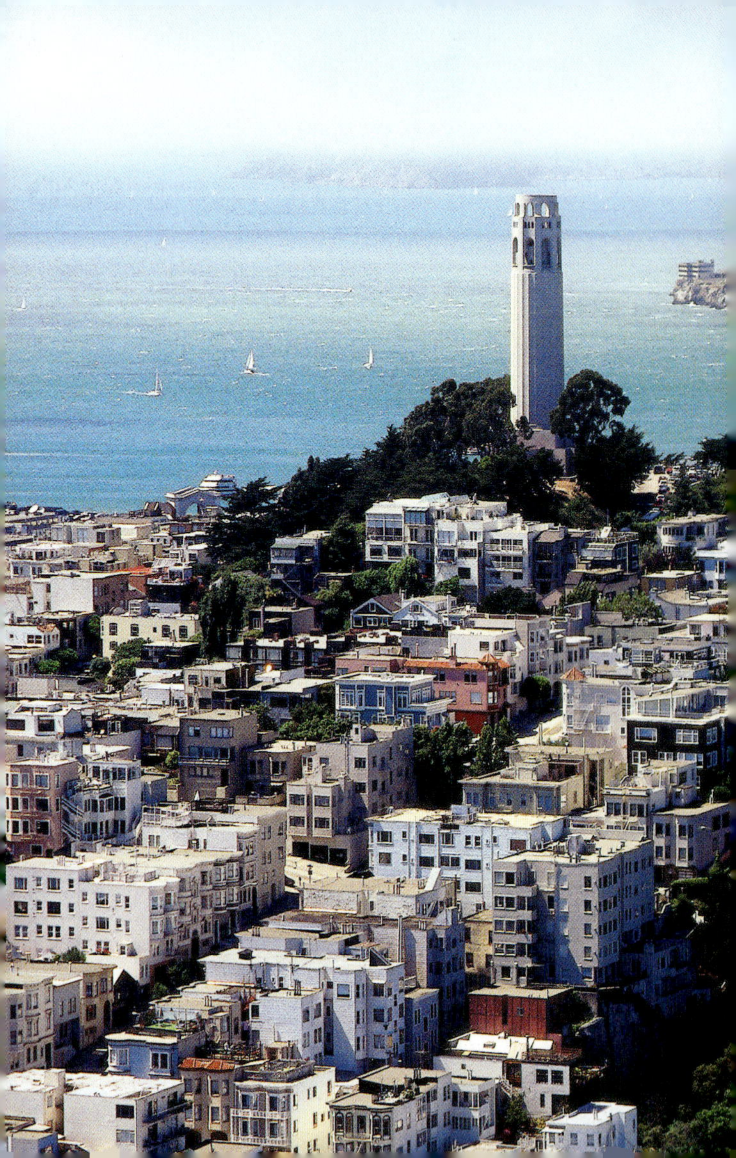

Explorer
San Francisco

Golden Gate Bridge et la marina	22
Fisherman's Wharf et les quais	34
North Beach et Chinatown	54
Downtown et SoMa	76
Hayes Valley et Civic Center	106
Mission	126
Haight et NoPa	148
Golden Gate Park et les avenues	160

Vaut le détour
Alcatraz 50
Exploratorium 52
Secrets de Russian Hill et Nob Hill............ 74
Boutiques, sushis et spectacles
à Japantown 124
Le Castro révolutionnaire 146

Vue sur la Coit Tower (p. 56) et Alcatraz (p. 50)
RICHARD I'ANSON / GETTY IMAGES ©

Explorer

Golden Gate Bridge et la marina

Le quartier du front de mer près du Golden Gate Bridge a bien changé depuis 120 ans : aujourd'hui, boutiques chics, théâtre et *food trucks* ont remplacé les pâturages où les vaches broutaient le moût des alambics de whisky – ce qui explique pourquoi le quartier près d'Union St s'appelle Cow Hollow. La marina a été construite en grande partie dans les années 1930 à partir de débris du séisme de 1906.

Explorer

L'essentiel en un jour

☀️ À Pacific Heights, dénichez de bonnes affaires, des vêtements vintage ou de créateur dans les boutiques d'Union St, notamment à **ATYS** (p. 32), **Mingle** (p. 32) et **Past Perfect** (p. 33). Puis dirigez-vous vers **Fort Mason** (p. 30 ; photo ci-contre) pour le chili bio à emporter de Greens sur les quais, où se tiennent régulièrement des marchés artisanaux.

☀️ Parcourez le front de mer entre la marina et le pittoresque **Palace of Fine Arts** (p. 28), et traversez le **Crissy Field** (p. 28) pour une vue imprenable sur le Golden Gate Bridge. Entrez dans la **Warming Hut** (p. 30) pour siroter un café ou acheter un livre sur la nature, puis continuez vers le (Civil War-era) **Fort Point** (p. 25) pour une vue hitchcockienne du pont orange, et, si vous avez encore de l'énergie avant le coucher du soleil, traversez le **Golden Gate Bridge** (p. 24).

🌙 Revenez en bus vers Union St pour l'happy hour du **California Wine Merchant** (p. 30) avant de dîner à **A16** (p. 29). Assistez à une représentation au **Magic Theatre** (p. 31) ou montez sur scène au **BATS Improv** (p. 32).

👁 Les incontournables
Golden Gate Bridge (p. 24)

♥ Le meilleur du quartier

Prendre l'air
Crissy Field (p. 28)

Baker Beach (p. 28)

Architecture
Golden Gate Bridge (p. 24)

Palace of Fine Arts (p. 28)

Gastronomie à prix doux
Off the Grid (p. 30)

Sortir
Fort Mason (p. 30)

Comment y aller

🚌 **Bus** Les bus 47 et 49 relient la marina à Downtown, le 41, le 30 et le 45 vont jusqu'à North Beach, le 43 à Haight et le 22 à Mission.

🚗 **Voiture** Parking à Fort Mason et Crissy Field ; parking gratuit dans le Presidio voisin.

Les incontournables
Golden Gate Bridge

Incroyable mais vrai : la marine a failli mettre son veto au projet de pont suspendu, lui préférant des pylônes en béton peint de rayures jaunes. L'ingénieur Joseph B Strauss a imaginé cette merveille en 1937, mais on doit aux architectes Gertrude et Irving Murrow la conception élancée Art déco et la peinture "orange international". Avant que le département de la Guerre ait le temps d'imposer une abomination visuelle, les ouvriers bravèrent des courants perfides et construisirent le tablier long de plus de 3 km et haut de 227 m en à peine quatre ans.

Plan p. 26, A1

www.goldengatebridge.org/visitors

Sortie Lincoln Blvd

28 ; tous les bus du Golden Gate Transit traversent le pont.

Golden Gate Bridge

À ne pas manquer

Points de vue
Les San-Franciscains ont des opinions bien tranchées sur de nombreux sujets, et tout particulièrement sur l'emblème de la ville. Les amateurs de brume préfèrent regarder les nuages envelopper les câbles du pont depuis le nord à Marin's Vista Point. Pour observer le pont dans son intégralité, Crissy Field est l'endroit idéal : véliplanchistes et amateurs de cerfs-volants s'adonnent à leur passion. Vous pouvez également admirer le Golden Gate depuis Baker Beach dans votre plus simple appareil.

Traversée du pont
Pour voir les deux côtés du pont, traversez-le à pied ou à vélo. Depuis le parking et l'arrêt de bus, un sentier piétonnier mène au-delà du poste de péage jusqu'au trottoir est (5h-18h30 tlj). Près du péage se trouve un point d'attache des câbles de suspension, dont la résistance permet de soutenir les milliers de voitures quotidiennes. Si vous ne souhaitez pas revenir à pied, les bus du Golden Gate Transit assurent la liaison entre Marin et San Francisco. Les vélos ont accès au pont 24h/24 par les trottoirs ouest et est, mais les piétons ont la priorité sur ce dernier. Les vélos électriques doivent traverser moteur éteint.

Fort Point
Achevé en 1861 et doté de 126 canons, **Fort Point** (415-556-1693 ; www.nps.gov/fopo ; Marine Dr ; entrée libre ; 10h-17h ven-dim ; P ; 28) montait la garde durant la guerre de Sécession contre l'invasion des soldats confédérés... qui n'eut jamais lieu et il ne connut jamais aucun combat. Le fort servit de décor à *Sueurs froides* d'Alfred Hitchcock. Il offre une vue impressionnante du Golden Gate : les points de vue panoramiques et l'exposition sur la guerre de Sécession valent le détour.

☑ À savoir

▶ Le péage direction sud coûte 6 $, celui direction nord est gratuit. Facturation automatique ; plus d'informations sur www.goldengate.org/tolls/french.php.

▶ Traversée gratuite en covoiturage (3 pers ou plus) de 5h à 9h et de 16h à 18h.

▶ Prévoyez un coupe-vent si vous traversez le pont à pied ou à vélo.

▶ Le roller et les animaux (sauf les chiens-guides) ne sont pas autorisés sur les trottoirs du pont. Les fauteuils roulants sont permis sur le trottoir du côté est.

▶ Observez le dessous du pont depuis le Municipal Pier en face de la Warming Hut. Le personnel de Fort Point vous montrera comment attraper des crabes (sur réservation, sam matin mars-oct)

✕ Une petite faim ?

Faites un arrêt à l'écolo Warming Hut (p. 30) pour un café et des pâtisseries.

26 Golden Gate Bridge et la marina

A **B** **C** **D**

1

Golden Gate Bridge

Marine Dr.
Battery East Rd
Long Ave
× 9

2

101
Armistead Rd

Criss Field
1

Storey Ave
Old Mason St
16

Cowles St
Lincoln Blvd

3

Lincoln Blvd
Ralston Ave

Baker Beach
2

Kobbe Ave
San Francisco National Military Cemetery

Bliss Rd
Moraga Ave
Taylor Rd
Montgomery St
Anza Ave
Graham St
Keyes St
Mesa St
Funston Ave

Hitchcock St

Pershing Square
Harde Ave

Presidio
4

4

Hunter Rd

Presidio National Park

Park Presidio Blvd

Washington Blvd

Arguello Blvd
Quarry Rd
Macarthur Ave

Water Reservoir

Nos adresses
- ⊙ Les incontournables p. 24
- ⊙ Voir p. 28
- ✕ Se restaurer p. 28
- ⊗ Prendre un verre p. 30
- ☆ Sortir p. 31
- 🔒 Shopping p. 32

5

Mountain Lake

Presidio Golf Course

Pacific Ave Jackson St Maple St

27

E **F** **G** **H**

0 — 1 km
0 — 0,5 mile

1

Baie de San Francisco

2

Yacht Rd
Yacht Harbor
Marina Green Dr
Marina Green
5
14
15
Fort Mason

Mason St
Marina Blvd
Jefferson St
Cervantes Blvd
Beach St
Lagoon
Beach St
North Point St
Gorgas Ave
3 — Palace of Fine Arts
North Point St
Avila St
Alhambra St
North Point St
Bay St
George R Moscone Recreation Center
Bay St
101
Richardson Ave
Francisco St
Divisadero St
Scott St
Pierce St
10 7
Chestnut St
Laguna St

3

6
8
19
21
Lombard St
Moulton St
Bay St
Letterman Dr
Lyon St
Greenwich St
13 Pixley St
12
Presidio Blvd
Sherman Rd
Filbert St
20
18
Shafter Rd
Union St
COW HOLLOW
17
11
Clarke St
Sibley Rd
Baker St
Broderick St
Green St
Fillmore St
Webster St
Buchanan St

4

Lyon Steps
Vallejo St
Scott St
Pierce St
Broadway
Pacific Ave
Jackson St
Julius Kahn Playground
Pacific Ave
Washington St
Jackson St
Lyon St
Baker St
Alta Plaza Park

5

Laurel St
Washington St
Clay St
Sacramento St
PACIFIC HEIGHTS
California St

Golden Gate Bridge et la marina

Voir

Crissy Field
PARC

1 Plan p. 26, D2

Cet aérodrome militaire réaménagé en refuge pour les oiseaux marins offre de superbes panoramas sur le Golden Gate. Les ornithologues s'y pressent et les enfants font voler leur cerf-volant sur la piste d'aviation. En cas de grand vent, vous pourrez vous réchauffer avec une tasse de café issu du commerce équitable en feuilletant des livres sur la nature californienne au Warming Hut (p. 30), une cabane écolo. (www.crissyfield.org ; 1199 East Beach ; P ; 30, PresidioGo Shuttle – Crissy Field Rte)

Baker Beach
PLAGE

2 Plan p. 26, A3

La meilleure plage de la ville est une bande de sable de 1,6 km de long sous les pins bercés par le vent. Deux activités prédominent : la pêche, depuis les rochers, et le farniente à l'extrémité nord, où les maillots sont facultatifs. La vue sur le Golden Gate est spectaculaire. Très fréquentée le week-end ; attention aux courants et à l'eau glacée. Le Lincoln Park accueille les amateurs de *green* depuis une centaine d'années. (aube-crépuscule ; P ; 29, PresidioGo Shuttle – Presidio Hills Rte)

Palace of Fine Arts
MONUMENT

3 Plan p. 26, E3

Lorsque l'exposition Panama-Pacifique de 1915 prit fin, la ville ne put se résoudre à se séparer de ce palais gréco-romain en plâtre. Les ruines artificielles de l'architecte californien Bernard Maybeck furent coulées dans le béton, de sorte que les générations futures puissent contempler la rotonde où des frises dépeignent l'Art attaqué par des Matérialistes et secouru par des Idéalistes. (www.lovethepalace.org ; Palace Dr ; entrée libre ; 28, 30, 43)

Presidio
MONUMENT

4 Plan p. 26, C4

Ce fort espagnol construit par les Ohlones enrôlés de force en 1776 est aujourd'hui une mine de curiosités. Sur l'ancienne base militaire recouverte de végétation entre Baker Beach et Crissy Field se trouvent le **Walt Disney Family Museum** (415-345-6800 ; www.waltdisney.org ; 104 Montgomery St, Presidio ; adulte/étudiant/enfant 20/15/12 $; mer-lun 10h-18h, dernière entrée 17h ; P ; 43, navette PresidiGo), un cimetière militaire pour animaux et le siège de la société de production du réalisateur de *Star Wars*, George Lucas, dont l'accès nécessite un pass spécial. (415-561-4323 ; www.nps.gov/prsf ; aube-crépuscule ; P ; 28, 43)

Se restaurer

Greens
VÉGÉTARIEN, CALIFORNIEN $$

5 Plan p. 26, H2

Les carnivores ne réaliseront pas qu'il n'y a pas de viande dans le chili, ni dans le panini à l'aubergine grillée.

Se restaurer

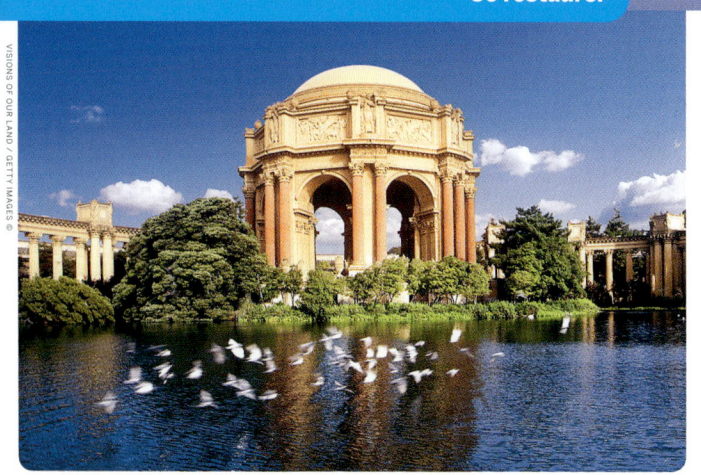

Palace of Fine Arts

Les ingrédients bio proviennent pour l'essentiel d'une ferme zen locale. S'il fait beau, dégustez votre repas sur un banc de l'embarcadère. Réservez pour dîner le week-end ou bruncher le dimanche matin. (✆415-771-6222 ; www.greensrestaurant.com ; bât A, Fort Mason Center, à l'angle de Marina Blvd et Laguna St ; déj 15-17 $, dîner 17-24 $; ⏱11h45-14h30 et 17h30-21h mar-ven, à partir de 11h sam, 10h30-14h et 17h30-21h dim, 17h30-21h lun ; 🖉 ; 🚌28)

A16
ITALIEN $$

6 🍴 Plan p. 26, F3

Réservation nécessaire pour cette pizzeria napolitaine dont le chef, Nate Appleman, a été récompensé par la fondation James Beard en 2009 dans la catégorie "Étoile montante". Les pizzas à la pâte moelleuse (mais pas trop épaisse) garnies de mozzarella-burrata maison et de calamars épicés valent franchement le détour. Évitez les desserts, inégaux, et préférez les amuse-gueule audacieux comme le salami fumé maison et le délicieux thon mariné. (✆415-771-2216 ; www.a16sf.com ; 2355 Chestnut St ; pizza 12-18 $, plats 18-26 $; ⏱déj mer-ven, dîner tlj ; 🚌28, 30, 43)

Blue Barn Gourmet
SANDWICHS, SALADES $

7 🍴 Plan p. 26, G3

Oubliez les salades ordinaires et pensez produits bio, accompagnés de fromages artisanaux, oignons caramélisés, tomates de variétés anciennes, noix de pécan confites, graines de grenade, ou même de bifteck Meyer. Parmi les plats chauds, essayez le panini toasté généreusement garni de fromage à la truffe, de dinde poivrée et d'oignons au vinaigre balsamique. (415-441-3232 ; www.bluebarngourmet.com ; 2105 Chestnut St ; salades et sandwichs 9-12 $; 11h-20h30 dim-jeu, 11h-19h ven-sam ; 22, 28, 30, 43)

Mamacita   MEXICAIN $$

8 Plan p. 26, G3

Ce restaurant mexicain, l'un des meilleurs de la ville, propose une cuisine 100 % maison : tortillas, *tamales* (tourtes au bœuf) et une vingtaine de sauces fraîches accompagnent un vaste choix de plats allant de la chèvre à la broche aux *carnitas* de canard. La carte affiche 60 tequilas, ce qui explique la clameur continue du lieu. Pensez à réserver. (415-346-8494 ; www.mamacitasf.com ; 2317 Chestnut St ; plats 10-18 $; 17h30-tard lun-jeu, 17h-tard ven-dim ; 30)

Warming Hut   CAFÉ, SANDWICHS $

9 Plan p. 26, B2

Si le brouillard s'invite sur le Golden Gate Bridge, vous vous réchaufferez avec une tasse de café issu du commerce équitable, une pâtisserie et des hot dogs bio dans cette cabane écolo isolée par du jean recyclé. Pendant que vous patientez, jetez

---

100% San Francisco
Off the Grid à Fort Mason

Le vendredi soir à **Fort Mason** (plan p. 26, H2 ; 415-345-7500 ; www.fortmason.org ; à l'angle de Marina Blvd et Laguna St ; ; 22, 28, 30) – ancien chantier naval – une trentaine de camionnettes participent à **Off the Grid** (www.offthegridsf.com ; plats 5-10 $; 17h-22h ven), le principal rassemblement de cuisine mobile de la ville. Venez avant 18h30 ou préparez-vous à 20 min d'attente pour les petits pains farcis au canard rôti de Chairman Bao, le poulet fermier rôti de Roli Roti et les desserts de Crème Brûlée Man.

Fort Mason est également un site de loisirs expérimentaux : le **Herbst Pavilion** à quai accueille des foires d'art et des dégustations de vin, et les entrepôts abritent le Magic Theatre (p. 31), le BATS (p. 32) et la **Long Now Foundation** (www.longnow.org ; bât A, Fort Mason Center ; 10h30-17h lun-ven, 11h-18h sam-dim), une organisation à but non lucratif qui sponsorise des projets artistiques.

---

un œil sur l'excellente sélection de manuels d'ornithologie et les échantillons de miel produit par des abeilles du Presidio ; tous les achats subventionnent la reconversion en cours de la piste d'atterrissage de l'armée de Crissy Field en réserve naturelle. (415-561-3040 ; 983 Marine Dr, Presidio ; plats 4-6 $; 9h-17h ; ; PresidiGo Shuttle – Crissy Field Rte)

Prendre un verre

California Wine Merchant
BAR À VINS

10 Plan p. 26, G3

Cette cave à vins propose une sélection de 30 à 50 vins locaux servis au verre. Laissez-vous surprendre par les nuances inattendues des pinots. Arrivez tôt pour trouver une table libre, l'endroit est prisé des play-boys de la côte. (www.californiawinemerchant.com ; 2113 Chestnut St ; ⏲10h-minuit lun-mer, 10h-1h30 jeu-sam, 11h-23h dim ; 🚌22, 30, 43)

Lightning Tavern
BAR

11 Plan p. 26, H4

Lustres à ampoules Edison, matériel de laboratoire et peinture murale représentant le Bay Bridge frappé par la foudre évoquent le thème des savants fous. On boit ici des *shots* haut de gamme à 10 $ suivis d'une pinte de bière (le plus souvent Jameson et Guinness), ainsi que des cocktails au pichet qui promettent une ambiance aussi électrique que le décor. Heureusement, vous pourrez éponger l'alcool avec des *tater tots*. (📞415-704-1875 ; 1875 Union St ; ⏲16h-2h lun-ven, 12h-2h sam-dim ; 🚌41, 45)

Brazen Head
PUB

12 Plan p. 26, H3

Le Brazen Head n'est pas un endroit où l'on atterrit par hasard, tant il est peu visible. Dans ce minuscule pub à l'éclairage tamisé et aux recoins douillets, des couples dînent main dans la main en se régalant de soupe à l'oignon et de steak au poivre. (📞415-921-7600 ; www.brazenheadsf.com ; 3166 Buchanan St ; ⏲17h-1h ; 🚌28, 30)

MatrixFillmore
LOUNGE

13 Plan p. 26, H3

Ce bar est une des adresses "drague" préférées des jeunes cadres san-franciscains. Le verre teinté, la cheminée et la dangereuse liste de cocktails créent une ambiance très 70's, propice à la discussion avec la clientèle de courtiers et de commerciaux. Atmosphère jeune et moderne, mais pas forcément subtile – on peut en dire autant des clients. (www.matrixfillmore.com ; 3138 Fillmore St ; ⏲20h-2h mer-lun ; 🚌22, 28, 30, 43)

Sortir

Magic Theatre
THÉÂTRE

14 Plan p. 26, H2

Cette nouvelle compagnie de théâtre propose des pièces de Terrence McNally, Edna O'Brien, David Mamet et Sam Shepard (qui en fut longtemps le dramaturge attitré) avec des acteurs comme Ed Harris, Sean Penn et Woody Harrelson. Découvrez les œuvres de la future génération : les pièces écrites par les adolescents du Young California Writers Project. (📞415-441-8822 ; www.magictheatre.org ; 3e étage, bât D, Fort Mason

Center, à l'angle de Marina Blvd et Laguna St ; billets 25-55 $; 📵28)

BATS Improv THÉÂTRE
15 ⭐ Plan p. 26, H2

Débarquer dans une fête, démonter un fast-food, rencontrer son jumeau en prison : Bay Area Theater Sports propose des scénarios incongrus à des gens ordinaires pour faire la part belle à l'hilarité. Vous pourrez assister à des spectacles d'improvisation le week-end ou monter sur scène pour un atelier humoristique. Attention : ils affichent rapidement complet et les prix peuvent varier. (📞415-474-8935 ; www.improv.org ; 3ᵉ étage, bât B, Fort Mason Center, à l'angle de Marina Blvd et Laguna St ; entrée 17-20 $; ⏲spectacles 20h ven-sam ; 📵28)

Shopping

Sports Basement ÉQUIPEMENT DE PLEIN AIR
16 🔒 Plan p. 26, D3

Ce magasin d'équipement de sport et de matériel de camping de 7 400 m² était autrefois un magasin de l'armée américaine. Achetez des chaussures de cross à prix cassés pour les chemins de Crissy Field, trouvez des snowboards en location pour les pentes de Tahoe, et offrez-vous des accessoires pour assister aux cours de yoga gratuits sur place le dimanche. (📞415-437-0100 ; www.sportsbasement.com ; 610 Old Mason St ; ⏲9h-21h lun-ven, 8h-20h sam-dim ; 📵43, PresidiGo Shuttle – Crissy Field Route)

ATYS ARTICLES MÉNAGERS, CADEAUX
17 🔒 Plan p. 26, H4

Nichée au fond d'une cour, cette vitrine du design propose des gadgets et des articles de maison proprement indispensables : modèle réduit d'avion solaire, radio sculptée dans du bois provenant d'une forêt durable ou poufs colorés. (www.atysdesign.com ; 2149b Union St ; ⏲11h-18h30 lun-sam, 12h-18h dim ; 📵22, 41, 45)

Mingle VÊTEMENTS, ACCESSOIRES
18 🔒 Plan p. 26, H3

Si vous en avez assez de porter les mêmes vêtements que tout le monde, Mingle vous fera découvrir des créateurs locaux. Adoptez un style san-franciscain avec des blouses funky, des sacs en cuir décontractés et des colliers de pierres précieuses faits à la main. Et pour moins cher que les grandes marques. Les hommes sont relookés avec des denims foncés chics et des cravates irrésistibles. (www.mingleshop.com ; 1815 Union St ; ⏲11h-18h ; 📵41, 45)

Benefit COSMÉTIQUES
19 🔒 Plan p. 26, G3

Le blush liquide BeneTint et le kit de maquillage pour sourcils Brow Zings sont deux produits emblématiques de la marque créée à San Francisco par des jumelles mannequins. Laissant

Baker Beach (p. 28)

la chirurgie aux bimbos de *LA*, les fashionistas de San Francisco ne jurent que par le repulpeur de lèvres LipPlump et l'anticernes Ooh La Lift. (415-567-1173 ; www.benefitcosmetics.com ; 2219 Chestnut St ; 10h-19h dim-mar, 10h-20h mer-ven, 9h-19h sam ; 28, 30, 43)

My Roommate's Closet
VÊTEMENTS POUR FEMMES

20 Plan p. 26, H4

Des vêtements de créateurs à moitié prix sans avoir à affronter la foule durant les soldes. Le stock changeant comporte régulièrement des robes en mousseline éthérée Catherine Malandrino, des robes portefeuille Diane Von Fürstenberg et des jeans cultes à des prix réalistes. (www.myroommatescloset.com ; 3044 Fillmore St ; 11h-18h30 lun-ven, 11h-18h sam, 12h-17h dim ; 22, 41, 45)

Past Perfect
ANTIQUAIRES

21 Plan p. 26, G3

Si vous vous demandez de quoi sont meublées les demeures de Pacific Heights, la réponse est ici : des bocaux d'apothicaire à mercure, une sculpture en bois de Big Sur et d'immenses bahuts en teck des années 1950. Le magasin est collectif, les prix varient beaucoup : certains vendeurs surestiment leurs objets, tandis que d'autres sont heureux de se débarrasser de leurs cadeaux de mariage. (415-929-7651 ; 2246 Lombard St ; 11h-17h ; 22, 41, 45)

Explorer

Fisherman's Wharf et les quais

Le front de mer qui accueille aujourd'hui les familles de retour d'Alcatraz était une zone portuaire malfamée à l'époque de la Ruée vers l'or. Après le tremblement de terre et l'incendie de 1906, un mur de soutènement fut érigé, et les promeneurs du dimanche ont progressivement remplacé les malfrats le long de l'embarcadère. Mais les mœurs du Far West perdurent sur Pier 39 : les otaries y ronflent et rotent, tels des matafs ivres.

Explorer

L'essentiel en un jour

🌅 Si les évadés d'Alcatraz quittaient vite les quais, les familles, quant à elles, risquent de se trouver prisonnières de Pier 39 et de ses attractions pour enfants, en particulier l'**Aquarium of the Bay** (p. 38) et le **San Francisco Carousel** (p. 38). Vous pouvez aussi saluer les **otaries** et devancer la foule pour déjeuner tôt à **Salty's Famous Fishwich** (p. 46).

☀️ Prenez le temps de digérer en jouant à Space Invaders et autres jeux d'arcade vintage au **Musée mécanique** (p. 37), puis fuyez la foule dans un sous-marin de la Seconde Guerre mondiale : l'**USS Pampanito** (p. 37). De retour sur la terre ferme, découvrez des fresques des années 1930 dans l'**Aquatic Park Bathhouse** (p. 43), bains publics en forme de paquebot, et faites une dégustation de vin à la **Winery Collective** (p. 48). Descendez du *cable car* de Hyde St à la sinueuse **Lombard Street** (p. 40), où vous profiterez d'une belle vue du Golden Gate à **Sterling Park** (p. 41) avant d'admirer la mise en abyme murale de Diego Rivera au **San Francisco Art Institute** (p. 43).

🌙 Pour dîner, choisissez entre la cuisine californienne haut de gamme de **Gary Danko** (p. 45) et le fast-food à prix avantageux chez **In-N-Out Burger** (p. 47).

👁 Les incontournables

Fisherman's Wharf (p. 36)

Lombard Street (p. 40)

❤️ Le meilleur du quartier

Avec des enfants
Musée mécanique (p. 37)

Aquarium of the Bay (p. 38)

Cable Cars

Restaurant gastronomique
Gary Danko (p. 45)

Musées et galeries
Aquatic Park Bathhouse (p. 43)

USS *Pampanito* (p. 37)

Prendre l'air
Sterling Park (p. 41)

San Francisco Maritime National Historic Park (p. 38)

Comment y aller

Ⓜ Tramway Les tramways historiques de F Market relient le Wharf au Castro via Downtown.

🚋 Cable Car Les lignes Powell-Hyde et Powell-Mason partent de Downtown pour rejoindre le Wharf.

🚌 Bus Quelques lignes reliant le Wharf à Downtown : 30, 47 et 49.

🚗 Voiture Parking en garage à Pier 39 et à Ghiradelli Sq.

Les incontournables
Fisherman's Wharf

À l'endroit même où les pêcheurs attrapaient autrefois leurs poissons, San Francisco attrape désormais ses touristes dans un dédale commercial du terminus des *cable cars* au port des vedettes pour Alcatraz. Mais Fisherman's Wharf saura également vous surprendre et vous ravir. Vous pourrez prendre le soleil avec des otaries, monter sur le dos de chevaux de bois, visiter un sous-marin de la Seconde Guerre mondiale, consulter des cartomanciennes mécaniques et observer des requins derrière des tubes de verre construits dans la baie.

Plan p. 42, C2

www.fishermanswharf.org

L'Embarcadero et le front de mer de Jefferson St, de Pier 29 à la Van Ness Ave

Entrée libre

19, 30, 47, 49, Powell-Mason, Powell-Hyde, MF

Fisherman's Wharf

À ne pas manquer

Otaries à Pier 39
Les otaries de San Francisco font bien des envieux depuis qu'elles se sont approprié une marina entière dans les années 1990. Comme la législation californienne exige que les bateaux fassent place aux mammifères marins, ces quelque 1 300 squatters obligent les plaisanciers à renoncer à leur précieux **Pier 39** (www.pier39.com ; Beach St et l'Embarcadero ; 🚋) de janvier à juillet.

Musée mécanique
Le rire de Sal glace le sang des visiteurs depuis près d'un siècle, mais ne laissez pas cet automate à pièces vous dissuader d'essayer les meilleurs jeux d'arcade à l'ouest de Coney Island. Le **Musée mécanique** (www.museemecanique.org ; Pier 45, Shed A ; ⊙10h-19h ; 🚋) vous permet de vous battre dans un saloon du Far West, de sauver le monde des envahisseurs et de découvrir votre avenir grâce à une cartomancienne en bois très bien conservée, vieille de 70 ans.

USS Pampanito
Explorez un **sous-marin restauré** (☎415-775-1943 ; www.maritime.org/pamphome.htm ; Pier 45 ; adulte/enfant 12/6 $; ⊙9h-20h jeu-mar, 9h-18h mer ; 🚋) qui coula six navires japonais – dont deux transportant des prisonniers de guerre britanniques et australiens – durant la Seconde Guerre mondiale. Les histoires des sous-mariniers prennent tout leur sens dans ces longs couloirs exigus, au milieu des boutons en laiton et des soupapes hydrauliques un brin désuets au regard de la technologie du XXIe siècle. Déconseillé aux claustrophobes.

☑ À savoir

▶ Le brouillard arrive vers 16 heures, parfois plus tôt en été. Apportez une veste et évitez les shorts, sauf en cas de chaleur extrême.

▶ La plupart des gens visitent le front de mer à pied ou à vélo ; des chaussures confortables et un écran solaire sont recommandés.

▶ Fisherman's Wharf est très prisé des familles, qui arrivent nombreuses l'après-midi. Pour éviter la foule, déjeunez aux stands de fruits de mer de Pier 43½ avant midi puis visitez l'*USS Pampanito* et l'*Aquatic Park Bathhouse*.

✕ Une petite faim ?

Les stands de nourriture abondent sur la promenade du Pier 39 et près des tables de pique-nique sur Pier 43½, dont le célèbre Salty's Famous Fishwich (p. 46). Les meilleures douceurs, dont celles de Kara's Cupcakes (p. 45), sont sur Ghirardelli Sq.

Aquarium of the Bay

Explorez la baie sous la surface en toute sécurité tandis que des requins, des raies mantas et des bancs de poissons nagent au-dessus de votre tête. L'**Aquarium** (www.aquariumofthebay.com ; Pier 39 ; adulte/enfant/famille 18/10/50 $; ◐9h-20h été, 10h-18h hiver ; ♿) est construit à même la baie, et des tapis roulants vous transportent à travers des tunnels de verre sous-marins pour une rencontre intime avec la vie aquatique locale.

San Francisco Carousel

Des peintures du Golden Gate, d'Alcatraz et de nombreux autres sites de San Francisco émaillent ce beau **carrousel** (www.pier39.com ; Pier 39 ; 3 $; ◐11h-19h ; ♿) brillant de 1 800 feux. Ses montures de bois et son orgue en font l'une des attractions préférées des enfants.

San Francisco Maritime National Historic Park

Laissez voguer votre imagination à bord des **navires historiques** (www.nps.gov/safr ; adulte/enfant 5 $/gratuit ; ◐9h30-17h oct-mai, 9h30-19h juin-sept) qui composent ce musée situé le long de Hyde St Pier. L'*Alma*, une belle goélette de 1891 et le bateau à vapeur *Eureka* datant de 1890, notamment, retiennent l'attention. Non loin de là se trouvent le remorqueur à aubes *Eppleton Hall* et le trois-mâts à coque en fer *British Balclutha*, datant de

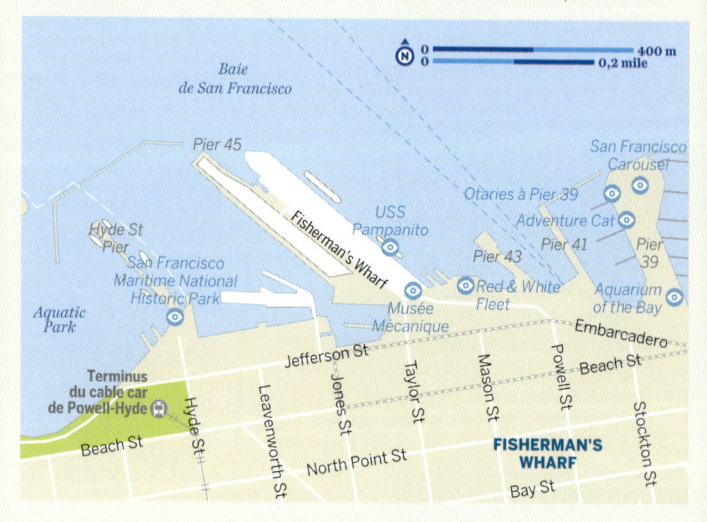

Fisherman's Wharf

San Francisco Carousel

1886, qui transporta du charbon jusqu'à San Francisco via le cap Horn.

Adventure Cat

Les marins ont bien raison : San Francisco est encore plus belle depuis la baie argentée, dans le couchant. Après avoir vu les navires historiques au San Francisco Maritime National Historic Park, les bateaux modernes peuvent sembler manquer de grâce et de goût pour l'aventure, mais vous pouvez toujours naviguer dans le couchant avec **Adventure Cat** (415-777-1630 ; www.adventurecat.com ; Pier 39 ; adulte/enfant 35/15 $, croisière au crépuscule 50 $). Les croisières en catamaran offrent une vue panoramique, des trampolines pour les enfants entre les coques et des cabines en cas de brouillard (habillez-vous chaudement). Trois croisières sont organisées chaque jour de mars à octobre, le week-end seulement en novembre.

Red & White Fleet

La **Red & White Fleet** (415-673-2900 ; www.redandwhite.com ; Pier 43 $^{1}/_{2}$; adulte/enfant 28/18 $) propose des visites audio en plusieurs langues depuis les ponts intérieurs, mais pour une vue imprenable sur le Golden Gate, bravez le vent et installez-vous sur le pont supérieur extérieur. Quoi de mieux que de porter un toast sous le Golden Gate Bridge ?

Les incontournables
Lombard Street

Les hauteurs de Lombard Street peuvent donner le tournis lorsqu'on regarde les huit lacets fleuris qui ponctuent la pente à 27% de Russian Hill. Son titre de "rue la plus sinueuse du monde" est incorrect – Vermont Street, à Potrero Hill, mérite cette appellation – mais Lombard n'en est pas moins vertigineuse. Elle sert notamment de cadre au film *Sueurs froides* d'Alfred Hitchcock, et le skateur de légende Tony Hawk y a situé une partie de son jeu vidéo *Pro Skater*. Empruntez plutôt les 250 marches pour la descendre.

Plan p. 42, B3

Lombard St, numéros 900

Powell-Hyde

Lombard Street

À ne pas manquer

Lacets
Lassés de retrouver encastrés dans leurs jardins des conducteurs tout droit sortis des bars clandestins durant les années folles, les riverains ajoutèrent huit virages ponctués de pots de fleurs à ce raccourci mortel pour en faire une rue panoramique. Le résultat est aujourd'hui sous vos yeux : une rue de briques rouges bordée de parterres de fleurs bien entretenus à chaque virage, flanquée de 250 marches.

Sterling Park
Les automobilistes qui se précipitent dans Lombard St manquent la superbe vue du Golden Gate le long des sentiers qui serpentent sur la colline de **Sterling Park** (www.rhn.org/pointofinterestparks.html ; Greenwich St et Hyde St ; 🚶). Les couchers du soleil encadrés par des pins bercés par le vent sont de la pure poésie, comme il sied à l'homonyme du parc, le poète bohème George Sterling. Il embrassait la nature, l'amour libre et l'opium – mais peu la fortune. La haute société de San Francisco lui pardonna ses excentricités et nomma ce parc en son honneur.

Cable car de Powell-Hyde
N'en déplaise aux scènes classiques de course-poursuite *(Vertigo, What's Up Doc)* et aux publicités pour voitures tournées à San Francisco, la meilleure façon de découvrir Lombard c'est le *cable car*. Celui de Powell-Hyde grimpe au sommet de Nob Hill avant d'attaquer Russian Hill, passant devant des demeures luxueuses et des escaliers camouflés dans les jardins. Descendez à Lombard pour une vue imprenable depuis le haut de la colline.

☑ À savoir

▶ Pour éviter les embouteillages le long de Lombard, venez tôt le matin ; pour une belle lumière, préférez le milieu de l'après-midi, lorsque le brouillard se dissipe.

▶ Inutile de vous flanquer en plein milieu de la rue : le meilleur angle de vue pour prendre des photos se trouve depuis le bas de la rue et au sommet de la Coit Tower, sur la colline suivante.

▶ Ne tentez pas le diable : la police est à l'affût des skaters rebelles. En attendant que les policiers soient plus tolérants, consolez-vous en dévalant virtuellement la rue sur votre écran.

✕ Une petite faim ?

Avant de descendre Lombard, faites un détour par Larkin St pour une délicieuse glace chez Swensen's (p. 46) ou une part de pizza chez Za (p. 45).

42 Fisherman's Wharf et les quais

Nos adresses
- Les incontournables p. 36
- Voir p. 43
- Se restaurer p. 45
- Prendre un verre p. 48
- Sortir p. 49
- Shopping p. 49

Baie de San Francisco

Ferries vers Alcatraz
Ferries vers Sausalito

Pier 45, Pier 43, Pier 41, Pier 39, Pier 35, Pier 33, Pier 31

Embarcadero (Herb Caen Way)
Kearny St
Grant Ave
North Point St
Stockton St
Francisco St
Chestnut St
Lombard St
Greenwich St
Filbert St Steps
Alta St
Pioneer Park / Telegraph Hill
Jasper Pl
Stockton St
NORTH BEACH
Beach St
Bay St
Powell St
Washington Square
Union St
Green St
North Beach Playground
Mason St
Jefferson St
FISHERMAN'S WHARF
Taylor St
Water St
Columbus Ave
Greenwich St
Filbert St
Macondray Ln
Ina Coolbrith
Jones St
San Francisco Art Institute
Leavenworth St
RUSSIAN HILL
Union St
Green St
Beach St
Bay St
Hyde St
Russian Hill Park
George Sterling Park
Larkin St
Polk St
Francisco St
Chestnut St
Lombard St
Greenwich St
Filbert St
Van Ness Ave

SS Jeremiah O'Brien
Fisherman's Wharf
Terminus du cable car de Powell-Mason
Terminus du cable car de Powell-Hyde
Aquatic Park
Aquatic Park Bathhouse
Ghirardelli Square
Blazing Saddles
Lombard Street

San Francisco Municipal Pier

400 m / 0,2 mile

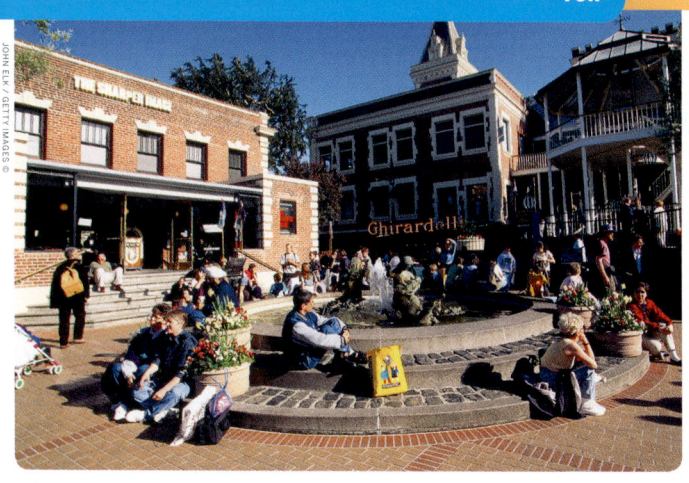

Ghirardelli Square (p. 44)

Voir

Aquatic Park Bathhouse
BÂTIMENT HISTORIQUE

1 Plan p. 42, A2

Récemment restauré, cet édifice de 1939 de style "paquebot" contient les trésors artistiques de la Works Progress Administration (WPA) : sculptures de phoques de Beniamino Bufano, peintures murales de fonds sous-marins surréalistes d'Hilaire Hiler et splendide marquise sculptée en ardoise verte de l'entrée de Sargent Johnson, artiste noir renommé. Johnson a laissé les mosaïques aquatiques de la véranda délibérément inachevées pour protester contre le projet d'accueillir un restaurant privé dans ce lieu public. (www.nps.gov/safr/history culture/bathhousebuilding.htm ; 499 Jefferson at Hyde ; entrée libre ; 10h-16h)

San Francisco Art Institute
GALERIE D'ART

2 Plan p. 42, B3

Fondé dans les années 1870, le SFAI était l'avant-garde du mouvement Bay Area Abstraction dans les années 1960, de l'art conceptuel des années 1970, et de l'art des nouveaux médias des années 1990. Découvrez les nouvelles tendances à la **Walter and McBean Gallery** (11h-18h lun-sam). Une fresque de Diego Rivera datant de 1931, *The Making of a Fresco Showing a Building of a City*, s'étend à travers la **Diego Rivera Gallery**, et met en scène l'artiste faisant une pause pour admirer

San Francisco. (www.sfai.edu ; 800 Chestnut St ; entrée libre ; 9h-17h ; Powell-Mason).

Une petite pause ? La terrasse du café offre des expressos serrés et une vue panoramique sur la baie.

SS Jeremiah O'Brien
NAVIRE HISTORIQUE

3 Plan p. 42, B1

Difficile de croire que ce bijou de 10 000 tonnes fut fabriqué par les ouvriers des chantiers navals de San Francisco en moins de huit semaines et réussit à esquiver les sous-marins pour ravitailler les forces alliées lors du débarquement. Des 2 710 Liberty Ships mis à la mer durant la Seconde Guerre mondiale, il est le seul encore en état de naviguer. Réservez une croisière de 4 heures à son bord (informations sur le site Internet). (www.ssjeremiahobrien.org ; Pier 45 ; adulte/enfant 12/6 $; 9h-16h ; ; 19, 30, 47, Powell-Hyde, MF)

Ghirardelli Square
SITE HISTORIQUE

4 Plan p. 42, A2

Willy Wonka serait fier de Domingo Ghirardelli, qui a fondé la plus grande usine de chocolat de l'Ouest vers 1893. Après son déménagement à East Bay, l'usine fut transformée en centre commercial en 1964. Désormais, le site est un complexe avec spa, boutiques et salles de dégustation de vin. (www.ghirardellisq.com ; 900 North Point St ; 10h-21h ; North Point St ; 19, 30, 47 ; Powell-Hyde)

Une petite faim ? Essayez le Cable Car Sundae chez **Ghirardelli Ice Creams** (415-771-4903 ; www.ghirardelli.com ; 900 North Point St, Ghirardelli Sq ; glaces 4-9 $; 10h-23h dim-jeu, 10h-minuit ven-sam ; ; 19, 30, 47, Powell-Hyde) : marshmallow et fudge chaud sur une montagne de glace.

Aquatic Park
PARC

5 Plan p. 42, A2

Ce parc en bord de mer, situé devant l'Aquatic Park Bathouse Building, permet aux magnats nostalgiques de s'échapper quelques minutes de la Silicon Valley en regardant la mer. Chaque hiver, il voit des nageurs courageux s'élancer dans les eaux glaciales de la baie. (extrémité nord de Van Ness Ave ; entrée libre ; ; 19, 30, 47, Powell-Hyde)

Blazing Saddles
LOCATION DE VÉLOS

6 Plan p. 42, B2

Afin de brûler quelques calories avant un festin chez Gary Danko, parcourez le front de mer du Pier 39 au Golden Gate Bridge à vélo. Vous pourrez en louer à Blazing Saddles ; l'agence principale est sur Hyde St et 7 stands sont déployés autour de Fisherman's Wharf. Cette enseigne propose des vélos électriques et un service de retour 24h/24. Réservez en ligne pour une réduction de 10 % ; la location comprend tous les extras (casques, sangles, etc.). (415-202-8888 ; www.blazingsaddles.com ; 2715 Hyde St ; location vélos 8-15 $/h, 32-88 $/j ; vélos électriques 48-88 $/j ; 8h-19h30 ; Powell-Hyde)

Se restaurer

Gary Danko
CALIFORNIEN $$$

7 Plan p. 42, B2

Récompensé par le James Beard Award pour sa cuisine et son service impeccable, Gary Danko propose un trio de crèmes brûlées à se damner. Nous recommandons le homard rôti aux trompettes de la mort et le magret de canard à la compote de rhubarbe. Réservation indispensable. (415-749-2060 ; www.garydanko.com ; 800 North Point St ; menus 3/5 plats 73/107 $; 17h30-22h ; 19, 30, 47, Powell-Hyde)

Kara's Cupcakes
BOULANGERIE, DESSERT $

8 Plan p. 42, A2

Venez (re)découvrir ici les classiques des goûters d'anniversaire américains : de la guimauve au chocolat pour feu de camp au classique gâteau à la carotte avec glaçage au *cream cheese* (fromage à tartiner). Certains desserts sont sans gluten. (415-563-2223 ; www.karascupcakes.com ; 900 North Point ; cupcakes 3 $; 10h-20h dim-jeu, 10h-22h ven-sam ; 28, 30, 49, Powell-Hyde, Powell-Mason)

Forbes Island
GRILL $$$

9 Plan p. 42, D1

Forbes Thor Kiddoo est un millionnaire excentrique dont la péniche a été transformée en restaurant romantique original servant des viandes grillées. Le phare miniature, la paillote, la cascade, la plage de sable et les palmiers donnent l'impression d'être sur une île. Il vous faudra réserver et attraper la navette depuis Pier 39. (415-951-4900 ; www.forbesisland.com ; Pier 41 ; plats 27-39 $; 17h-tard ; 47, F)

Za
PIZZERIA $

10 Plan p. 42, B4

Les amateurs de pâte fine et farinée sautent du *cable car* pour déguster une pizza servie à la part par des pizzaïolos charmeurs, garnie d'ingrédients frais et accompagnée d'une pinte d'Anchor Steam dans un cadre chaleureux – le tout pour 10 $ et avec le sourire ! (415-771-3100 ; www.zapizzasf.com ; 1919 Hyde St ; 12h-21h30 dim-mer, 12h-22h30 jeu-sam ; 41, 45, Powell-Hyde)

☑ **Bon plan**

GoCar

Pour parcourir le Wharf rapidement, GoCar (www.gocartours.com/) loue des mini-voitures à trois roues avec guidage GPS multilingue permettant de rejoindre les principaux points d'intérêt, à partir de 55 $/j. Suivez les instructions, évitez les pentes raides et conduisez prudemment – une famille à bord d'une voiture GoCar est récemment tombée en panne sur le Bay Bridge à l'heure de pointe.

Scoma's
FRUITS DE MER $$$

11 Plan p. 42, B1

Dans cette institution du Wharf, les serveurs portent des smokings blancs, les murs lambrissés de pin sont décorés de photos dédicacées de célébrités oubliées et les baies vitrées donnent sur les quais ; presque rien n'a changé depuis les années 1960 hormis les prix. Au menu, des classiques préparés à la perfection tels que le *cioppino* (ragoût de fruits de mer) et le homard thermidor. (415-771-4383 ; www.scomas.com ; Pier 47 ; plats 28-42 $; 11h30-22h ; P ; Powell-Hyde, MF)

Swensen's
GLACES $

12 Plan p. 42, B4

Le Swensen's original propose ses délices glacés depuis les années 1950. Depuis, des succursales se sont ouvertes un peu partout dans le monde. Le classique *sundae* au caramel fondu est un pur bonheur. (www.swensensicecream.com ; 1999 Hyde St ; 12h-22h mar-jeu, 12h-23h ven-dim ; 41, 45, Powell-Hyde)

Salty's Famous Fishwich
SANDWICHS $

13 Plan p. 42, C1

Les fruits de mer coûtent cher sur le Fisherman's Wharf : bon courage pour trouver un plat de poisson à moins de 10 $! Mais Salty's Famous Fishwich fait exception : le pavé croustillant de cabillaud du Pacifique frit, recouvert de coleslaw acidulé et relevé de coriandre, vous ravira. Les tables de pique-nique du quai sont idéales pour déguster un "halfwich" à 5 $. Frites à l'ail à 4 $. (Pier 43 ½ ; sandwichs 5-8 $; 11h-18h30 ; 42, 49, Powell-Hyde, MF)

> ### ✓ Bon plan
> #### Pain au levain
> Le climat de San Francisco n'est pas idéal pour les bikinis, mais il est parfait pour le *Lactobacillus sanfranciscensis*, une bactérie d'acide lactique qui donne au pain au levain un goût acidulé distinctif et contribue à l'activation de la levure. Toute boulangerie qui se respecte propose du pain au levain, mais la plus réputée est la **boulangerie Boudin** (plan p. 42, C1 ; www.boudinbakery.com ; 160 Jefferson St ; plats 7-15 $; 11h-21h30 ; 47, MF), une institution san-franciscaine depuis 1849. Bravez la foule à Boudin's Bakers Hall sur l'embarcadère pour commander un sandwich au levain (par exemple le jambon-brie) et apercevoir les boulangers mettre d'immenses morceaux de pâte dans des malaxeurs de la taille d'un Jacuzzi. Mais soyez prévenu : la *clam chowder* (soupe de palourdes et de pommes de terre) servie dans un bol de pain au levain est très calorique.

Boulangerie Boudin

In-N-Out Burger
HAMBURGERS $

14 Plan p. 42, B2

Depuis 60 ans, In-N-Out se différencie des autres enseignes de burger grâce à du bœuf de première qualité, soigneusement préparé. Le menu "Wild style" offre des burgers cuisinés dans de la moutarde et des oignons grillés. Les employés sont payés décemment. (800-786-1000 ; www.in-n-out.com ; 333 Jefferson St ; menus à moins de 10 $; 10h30-1h dim-jeu, 10h30-1h30 ven-sam ; 30, 47, Powell-Hyde)

Eagle Cafe
AMÉRICAIN $$

15 Plan p. 42, D1

La meilleure adresse de brunch de Pier 39. La nourriture est simple : pancakes, sandwichs à l'omelette et à la salade de crabe sont des incontournables. La vue est belle et les prix raisonnables. Réservations, indispensables le week-end pour éviter une longue file d'attente. (415-433-3689 ; www.eaglecafe.com ; Pier 39, 2e étage, Ste 103 ; plats 10-20 $; 7h30-21h ; ; 47, Powell-Mason)

Fisherman's Wharf Crab Stands
FRUITS DE MER

16 Plan p. 42, C1

Des hommes musclés remuent des chaudrons fumants pleins de crabes dormeurs derrière ces stands de vente à emporter alignés en bas de Taylor St. La saison des crabes s'étend de l'hiver au printemps, mais vous trouverez ici des crevettes et autres fruits de mer toute l'année. Dégustez votre repas sur l'un des bancs de la Pier 43 Promenade ou passez les portes battantes en verre portant l'inscription *"Passageway to the Boats"* entre les numéros 8 et 9 du Fisherman's Wharf pour déjeuner sur les quais. (En bas de Taylor St ; plats 5-15 $; MF)

Pat's Cafe   AMÉRICAIN $

17 Plan p. 42, C3

Légèrement à l'écart de la foule des touristes, ce charmant petit *diner* sert des spécialités américaines classiques – œufs brouillés, pancakes et gaufres au petit-déjeuner, pastrami chaud, *patty melts* et club sandwichs au déjeuner – à une clientèle qui apprécie la cuisine sans chichis, le service avec le sourire et l'endroit pratique, entre le Wharf et North Beach. (415-776-8735 ; 2330 Taylor St ; plats 8-12 $; 7h30-14h30 ; ; 30, Powell-Mason)

Prendre un verre

Buena Vista Cafe   BAR

18 Plan p. 42, B2

Ici vous pourrez vous réchauffer avec un verre d'Irish coffee doux-amer et bien crémeux. C'est avec pas mal d'audace que cette adresse a introduit des boissons si délicates pour les marins et les petits plats des conserveries environnantes. Tous les soirs, le plancher de style victorien craque volontiers sous les pas des familles et des fêtards, servis sur des tables communes surplombant le terminus du *cable car* de Victoria Park. (415-474-5044 ; www.thebuenavista.com ; 2765 Hyde St ; 9h-2h lun-ven, 8h-2h sam-dim ; 19, 47, Powell-Hyde)

Gold Dust Lounge   BAR

19 Plan p. 42, C2

Après avoir perdu l'emplacement qu'elle occupait à Union Square depuis les années 1930, cette institution locale a vite été réinstallée en 2013 sur le Wharf avec ses lustres victoriens branlants, son décor de maison close en velours rouge et son groupe de rockabilly aux voix nasillardes. Vous pourrez y partager des boissons fortes et des plaisanteries salées avec des phénomènes locaux. (415-397-1695 ; www.golddustsf.com ; 165 Jefferson St ; 8h-2h ; 47, Powell-Mason, MF)

Winery Collective   DÉGUSTATION DE VINS

20 Plan p. 42, B2

Découvrez de nouveaux vins loin des rayons des supermarchés dans cette salle de dégustation présentant de petits producteurs californiens. Les vins proposés varient, mais parmi les plus prisés figurent un pinot noir Copain de la vallée d'Anderson sublimement épicé et des pinots blancs issus de vignobles uniques mélangés à la demande pour les gourmets par les sommeliers experts du restaurant Boulevard.

(www.winerycollective.com ; 485 Jefferson St ; ⏲12h-21h ; 🚋Powell-Hyde)

Jack's Cannery Bar BAR

21 📍 Plan p. 42, B2

Après avoir échappé à la foule sur Alcatraz, vous succomberez à l'appel d'une bière, chez Jack, parmi une sélection de 60 à 85 pressions différentes. Pour 6,50 $, les locaux optent pour une pinte d'Anchor Steam ou des bières de l'Anderson Valley ou de la Sierra Nevada. Tables à l'extérieur et écran plat à l'intérieur : Jack's est le rendez-vous des voisins qui viennent y boire un verre les jours de beau temps ou les soirs de match. Familles bienvenues. Paiement en espèces. (2801 Leavenworth St ; ⏲11h-2h ; 🚋Powell-Hyde)

Sortir

Pier 23 MUSIQUE LIVE

22 ⭐ Plan p. 42, E2

Il ressemble à une paillote, mais ce bar-restaurant en front de mer sur Pier 23 propose régulièrement de la musique live : R&B, reggae, latino, rock et piano jazz. La terrasse offre une superbe vue sur la baie, surtout durant la Fleet Week au début du mois d'octobre. Le menu propose plusieurs options de fruits de mer comme les huîtres frites et le crabe rôti. (📞415-362-5125 ; www.pier23cafe.com ; Pier 23 ; entrée 0-10 $; ⏲spectacles 17h-19h mar, 18h-20h mer, 19h-22h jeu, 20h-minuit ven-sam, 16h-20h dim ; Ⓜ F)

Shopping

TCHO Chocolate ALIMENTATION

23 🔒 Plan p. 42, E2

Ce grand chocolatier local utilise des fèves de cacao issues du commerce équitable pour confectionner les luxueux chocolats élégamment emballés aux arômes de noisette et de fruits qui sont sa marque de fabrique. Le magasin de Pier 17 est également son usine ; des visites gratuites (durée 1 heure, départ 10h30 et 14h30 ; réservation en ligne obligatoire) permettent de goûter toute la gamme. (📞415-981-0189 ; www.tcho.com ; Pier 17 ; ⏲9h30-17h30 lun-ven, 10h-17h30 sam-dim ; Ⓜ F)

elizabethW PARFUMS

24 🔒 Plan p. 42, A2

La marque locale de parfums elizabethW propose de retrouver les délicieuses senteurs des saisons sans bouger de la ville. L'odeur de "Sweet Tea" fait penser à une véranda géorgienne en été, tandis que "Vetiver" évoque l'automne dans le Maine. Pour un parfum typique de San Francisco, "Leaves" est aussi audacieusement boisé que Golden Gate Park en janvier. (www.elizabethw.com ; 900 North Point St ; ⏲10h-21h lun-sam, 10h-19h dim ; 🚌19, 30, 47 ; 🚋Powell-Hyde)

Les incontournables
Alcatraz

Comment y aller

🚢 **Ferry** Alcatraz est à 1,25 mile nautique du Fisherman's Wharf dans la baie de San Francisco. Départs du Pier 33 toutes les 30 min de 9h à 15h50, ainsi qu'à 17h55 et 18h30 ; réservation recommandée.

Entrez dans la cellule, fermez la porte : par-delà ces barres, de l'autre côté de la baie, vous pouvez entendre le murmure de la vie quotidienne. On comprend qu'Alcatraz soit devenue la plus célèbre prison d'Amérique, et pourquoi des détenus n'hésitèrent pas à affronter le courant pour tenter de s'échapper. Dans la journée, de captivantes visites avec audioguides, commentées par des prisonniers et des gardiens, sont organisées. De nuit, conduites par un ranger du parc, elles prennent une dimension inédite et quelque peu effrayante. De retour à San Francisco, la notion de liberté aura une autre saveur.

À ne pas manquer

Le pénitencier
En 1934, la première prison militaire du pays devint un pénitencier de haute sécurité pour les criminels les plus dangereux. Al Capone, le parrain de la mafia de Chicago, ou l'espion soviétique Morton Sobell, y séjournèrent. On pensait qu'il était impossible de s'échapper d'Alcatraz, mais en 1962 les frères Anglin et Frank Morris s'évadèrent sur un radeau de fortune et n'ont jamais été revus depuis. Leur évasion est présentée durant la fascinante visite du pénitencier, qui ne fait l'impasse ni sur les émeutes ni sur la répression et l'isolement.

Sites amérindiens
Après la fermeture de la prison en 1963, l'État rejeta la demande de transformer Alcatraz en centre d'étude amérindien. Les dirigeants amérindiens occupèrent l'île en 1969 en signe de protestation. Leur confrontation avec le FBI est commémorée dans un musée proche des docks et par le graffiti "Home of the Free Indian Land" sur le château d'eau. Le soutien du public envers les manifestants incita le président Richard Nixon à restaurer le territoire autochtone et à renforcer l'autonomie des nations amérindiennes.

Sentiers nature
Après que le gouvernement a repris le contrôle d'Alcatraz, il en fit un parc national. En 1973, il était déjà une attraction majeure pour les visiteurs et pour les oiseaux d'Isla de Alcatraces (l'île des pélicans). Il vous faudra de bonnes chaussures pour explorer les sentiers non revêtus jusqu'à la buanderie de la prison, un excellent site d'observation des oiseaux, et jeter un coup d'œil aux plantes indigènes qui poussent dans les ruines des maisons des gardes.

📞 415-981-7625 (Alcatraz Cruises)

www.alcatrazcruises.com

visites adulte/enfant/famille 30/18/92 $, nocturnes adulte/enfant 37/22 $

☑ À savoir

▶ Réservez l'aller au moins deux semaines à l'avance. Le premier et le dernier bateau de la journée sont moins fréquentés.

▶ Entre le débarcadère et la prison, empruntez le chemin escarpé ou prenez le petit train qui part deux fois par heure.

▶ Vent et météo changeante. Prévoyez plusieurs couches de vêtements, un pantalon et de l'écran solaire.

✖ Une petite faim ?

Vous ne trouverez pas de nourriture sur l'île, uniquement de l'eau, du café et des noix. Vous pourrez acheter de quoi grignoter dans le Ferry Building avant le départ ou au bar du ferry. Il est interdit de manger sur l'île au-delà du débarcadère.

Les incontournables
Exploratorium

Comment y aller

M Tramway Prenez la ligne F depuis le Wharf, Downtown ou le Castro. Descendez à la station Embarcadero et parcourez quatre pâtés de maisons vers le nord jusqu'au Pier 15.

Écoutez le chant du sel, découvrez ce que voient les vaches et stimulez votre appétit avec des couleurs dans les expositions interactives créées par des lauréats du prix MacArthur. Le physicien nucléaire Frank Oppenheimer, qui a travaillé sur le projet Manhattan, a fondé ce musée en 1969 pour explorer la science, l'art et la perception humaine – on peut vraiment s'imaginer dans les années 1960 lorsqu'on avance pieds nus à tâtons dans le Tactile Dome. Les excellentes expositions vont parfaitement avec le décor du nouveau site : un bâtiment en verre de plus de 36 000 m² installé sur une jetée surplombant la baie de San Francisco.

Exploratorium 53

À ne pas manquer

Les expositions primées
Les skateurs défient-ils la gravité ? L'eau s'écoule-t-elle vraiment en tournant dans le sens inverse des aiguilles d'une montre en Australie ? Trouvez des réponses aux questions que vous auriez aimé poser en classe de physique grâce à plus de 600 expositions interactives. Vous pourrez aussi regarder des artistes et scientifiques primés travailler sur leur prochain projet audacieux dans l'atelier du musée.

Les galeries intérieures
Ces galeries portent sur la couleur, le son, la lumière et le mouvement. Les expositions sont conçues pour susciter l'enthousiasme des visiteurs à l'idée de nouvelles inventions, découvertes scientifiques et infrastructures publiques – un bel hommage au fondateur du lieu, Frank Oppenheimer, physicien ayant participé à l'élaboration de la bombe atomique.

La galerie extérieure
Le bâtiment de 36 000 m² alimenté par des panneaux solaires sur le Pier 15 possède de vastes zones en plein air qu'on peut explorer gratuitement 24h/24. Écoutez le vent jouer des compositions féeriques sur la **harpe éolienne** de 8 m de haut, regardez la baie à l'envers dans le **Rickshaw Obscura** et admirez les installations du projet "Over the Water", parmi lesquelles le fantasmagorique *Fog Bridge de* Fujiko Nakaya.

Le Bay Observatory
Avec l'aide de la NOAA (National Oceanic and Atmospheric Administration), la jetée de l'Exploratorium est équipée de capteurs fournissant des informations en temps réel sur la météo, les marées et la baie. Vous pourrez observer le flux des données à la Bay Observatory Gallery, un observatoire en verre où se rejoignent la mer, la terre et le ciel.

📞 415-528-4444

www.exploratorium.edu

Pier 15

adulte/enfant 25/19 $, jeu soir 15 $

🕐 10h-17h mar-dim, 10h-22h mer et 18h-22h jeu pour les plus de 18 ans

☑ À savoir

▶ Explorez à tâtons le Tactile Dome (réservation et billet spécial à 15 $ nécessaires), qui propose de "voir" avec les quatre autres sens que la vue.

▶ Entrez dans la Black Box, un espace de 75 m² où l'on ne sait jamais sur quoi on va tomber : des danseurs qui copient vos mouvements, des vidéos dont les protagonistes s'arrêtent et vous regardent, etc.

🍴 Une petite faim ?

Dégustez une glace bio à l'un des stands du Pier 15 (10h-17h) ou faites une folie au Seaglass Restaurant de l'Exploratorium, tenu par la chef Loretta Keller et donnant sur le front de mer.

Explorer

North Beach et Chinatown

La poétique Jack Kerouac Alley relie les quartiers historiques chinois et italiens. Explorez les ruelles parsemées de temples aux toits de pagode et de bars qui ont vu affluer les migrants attirés par la promesse d'un nouvel Eldorado et naître la Révolution chinoise et le mouvement Beat. Et la Coit Tower, dont les murs du hall sont couverts de fresques, domine Telegraph Hill, jalousement gardée par les perroquets.

Explorer

L'essentiel en un jour

Passez la **Dragon Gate** (p. 63) sur Grant Ave, bordée de bâtiments à toit de pagode érigés dans les années 1920 par des marchands de Chinatown pour attirer le chaland (à l'évidence, leur plan a fonctionné à merveille). Il est difficile de croire que cette rue joyeuse aux enseignes néon vintage était autrefois un quartier chaud tant que vous n'avez pas vu la fascinante exposition de la **Chinese Historical Society** (p. 61). Flânez sur la **Waverly Place** (p. 60) bordée de temples pour entrevoir un quartier qui a survécu contre vents et marées, et déguster des *dim sum* à **City View** (p. 65).

Rejoignez North Beach via la **Jack Kerouac Alley** (p. 60) et **City Lights** (p. 71), épicentre historique de la liberté d'expression. Un expresso au **Caffe Trieste** (p. 67) vous donnera de l'énergie pour la visite à pied du **North Beach Beat** (p. 184) et la grimpée vertigineuse des Filbert Steps bordés de jardins jusqu'à la **Coit Tower** (p. 56).

Entamez une tournée des bars de Barbary Coast à **15 Romolo** (p. 68), à **Tosca Cafe** (p. 68) et au **Comstock Saloon** (p. 67). Les locaux ne vous laisseront refuser un dernier verre au **Specs** (p. 67) que pour l'une des trois raisons suivantes : une réservation pour dîner chez **Coi** (p. 64), des billets pour **Beach Blanket Babylon** (p. 70), ou un spectacle au **Bimbo's 365 Club** (p. 71).

Les incontournables

La Coit Tower et les Filbert Street Steps (p. 56).

Le meilleur du quartier

Gastronomie à prix doux
Cotogna (p. 64)
Liguria Bakery (p. 65)

Prendre un verre
Caffe Trieste (p. 67)
Comstock Saloon (p. 67)
Specs Museum Cafe (p. 67)
Tosca Cafe (p. 68)
Réveille (p. 69)

Shopping
City Lights (p. 71)
Golden Gate Fortune Cookie Company (p. 71)
101 Music (p. 72)

Sortir
Beach Blanket Babylon (p. 70)
Cobb's Comedy Club (p. 71)

Comment y aller

Cable car De Downtown ou du Wharf, prendre la ligne Powell-Mason à travers Chinatown et North Beach. Le *cable car* de California passe par Chinatown.

Bus Les lignes principales sont les 30, 41 et 45.

Les incontournables
Coit Tower et les Filbert Steps

Point d'exclamation dans le paysage de San Francisco, la tour Coit blanche fut érigée grâce au legs de l'excentrique Lillie Hitchcock Coit qui souhaitait bâtir un monument en hommage aux pompiers de San Francisco. L'édifice s'est attiré les foudres de la critique pour ses peintures murales provocatrices de la Works Project Administration, réalisées dans les années 1930. La qualité de la vue depuis la plateforme d'observation ne souffre, elle, aucune contestation. Gravir les Filbert Steps n'est pas de tout repos, mais les perroquets sauvages vous encourageront de leurs cris rauques.

Plan p. 58, D2

415-362-0808

www.sfrecpark.org/destination/telegraph-hill-pioneer-park/coit-tower

Telegraph Hill Blvd

10h-17h30 mar-sept, 9h-16h30 oct-fév

39

Statue de Christophe Colomb et la Coit Tower

Coit Tower et les Filbert Steps

À ne pas manquer

Peintures murales de la WPA
Les fresques du hall de la Coit Tower mettent en scène les San-Franciscains pendant la Grande Dépression : à la soupe populaire, dans des syndicats de dockers, faisant la fête malgré la prohibition, et penchés sur des livres de bibliothèque, dont les manifestes de Marx. Ces œuvres d'art financées par le gouvernement fédéral ont soulevé la controverse en 1934, et les autorités accusent les 27 artistes d'être communistes, mais les San-Franciscains ont vite adopté ces peintures murales audacieuses.

Plateforme d'observation
Après la montée de 20 minutes jusqu'à la Coit Tower, l'attente et les droits d'entrée pour emprunter **l'ascenseur** (adulte/enfant 7/5 $) jusqu'au sommet valent la peine. Depuis la plateforme panoramique à ciel ouvert dominant San Francisco de ses 64 m, vous pouvez voir deux ponts, des *cable cars* et différents monuments émaillant l'horizon.

Filbert Steps
Au XIXe siècle, le flanc nord de Telegraph Hill servit de carrière pour les bateaux en besoin de ballast. La mairie finit par mettre fin à l'exploitation qui endommageait les routes, mais ses traces sont toujours visibles depuis Filbert St. Les escaliers qui montent vers la Coit Tower permettent une superbe vue de la baie.

Napier Lane
Au cours de votre ascension de Sansome St aux Filbert Steps pour rejoindre la Coit Tower, faites une pause sur Napier Lane, une promenade en bois bordée de bungalows et de jardins que les perroquets sauvages ont colonisés il y a quelques décennies.

☑ À savoir

▶ Pour découvrir d'autres fresques cachées dans la cage d'escalier, suivez la visite guidée gratuite le samedi à 11h.

▶ Vous voulez savoir pourquoi les perroquets ont colonisé Telegraph Hill ? Ne manquez pas le documentaire primé de 2003 *The Wild Parrots of Telegraph Hill*.

▶ Le bus n°39 relie Fisherman's Wharf à la Coit Tower, mais la montée des marches de Filbert St ou de Greenwich St est agréable. L'ascension plus courte mais plus raide de Filbert St part de Washington Sq.

🍴 Une petite faim ?

Achetez une focaccia fraîche près de Washington Sq à la Liguria Bakery (p. 65), à déguster en admirant la vue sur la baie depuis Telegraph Hill.

Avant une randonnée, prenez un sandwich au salami chez Molinari (p. 67).

58 North Beach et Chinatown

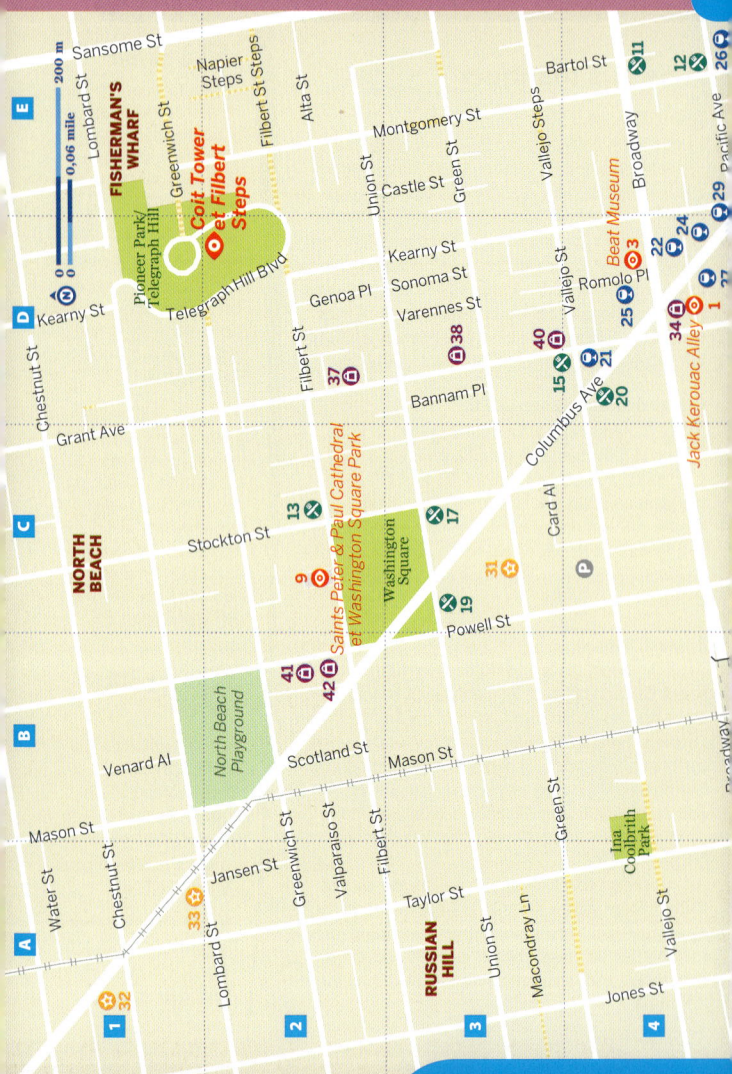

Map labels

- Sansome St
- Lombard St
- Napier Steps
- Bartol St
- FISHERMAN'S WHARF
- Greenwich St
- Filbert St Steps
- Alta St
- Montgomery St
- Broadway
- Pioneer Park / Telegraph Hill
- Coit Tower et Filbert Steps
- Union St
- Castle St
- Green St
- Vallejo Steps
- Pacific Ave
- Kearny St
- Telegraph Hill Blvd
- Kearny St
- Sonoma St
- Beat Museum
- Vallejo St
- Romolo Pl
- Genoa Pl
- Varennes St
- Filbert St
- Jack Kerouac Alley
- Bannam Pl
- Columbus Ave
- Chestnut St
- Grant Ave
- Saints Peter & Paul Cathedral et Washington Square Park
- Stockton St
- Washington Square
- Card Al
- NORTH BEACH
- Powell St
- North Beach Playground
- Venard Al
- Scotland St
- Mason St
- Green St
- Broadway
- Mason St
- Water St
- Chestnut St
- Greenwich St
- Jansen St
- Valparaiso St
- Filbert St
- Taylor St
- Ina Coolbrith Park
- Lombard St
- Union St
- Macondray Ln
- Vallejo St
- RUSSIAN HILL
- Jones St

Scale: 0 – 200 m / 0 – 0,06 mile

59

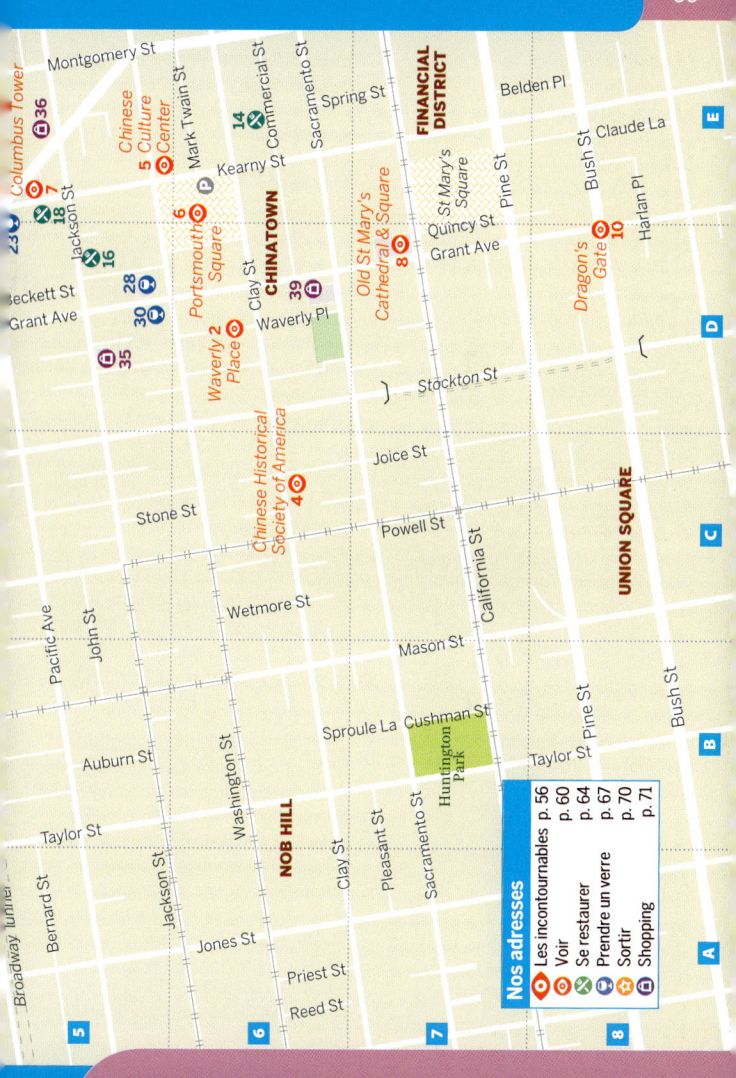

CHINATOWN

FINANCIAL DISTRICT

- Montgomery St
- Columbus Tower — 36
- Chinese Culture Center — 5
- Mark Twain St
- Commercial St
- Sacramento St
- Spring St
- Belden Pl
- Claude La
- Bush St
- Kearny St
- 14
- 7
- 18
- 23
- Jackson St
- 16
- Portsmouth Square — 6
- St Mary's Square
- Pine St
- Harlan Pl
- Beckett St
- Grant Ave
- 28
- 30
- Clay St
- 39
- Old St Mary's Cathedral & Square — 8
- Quincy St
- Grant Ave
- Dragon's Gate — 10
- 35
- Waverly Place — 2
- Waverly Pl
- Stockton St
- Chinese Historical Society of America — 4
- Joice St
- Stone St
- Powell St
- **UNION SQUARE**
- Wetmore St
- Mason St
- California St
- Pacific Ave
- John St
- Sproule La
- Cushman St
- Huntington Park
- Taylor St
- Pine St
- Bush St
- Auburn St
- Washington St
- Clay St
- Pleasant St
- Sacramento St
- Taylor St
- Jackson St
- **NOB HILL**
- Bernard St
- Jones St
- Priest St
- Reed St
- Broadway Tunnel

Nos adresses

🟠	Les incontournables	p. 56
👁	Voir	p. 60
❌	Se restaurer	p. 64
🍷	Prendre un verre	p. 67
🌙	Sortir	p. 70
🛍	Shopping	p. 71

Voir

Jack Kerouac Alley   RUE
1 Plan p. 58, D4

"L'air était doux, les étoiles si jolies, la promesse de petites ruelles pavées si grande…" L'ode de l'auteur de *Sur la route* est gravée dans le sol de son raccourci préféré entre Chinatown et la librairie City Lights. (Entre Grant Ave et Colombus Ave ; 🚌1, 10, 12, 30, 45, 🚋Powell-Hyde, Powell-Mason)

Waverly Place   RUE
2 Plan p. 58, D6

Près de Sacramento St, on aperçoit les balcons festonnés des temples historiques de Chinatown. Utilisés dès 1852, ils accueillirent les prières des survivants du séisme et de l'incendie de 1906. Au XIXe siècle, les restrictions racistes confinèrent les associations de familles et les temples au-dessus des salons de coiffure, des blanchisseries et des restaurants qui bordent Waverly Place. (🚌30, 🚋California St, Powell-Mason)

Beat Museum   MUSÉE
3 Plan p. 58, D4

Des pièces sublimes (l'édition interdite de *Howl* d'Allen Ginsberg) et d'autres sans intérêt (un reçu de caisse d'un magasin d'alcools de 1961 de Jack Kerouac), sur une période allant de 1950 à 1969. Au rez-de-chaussée sont projetés de fascinants films de l'époque ; à l'étage, un sanctuaire rend hommage aux acteurs du mouvement. Entrée libre à la librairie attenante et lectures de poésie gratuites. Des circuits thématiques de 2 heures, proposés les vendredis, samedis et dimanches, couvrent le musée, l'histoire de la Beat Generation et les ruelles littéraires (adulte/étudiant 30/25 $). (📞1-800-537-6822 ; www.kerouac.com ; 540 Broadway ; adulte/étudiant

---

✅ **Bon plan**

Visites guidées de Chinatown

Menées par des guides locaux attentifs au jeune public, les visites **Chinatown Heritage Walking Tours** (📞415-986-1822 ; www.c-c-c.org ; adulte/enfant 30/25 $; ⏰départ 10h, 12h et 14h mar-sam) font découvrir l'histoire vivante de Chinatown en 2 heures. Parmi les visites thématiques proposées : "*The Tale of Two Chinatowns*", qui présente la vie quotidienne et l'influence culturelle du quartier, et "*From Dynasty to Democracy*", qui étudie le rôle de Chinatown dans le mouvement pour les droits civiques et dans les combats internationaux pour les droits de l'homme. Les bénéfices vont au Chinese Culture Center. Réservation sur Internet ou par téléphone. **Chinatown Alleyway Tours** (📞415-984-1478 ; www.chinatownalleywaytours.org ; adulte/étudiant 18/12 $; ⏰11h sam-dim) propose des visites de 2 heures dans les ruelles de Chinatown, guidées par des adolescents du quartier.

Dragon's Gate (p. 63)

8/5 $; ⏱10h-19h mar-dim ; 👶 ; 🚌10, 12, 30, 41, 45, 🚋Powell-Hyde, Powell-Mason)

Chinese Historical Society of America
MUSÉE

4 ⊙ Plan p. 58, C6

Découvrez la vie des immigrés chinois pendant la Ruée vers l'or, la construction du chemin de fer transcontinental ou l'âge d'or du mouvement Beat dans cet édifice de 1932, à l'origine le YMCA de Chinatown construit par Julia Morgan (également à l'origine du Hearst Castle). Photos anciennes, outils d'orpaillage, fascinantes miniatures des sites de Chinatown et souvenirs ayant traversé le Pacifique retracent les périples personnels depuis l'Asie qui ont fait l'histoire américaine. (📞415-391-1188 ; www.chsa.org ; 965 Clay St ; adulte/enfant 5/2 $, gratuit 1er jeu du mois ; ⏱12h-17h mar-ven, 11h-16h sam ; 🚌1, 30, 45, 🚋California St)

Chinese Culture Center
MUSÉE

5 ⊙ Plan p. 58, E5

Ce centre culturel accueille des expositions temporaires de grands peintres chinois et des installations contemporaines autour de thèmes actuels tels que l'identité de genre dans la culture chinoise. Les années impaires, une trentaine d'artistes locaux présentent leur vision de la culture chinoise lors de la Present Tense Biennial. Consultez le site Internet pour connaître les concerts, les ateliers d'art et les visites guidées à venir. (☎415-986-1822 ; www.c-c-c.org ; 3ᵉ étage, Hilton Hotel, 750 Kearny St ; don suggéré 5 $, visites guidées adulte/étudiant 30/25 $; ⏲10h-16h mar-sam ; ♿ ; 🚌1, 8X, 10, 12, 30, 35, 41, 🚋California St, Powell-Mason, Powell-Hyde)

Portsmouth Square   PARC

6 🎯 Plan p. 58, E6

Ce parc de Chinatown tient son nom du navire de John B Montgomery, qui débarqua à proximité en 1846 pour annexer San Francisco aux États-Unis. C'est ici que la Ruée vers l'or commença. Aujourd'hui, les amateurs de tai-chi saluent l'aube près d'une réplique en bronze de la statue de la déesse de la Démocratie réalisée par les manifestants de la place Tiananmen en 1989. Ne manquez pas le marché de nuit animé qui se tient durant la période du Nouvel An chinois et de juillet à octobre. (www.sfrecpark.org/destination/portsmouth-square ; 733 Kearny St ; ♿ ; 🚌1, 8X, 10, 12, 30, 35, 41, 🚋California St, Powell-Hyde, Powell-Mason)

Columbus Tower   BÂTIMENT HISTORIQUE

7 🎯 Plan p. 58, E5

Le politicien Abe Ruef acheva cette tour coiffée de cuivre juste avant

---

Comprendre
Ruelles de Chinatown

Les 41 ruelles historiques qui quadrillent les 22 rues de Chinatown ont tout vu depuis 1849 : ruée vers l'or et révolution, encens et opium, incendie… Les mineurs chinois furent parmi les premiers arrivants de la Ruée vers l'or de San Francisco, mais les lois anti-Asiatiques de 1870 limitèrent leur immigration, leur emploi et leur logement. Toute personne d'origine chinoise se voyait refuser la propriété et les emplois syndiqués, et devait bien souvent se tourner vers des travaux dangereux, comme le dynamitage des tunnels ferroviaires transcontinentaux. Les propriétaires blancs de Chinatown profitèrent amplement des fumeries d'opium dans Duncombe Alley et des maisons closes de Ross Alley.

Après le tremblement de terre et l'incendie de 1906, les promoteurs immobiliers réussirent à convaincre la mairie d'en chasser les résidents chinois. Mais avec le soutien du consulat de Chine et des commerçants, les réfugiés de Chinatown défièrent l'ordre d'expulsion et reconstruisirent leurs maisons. Les associations de familles évincèrent marchands d'opium et proxénètes, et les commerçants des années 1920 réhabilitèrent le quartier pour séduire les touristes. Aujourd'hui, vous pouvez entendre le claquement des tuiles de mah-jong au 36 Spofford Alley, où Sun Yat-sen fomenta la révolution.

le tremblement de terre de 1906, puis la restaura juste avant sa condamnation pour corruption en 1907. Kingston Trio, un groupe de musique folk, la racheta dans les années 1960 et enregistra *Grateful Dead* dans son sous-sol. Depuis 1970, le bâtiment appartient à Francis Ford Coppola, qui loue des bureaux à Sean Penn et à Wayne Wang. (916 Kearny St ; 🚌1, 10, 12, 20, 35, 41, 🚋California St)

Une petite faim ? Le **Cafe Zoetrope** (⏱11h-22h mar-sam, 12h-21h dim), au rez-de-chaussée, propose le vin de Coppola et des desserts pour l'accompagner – écoutez le Parrain, prenez les *cannoli*.

Old St Mary's Cathedral & Square
ÉGLISE, PLACE

8 ◎ Plan p. 58, D7

Construite par un entrepreneur irlandais déterminé à évangéliser San Francisco en 1854, St Mary's fut édifiée à côté des maisons closes les plus notoires de la ville. Le tremblement de terre de 1906 en détruisit une juste en face de l'église, faisant place à St Mary's Square. Aujourd'hui, les amateurs de skateboard s'exercent sur les rampes du parc, sous le regard bienveillant de la statue du révolutionnaire chinois Sun Yat-sen réalisée par Beniamino Bufano en 1929. (📞415-288-3800 ; www.oldsaintmarys.org ; 660 California St ; ⏱11h-18h lun-mar, 11h-19h mer-ven, 9h-18h30 sam, 9h-16h30 dim ; 🚌1, 30, 45, 🚋California St)

Saints Peter & Paul Cathedral et Washington Square Park
ÉGLISE, PARC

9 ◎ Plan p. 58, C2

C'est dans cette cathédrale blanche datant de 1924 que Joe DiMaggio et Marilyn Monroe ont posé pour leurs photos de mariage (étant divorcés, ils n'ont pas pu s'y marier). La cathédrale fait face au Washington Sq, où des adeptes pratiquent le tai-chi devant la statue de Benjamin Franklin réalisée en 1897, don d'un dentiste qui fit fortune avec les dents en or. (Columbus Ave et Union St ; 🚌Columbus Ave ; 🚋Powell-Mason)

Dragon's Gate
MONUMENT

10 ◎ Plan p. 58, D8

Passez sous cette arche offerte par Taïwan en 1970 et vous vous retrouverez sur l'ancienne Dupont St, qui accueillait autrefois de nombreuses maisons closes. Au-delà de cette porte, l'architecture au toit de pagode a été introduite par Tin Look Ely et les hommes d'affaires de Chinatown dans les années 1920. L'ancienne rue malfamée est aujourd'hui bordée de lanternes chinoises éclairant les passants qui rejoignent les boutiques de souvenirs et les salons de thé. (À l'angle de Bush St et Grant Ave ; 🚌1, 8X, 30, 45, 🚋California St)

Se restaurer

Coi
CALIFORNIEN $$$

11 Plan p. 58, E4

Le chef Daniel Patterson propose un menu dégustation de 8 plats qui vous fera voyager le long de la côte californienne. Avec ses coussins velus et ses murs tapissés de tissu, le décor rappelle les colonies nudistes de Big Sur des années 1970. Laissez-vous séduire par un onirique accord mets et vin de Californie (105 $, suffisamment copieux pour deux). Pourboire 18% en sus ; service de voiturier. (415-393-9000 ; www.coirestaurant.com ; 373 Broadway ; menu dégustation 175 $; 17h30-22h mer-sam ; P ; 8X, 30, 41, 45, Powell-Mason)

Cotogna
ITALIEN $$

12 Plan p. 58, E4

Pas étonnant que le chef et propriétaire Michael Tusk ait reçu le James Beard Award : ses pâtes italiennes rustiques et ses savoureuses pizzas s'accordent à merveille avec les produits locaux. Toutes les bouteilles de vin coûtent 40 $. Réservation indispensable, à moins de venir déjeuner tard (entre 15h et 17h) en semaine. Menu à 24 $,

---

Comprendre
La Beat Generation

Les soldats de l'armée américaine démobilisés durant la Seconde Guerre mondiale pour désobéissance, homosexualité et autres comportements "subversifs" furent débarqués à San Francisco en guise de leçon. En fait, ils se sont trouvés à leur place dans le North Beach anticonformiste. Ainsi, pendant le maccarthysme, les rebelles et les romantiques, dont Jack Kerouac, se donnèrent rendez-vous à San Francisco. À la publication de *Sur la route* en 1957, les écrivains, artistes et rêveurs que Kerouac surnommait affectueusement "les fous" et que la presse appelait avec dérision "les beatniks" étaient nombreux à San Francisco.

La police distribuait des amendes aux filles qui portaient des sandales, et était raillée en vers par le poète afro-américain Bob Kaufman qui a désormais une allée à son nom dans North Beach (sortie Grant Ave, près de Filbert St). Le poète Lawrence Ferlinghetti et Shigeyoshi Murao, le manager de la librairie City Lights (p. 71) se sont défendus et ont obtenu gain de cause après leur arrestation pour avoir publié *Howl* d'Allen Ginsberg. Les âmes sœurs Beat décrites dans l'œuvre faisaient des vagues, de l'art et l'amour plutôt que de faire de l'argent, défiant les conventions d'ascension sociale des années 1950, en précurseurs de la contre-culture des années 1960.

Se restaurer

l'un des meilleurs tarifs en ville. (📞415-775-8508 ; www.cotognasf.com ; 470 Pacific Ave ; plats 14-26 $; ⏰11h30-23h30 lun-sam, 11h30-14h30 et 17h-21h dim ; 🍴 ; 🚌10, 12)

Liguria Bakery   BOULANGERIE $

13 🍴 Plan p. 58, C2

Dès 8h du matin, on se presse pour une focaccia raisins secs-cannelle. Les retardataires se contenteront d'un choix plus classique de focaccias à la tomate ou au romarin. Il n'y a généralement plus rien à midi ! Paiement en espèce. (📞415-421-3786 ; 1700 Stockton St ; focaccia 4-5 $; ⏰8h-13h lun-ven, 7h-13h sam ; 🍴 ; 🚌8X, 30, 39, 41, 45, 🚋Powell-Mason)

City View   CHINOIS $

14 🍴 Plan p. 58, E6

Installez-vous dans ce restaurant lumineux et choisissez des *dim sum* sur les chariots chargés de raviolis poireau-crevette, de *spare ribs* et autres bouchées alléchantes. Arrivez avant ou après l'heure du déjeuner pour trouver une place dans la salle ensoleillée située à l'étage. (📞415-398-2838 ; 662 Commercial St ; plats 3-8 $; ⏰11h-14h30 lun-ven, 10h-14h30 sam-dim ; 🚌8X, 10, 12, 30, 45, 🚋California St)

Ristorante Ideale   ITALIEN $$

15 🍴 Plan p. 58, D3

Ideale est *le* restaurant pour trouver de vrais Italiens en cuisine et en salle. Le chef romain Maurizio Bruschi prépare de délicieux gnocchis à la ricotta ainsi que des courgettes à la truffe, et les pâtes à la pancetta fumée maison s'accompagnent à merveille avec un vin recommandé par les serveurs toscans. (📞415-391-4129 ; www.idealerestaurant.com ; 1315 Grant Ave ; pâtes 15-18 $; ⏰17h30-22h30 lun-jeu, 17h30-23h ven-sam, 17h-22h dim ; 🚌8X, 10, 12, 30, 41, 45, 🚋Powell-Mason)

Z & Y   CHINOIS $$

16 🍴 Plan p. 58, D5

Ce restaurant plaira aux amateurs de cuisine relevée. Commencez par le porc aigre-doux, puis réveillez vos papilles avec le porc *moo-shu* et terminez dans un feu d'artifice gustatif avec le porc du Sichuan. Au menu également : raviolis de porc épicé, mange-tout sautés, nouilles *tantan* maison à la sauce cacahuètes-piment ou encore poisson poché à l'huile pimentée recouvert de piments rouges du Sichuan. Venez tôt et préparez-vous à attendre. (📞415-981-8988 ; www.zandyrestaurant.com ; 655 Jackson St ; plats 9-18 $; ⏰11h-22h lun-jeu, 11h-23h ven-sam ; 🚌8X, 🚋Powell-Mason, Powell-Hyde)

Park Tavern   CALIFORNIEN $$$

17 🍴 Plan p. 58, C3

Cet établissement fondé par des Néo-Zélandais et tenu par des femmes est vite devenu une institution de Washington Sq. Ici, les standards

North Beach et Chinatown

House of Nanking

House of Nanking
CHINOIS $$

18 Plan p. 58, E5

Les serveurs savent choisir pour vous ce qu'il y a de mieux : manifestez un intérêt pour les fruits de mer, les plats non frits et les légumes, et vous vous retrouverez à dévorer un plat de nouilles aillées garnies d'aubergines au sirop de haricots noirs et de pousses de petits pois sautées aux noix de Saint-Jacques. Prévoyez de l'argent liquide et pas mal de patience, mais aussi un délicieux repas à prix raisonnable. (415-421-1429 ; 919 Kearny St ; plats 9-15 $; 11h-22h lun-ven, 12h-22h sam, 12h-21h dim ; 8X, 10, 12, 30, 45, Powell-Mason)

les standards italiens sont revus avec des produits californiens : gnocchis aux chanterelles dorées, carpaccio de chevreuil agrémenté d'os à moelle et de câpres, galettes de polenta garnies de *salsa verde* aux truffes... Le brunch comporte des pancakes aux flocons d'avoine et aux raisins secs généreusement garnis de confiture de cerises au bourbon et un cocktail mimosa au pamplemousse. Peu importe le bruit ; prenez un Negroni, quelques feuilles de choux de Bruxelles frites et vous vous sentirez tout de suite à l'aise. (415-989-7300 ; www.parktavernsf.com ; 1652 Stockton St ; plats dîner 21-33 $, brunch 12-16 $; 17h30-23h lun-jeu, 11h30-0h30 ven, 10h30-minuit sam-dim ; 8X, 30, 39, 41, 45, Powell-Mason).

Cinecittà
PIZZA $

19 Plan p. 58, C3

Glissez-vous jusqu'au comptoir pour commander une pizza à la pâte fine et une pression d'Anchor Steam. Les habitués du coin sont divisés entre la romaine Trastevere (mozzarella fraîche, roquette et *prosciutto*) et la napolitaine O Sole Mio (câpres, olives, mozzarella et anchois). Le vin de la maison est à 5 $ de 15h à 19h et le tiramisu de l'irrévérencieuse patronne romaine, Romina, est le meilleur de San Francisco. (415-291-8830 ; www.cinecittarestaurant.com ; 663 Union St ; pizza 12-15 $; 12h-22h dim-jeu, 12h-23h ven-sam ; 8X, 30, 39, 41, 45, Powell-Mason)

Molinari

ÉPICERIE $

20 🍴 Plan p. 58, D4

Prenez un ticket et un petit pain en attendant qu'on vous le remplisse de *prosciutto di Parma*, artichauts marinés ou de tranches du meilleur salami fumé maison de la ville, puis mangez-le tout chaud à l'une des tables sur le trottoir ou à Washington Sq. (📞415-421-2337 ; www.molinarisalame.com ; 373 Columbus Ave ; sandwich 5-8 $; 🕘9h-17h30 lun-ven, 7h30-17h sam ; 🚌8X, 30, 39, 41, 45, 🚋Powell-Mason)

Prendre un verre

Caffe Trieste

CAFÉ

21 🚇 Plan p. 58, D4

Dans ce café, le meilleur de North Beach depuis les années 1950, vous trouverez de la poésie sur les murs des toilettes, de l'opéra dans le jukebox et des bœufs d'accordéon italien toutes les semaines. La fresque sicilienne invite à s'attarder en sirotant l'expresso légendaire et en griffonnant votre propre scénario, comme l'avait fait à cet endroit le jeune Francis Ford Coppola pour *Le Parrain*. (📞415-392-6739 ; www.caffetrieste.com ; 601 Vallejo St ; 🕘6h30-22h dim-jeu, 6h30-23h ven-sam ; 📶 ; 🚌8X, 10, 12, 30, 41, 45)

Specs Museum Cafe

BAR

22 🚇 Plan p. 58, D4

Le Specs Museum Café est le meilleur endroit pour trinquer d'une pinte – d'Anchor Steam, évidemment – avec des loups de mer. Les murs sont couverts de souvenirs de la marine marchande. Un conseil : n'essayez pas de suivre le rythme des habitués. (📞415-421-4112 ; 12 William Saroyan Pl ; 🕘17h-2h ; 🚌8X, 10, 12, 30, 41, 45, 🚋Powell-Mason)

Comstock Saloon

BAR

23 🚇 Plan p. 58, D5

Les cocktails sont tout à fait adaptés au style vintage de ce salon victorien. Le Pisco Punch est fait à base de pâte d'ananas et le Martinez, précurseur du martini américain, est composé de gin, de vermouth, de bitter et de marasquin. Réservez par téléphone si vous voulez un box ou une place dans l'arrière-salle décorée de velours,

---

✅ **Bon plan**

Stationner à SF

Il faut être chanceux pour trouver à se garer à proximité de Chinatown ou de North Beach. Les places du **Good Luck Parking Garage** (plan p. 58, C4 ; 735 Vallejo St), elles, portent chance. Sur l'asphalte de chacune d'elles, une maxime de *fortune cookie* est peinte : "Vous avez déjà trouvé le grand amour. Ne cherchez plus." Ces prédictions sont le fait de Fletcher Harrell et de Jon Rubins, des artistes de la Côte Ouest qui ont également assemblé dans des emblèmes héraldiques les photos des ancêtres chinois et italiens des résidents locaux à l'entrée.

pour pouvoir discuter lorsque les groupes de ragtime-jazz jouent sur la mezzanine. Le restaurant adjacent sert une tourte au canard rôti et un trio de lapin (terrine, rillettes, pané). (☎415-617-0071 ; www.comstocksaloon.com ; 155 Columbus Ave ; ⏱16h-2h sam-jeu, 12h-2h ven ; 🚌8X, 10, 12, 30, 45, 🚋Powell-Mason)

Tosca Cafe BAR

24 Plan p. 58, D4

Sean Penn, Robert De Niro et Sofia Coppola, habitués des lieux, pourraient baser l'étude de leurs prochains personnages sur les clients réguliers sirotant un *caffè corretto* (expresso alcoolisé) dans ces box rétro en cuir rouge. Depuis que ce bar à l'ambiance de film noir a été repris, les fresques des années 1930 ont été restaurées et le menu remis au goût du jour, mais le jukebox jouant de l'opéra est toujours là. (☎415-986-9651 ; www.toscacafesf.com ; 242 Columbus Ave ; ⏱17h-2h mar-dim ; 🚌8X, 10, 12, 30, 41, 45, 🚋Powell-Mason)

15 Romolo BAR

25 Plan p. 58, D4

Un saloon de western, caché dans une petite ruelle, qui sert un excellent cocktail à base de tequila, de chartreuse, de citron, d'Earl Grey bitter et de blancs en neige : l'Inflorescence. Happy hour de 17h à 19h30. On peut manger de bons plats consistants tels que la tourte à l'agneau et les beignets d'os à moelle jusqu'à 1h30. (☎415-398-1359 ; www.15romolo.com ; 15 Romolo Pl ; ⏱17h-2h lun-ven, 11h30-15h30 et 17h-2h sam-dim ; 🚌8X, 10, 12, 30, 41, 45, 🚋Powell-Mason)

Barrique BAR À VINS

26 Plan p. 58, E4

Idéal pour un rendez-vous galant. Ici, les barmen vous servent le vin de votre choix directement du fût. Les vins proviennent de petits producteurs californiens aux méthodes artisanales et vont très bien avec une assiette de charcuterie et de fromage. (☎415-421-9200 ; www.barriquesf.com ; 461 Pacific Ave ; ⏱15h-22h dim-lun, 12h-minuit mar-sam ; 🚌10, 12, 41)

🔍 100% San Francisco
Red Blossom Tea Company

Plusieurs importateurs de thé de Grant Ave offrent des échantillons mais passent souvent à la vente agressive avant que vous ayez fini votre tasse. Pour une dégustation plus tranquille et enrichissante, la **Red Blossom Tea Company** (plan p. 58, D6 ; ☎415-395-0868 ; www.redblossomtea.com ; 831 Grant Ave ; ⏱10h-18h30 lun-sam, 10h-18h dim ; 🚌1, 10, 12, 30, 35, 41, 🚋Powell-Mason, Powell-Hyde, California St) propose des cours de 30 minutes comprenant 4 ou 5 dégustations et des conseils de préparation du thé (30 $, max 4 participants). Sans réservation en semaine, mais appelez à l'avance le week-end.

Li Po

Vesuvio
BAR

27 Plan p. 58, D4

Jack Kerouac et Henry Miller prirent une cuite ici. Vous comprendrez vite pourquoi une fois que vous vous serez joint aux personnages du coin autour d'une bière brassée sur place ou d'un cocktail Kerouac (rhum, tequila et jus d'orange) sur la mezzanine en verre coloré. (415-362-3370 ; www.vesuvio.com ; 255 Columbus Ave ; 6h-2h ; 8X, 10, 12, 30, 41, 45, Powell-Mason)

Li Po
BAR

28 Plan p. 58, D5

Venez vous réfugier dans les box en vinyle rouge où Allen Ginsberg et Jack Kerouac débattaient sur le sens de la vie aux côtés d'un bouddha doré perplexe. Entrez par la "caverne" de 1937 et esquivez les lanternes rouges pour commander une Tsing Tao (bière chinoise) ou un *mai tai* faussement doux à base de *bai ju* (liqueur de riz). Au sous-sol se produisent parfois des DJ. (415-982-0072 ; www.lipolounge.com ; 916 Grant Ave ; 14h-2h ; 8X, 30, 45, Powell-Mason, Powell-Hyde)

Réveille
CAFÉ

29 Plan p. 58, E4

Si cette devanture ensoleillée ne vous donne pas immédiatement la pêche, le cappuccino avec un cœur dessiné dans la mousse le fera. Des cookies aux pépites de chocolat tout juste sortis du four et des pains aux raisins

Comprendre
La Barbary Coast

En 1854, le port de San Francisco près de Portsmouth Sq était jonché de navires abandonnés par leur équipage atteint par la fièvre de la ruée vers l'or. Ici, sur les quais décrépis de la "Barbary Coast", on pouvait acheter du whisky, de l'opium ou la compagnie d'une femme dans l'un des 500 saloons, 20 théâtres et nombreuses maisons de prostitution. Les propriétaires de saloons comme Shanghai Kelly et la maquerelle Miss Piggot assommaient les nouveaux arrivants à coup d'alcool, de drogue ou de matraque, et les livraient aux capitaines de navire en mal d'équipage. Aux tables de jeu, la chance dépendait de la croupière : elle donnait une main gagnante à ceux qui faisaient appel à ses services "personnels".

La Prohibition et le Red Light Abatement Act (loi anti-prostitution californienne) rendirent moins visibles les activités de la Barbary Coast, mais ne les firent pas vraiment disparaître. Les lois américaines contre l'obscénité furent défiées dans l'après-guerre dans les clubs libertaires de North Beach près de Broadway et de Columbus : la danseuse burlesque Carol Doda y dansait seins nus et le comique Lenny Bruce jurait comme un charretier. Aujourd'hui les saloons envahissent de nouveau la Barbary Coast, avec de puissants cocktails du XIXe siècle servis par des barmen inoffensifs en apparence – mais n'oubliez pas leur pourboire, sait-on jamais.

---

sont proposés au comptoir. L'absence de Wi-Fi facilite la conversation, et les comptoirs face à l'extérieur se prêtent à l'observation des passants. (☎415-789-6258 ; www.reveillecoffee.com ; 200 Columbus Ave ; ⏰7h-18h lun-ven, 8h-18h sam, 8h-17h dim ; 🚌8X, 10, 12, 30, 41, 45, 🚋Powell-Mason)

Buddha Lounge   BAR

30 🚇 Plan p. 58, D5

Imprégnez-vous de l'atmosphère vintage, mais mieux vaut vous en tenir aux basiques pour les boissons. Faites votre sélection sur le jukebox éclectique (Dylan, Outkast, The Clash), demandez des dés au barman et vous aurez envie de rester. Les toilettes sont dans l'ancienne fumerie d'opium au sous-sol. Paiement en espèces. (☎415-362-1792 ; 901 Grant Ave ; ⏰13h-2h lun-sam ; 🚌8X, 30, 45, 🚋Powell-Mason, Powell-Hyde)

Sortir

Beach Blanket Babylon   CABARET

31 ⭐ Plan p. 58, C3

Drag-queens déguisées en personnages de Disney, satires acerbes et hymnes disco étrangement émouvants sont la marque de fabrique de ce cabaret depuis 1974. Des personnages démesurés aux chapeaux gigantesques se moquent des icônes populaires et des chefs d'État – même quand Elizabeth II et Barack Obama sont venus. Les moins de 21 ans ne sont pas acceptés, sauf lors des matinées astucieusement édulcorées. Réservation indispensable ; arrivez 1 heure avant pour les meilleures places. (BBB ; ☎415-421-4222 ; www.beachblanketbabylon.com ; 678 Green St ; entrée 25-100 $; ⊙spectacles 20h mer, jeu et ven, 18h30 et 21h30 sam 14h et 17h dim ; 🚌8X, 🚋Powell-Mason)

Bimbo's 365 Club CONCERTS

32 ⭐ Plan p. 58, A1

Ce *speakeasy* datant de 1931 ne fait pas les choses à moitié : boissons fortes, piste de danse en parquet vernis où Rita Hayworth se produisit, fresques osées et concerts de pointures telles qu'Adele, Beck, The Flaming Lips et Sandra Bernhard. Paiement en espèces. Pensez au pourboire pour la préposée aux toilettes – c'est un établissement chic. (☎415-474-0365 ; www.bimbos365club.com ; 1025 Columbus Ave ; billets à partir de 22 $; ⊙variables ; 🚌8X, 30, 39, 41, 45, 🚋Powell-Mason)

Cobb's Comedy Club HUMOUR

33 ⭐ Plan p. 58, A1

Les tables en rangées serrées offrent une ambiance intime et une cible toute désignée pour les humoristes. Venez voir des étoiles montantes avant leurs débuts à la télé et des humoristes connus comme Dave Chapelle et Louis CK essayer de nouveaux sketches. Le site Internet donne la liste des spectacles et des événements détournés de façon comique, comme par exemple un brunch burlesque pour la fête des Pères. (☎415-928-4320 ; www.cobbscomedyclub.com ; 915 Columbus Ave ; entrée 12,50-45 $, 2 conso minimum ; ⊙spectacles 19h30/20h et 22h ; 🚌8X, 30, 39, 41, 45, 🚋Powell-Mason)

Shopping

City Lights LIBRAIRIE

34 🔒 Plan p58, D4

La poésie règne en maître ici depuis 1957, année de la publication du magnifique et provocateur *Howl* d'Allen Ginsberg, par le poète Beat Lawrence Ferlinghetti, fondateur de la librairie. Arrêté, il fut finalement disculpé en octobre, remportant une victoire historique pour la liberté d'expression. Venez lire dans le fauteuil du poète à l'étage, feuilleter des magazines dans la mezzanine ou puiser de grandes idées dans le sous-sol. (☎415-362-8193 ; www.citylights.com ; 261 Columbus Ave ; ⊙10h-minuit ; 🚌8X, 10, 12, 30, 41, 45, 🚋Powell-Mason, Powell-Hyde).

Golden Gate Fortune Cookie Company ALIMENTATION

35 🔒 Plan p. 58, D5

Depuis 1962, cette boulangerie prépare des biscuits dans lesquels sont insérés une prédiction ou une maxime. Fabriquez vos propres gâteaux personnalisés (50 ¢ chacun), ou choisissez un sac de *fortune cookies* contenant des aphorismes coquins pour pimenter vos desserts. Paiement en espèces 50 ¢ pour prendre des photos. (☎415-781-3956 ; 56 Ross Alley ; ⏰8h-18h ; 🚌30, 45, 🚋Powell-Mason, Powell-Hyde)

Eden & Eden
ARTICLES POUR LA MAISON, BIJOUX

36 🔒 Plan p. 58, E5

Cette boutique dadaïste et excentrique propose des créations de designers en édition limitée. Les prix sont étonnamment réalistes pour des surprises surréalistes : coussins disant "blah blah blah", ancres flottant sur des robes en soie, couvre-théières poilus et un Ozzy Osbourne transformé en chauve-souris empaillée. (www.edenandeden.com ; 560 Jackson St ; ⏰10h-19h lun-ven, 10h-18h sam ; Ⓜ️Kearny St)

Aria
OBJETS DE COLLECTION

37 🔒 Plan p. 58, D2

À la fois galerie d'art et antiquaire, avec des diagrammes d'anatomie du cœur humain sur des armoires à pharmacie, des clés rouillées éparpillées sur des bancs usés, et des correspondances épistolaires du XIXᵉ siècle en français. Les heures d'ouverture sont irrégulières lorsque Bill Haskell, le propriétaire, est à la recherche de nouvelles acquisitions. (☎415-433-0219 ; 1522 Grant Ave ; ⏰11h-18h lun-sam, 12h-17h dim ; 🚌8X, 30, 39, 41, 45, 🚋Powell-Mason)

101 Music
MUSIQUE

38 🔒 Plan p. 58, D3

Des disques de 5 à 20 $ parmi lesquels des opus obscurs et des albums de Nina Simone, Janis Joplin, et Journey, un groupe de rock originaire de San Francisco. Succursale au 513 Green St. (☎415-392-6369 ; 1414 Grant Ave ; ⏰10h-20h mar-sam, 12h-20h dim ; 🚌8X, 30, 39, 41, 45, 🚋Powell-Mason)

Chinatown Kite Shop
CADEAUX

39 🔒 Plan p. 58, D6

Soyez la star de Crissy Field et impressionnez vos enfants avec un dragon volant de près de 3 m de long, un perroquet (oiseau emblématique de la ville) digne d'un pirate, un ensemble surréaliste de jambes volantes ou encore un panda volant qui semble sonné. Ou pourquoi pas un costume de lion en papier mâché pour une danse féline au prochain Nouvel An chinois ? (☎415-989-5182 ; www.chinatownkite.com ; 717 Grant Ave ; ⏰10h-20h ; 👶 ; 🚌1, 10, 12, 30, 35, 41, 🚋Powell-Hyde, Powell-Mason, California St)

Al's Attire
VÊTEMENTS, ACCESSOIRES

40 🔒 Plan p. 58, D3

Les fashionistas rétro trouveront leur bonheur chez Al, où les styles vintage sont réinventés avec du sergé en soie noir, du coton dandy brillant et du tweed moucheté. Les prix sont élevés, mais les chaussures turquoise sont fabriquées sur mesure, et les vestes sont impeccablement cousues main.

Shopping

101 Music

Commandes sur mesure pour les mariages et autres fêtes. (☎415-693-9900 ; www.alsattire.com ; 1300 Grant Ave ; ⏱11h-19h lun-sam, 12h-18h dim ; 🚌8X, 10, 12, 30, 41, 45, 🚋Powell-Mason)

Rock Posters & Collectibles
OBJETS DE COLLECTION

41 🔒 Plan p. 58, B2

Ceux qui ont connu les années 1960 se souviendront peut-être des groupes présents dans ce temple aux dieux du rock. La nostalgie n'est pas bon marché : des affiches de concert psychédéliques de Jimi Hendrix ou des Grateful Dead par Fillmore coûtent plus de 250 $, mais vous trouverez des tracts des années 1970 plus abordables pour Santana ou les Dead Kennedys.

(☎415-956-6749 ; www.rockposters.com ; 1851 Powell St ; ⏱10h-18h lun-sam ; 🚌8X, 30, 39, 41, 45, 🚋Powell-Mason)

Double Punch
JOUETS, ART

42 🔒 Plan p. 58, B2

Doublement dangereux pour les collectionneurs avec enfants : des œuvres d'art originales par des artistes émergents locaux sont exposées dans la galerie à l'étage, tandis que le rez-de-chaussée abrite des jouets en édition limitée par David Choe, KAWS et d'autres grands graffeurs. Il y a généralement des figurines de Star Wars et des trouvailles en solde à 5 $ pour les enfants. (www.doublepunch.com ; 1821 Powell St ; ⏱11h-19h lun-sam, 11h-18h dim ; 🚌8X, 30, 39, 41, 45, 🚋Powell-Mason)

100% San Francisco
Secrets de Russian Hill et Nob Hill

Comment y aller

Nob Hill est située entre Downtown et Chinatown ; Russian Hill jouxte Fisherman's Wharf et North Beach.

🚋 **Cable car** Les lignes California St, Powell-Hyde et Powell-Mason desservent les rues escarpées.

Rien n'égale les hauteurs de Nob Hill et Russian Hill. Au sommet d'escaliers fleuris, jardins, sites littéraires et horizons somptueux s'offrent au regard. Et, si l'ascension et les panoramas ne vous laissent pas trop chancelant, quelques cocktails à Nob Hill vous donneront la force de revenir sur vos pas. Vous comprendrez alors pourquoi San Francisco s'est dotée de *cable cars*.

Secrets de Russian Hill et Nob Hill

❶ Gravir l'escalier de Vallejo Street

Votre ascension de Russian Hill démarre à North Beach. Le long des **Vallejo St Steps** menant à Jones St se succèdent jardins zen et appartements fleuris. Reprenez votre souffle avant de regarder derrière vous, car la vue sur le Bay Bridge vous le coupera aussitôt.

❷ Suivre le fil des pages dans l'Ina Coolbrith Park

Avec ses panoramas renversants, le petit **Ina Coolbrith Park** (Vallejo St et Taylor St ; Powell-Mason), aussi romantique que fleuri, rend un hommage éclatant à Ina Coolbrith, première poète lauréat de Californie, collègue de Mark Twain et d'Ansel Adams et mentor de Jack London, Isadora Duncan, George Sterling et Charlotte Perkins Gilman.

❸ Les chroniques de Macondray Lane

Depuis l'Ina Coolbrith Park, le plus joli chemin est celui qui descend l'escalier abrupt bordé de maisons en bois semblant défier la gravité. Ce passage est si charmant qu'on le croirait sorti d'un livre... À juste titre : **Macondray Lane** (entre Jones St et Leavenworth St) sert de modèle à la rocambolesque Barbary Lane qu'Armistead Maupin dépeint dans ses *Chroniques de San Francisco*.

❹ Découvrir la maison de Jack Kerouac

Dans une ruelle calme, cette **modeste maison** (29 Russell St ; 41, 45, Powell-Hyde) connut des moments agités en 1951-1952, lorsque Jack Kerouac emménagea avec Neal et Carolyn Cassady pour écrire *Sur la route*, sur un rouleau papier de 36 m. Encouragés par Neal, Jack et Carolyn devinrent amants, mais Carolyn les mit tous les deux à la porte à plusieurs reprises. Neal revint finalement à la naissance de John Allen Cassady.

❺ Moments de grâce inattendus à la Grace Cathedral

Le *cable car* de Powell-Hyde vous conduira au sommet de Nob Hill, où se tient la **Grace Cathedral** (415-749-6300 ; www.gracecathedral.org ; 1100 California St ; dons conseillés adulte/enfant 3/2 $, messe dim gratuite ; 8h-18h, messe 8h30 et 11h dim ; 1, California St). Les labyrinthes extérieurs et la décoration intérieure créent une atmosphère contemplative dans cette cathédrale gothique dont les vitraux célèbrent scientifiques et dissidents religieux. Le retable de Keith Haring, qui commémore les victimes du sida, trône dans la chapelle.

❻ Tempête dans un verre de bière au Tonga Room

Le soir à Nob Hill, temps brumeux et pluies tropicales toutes les 20 minutes au **Tonga Room** (www.tongaroom.com ; Fairmont San Francisco, 950 Mason St ; entrée 5-7 $; 17h-23h30 dim, mer et jeu, 17h30-12h30 ven et sam ; 1, California St, Powell-Mason, Powell-Hyde). Pas d'inquiétude, la pluie ne tombe que sur la piscine intérieure, où les musiciens jouent des reprises sur un îlot à partir de 20h.

Explorer

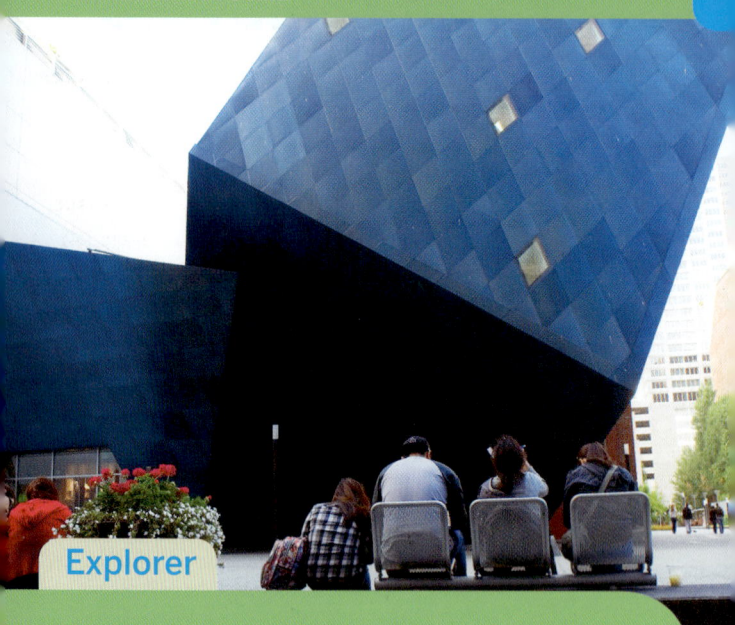

Downtown et SoMa

Nous vous invitons à découvrir ici le San Francisco des galeries d'art, des marchés de producteurs, des restaurants extraordinaires et des bars à cocktails hors de prix. Bref, vous n'aurez pas le temps de dormir. À South of Market St (SoMa), les pionniers des médias sociaux et le salon MacWorld d'Apple côtoient clubs historiques et boîtes de travestis où tout le monde se déchaîne sur la piste après 22h.

Explorer

L'essentiel en un jour

☀️ Découvrez le Ferry Building et son fabuleux marché fermier qui a lieu trois fois par semaine toute l'année, avant un brunch reconstituant devant la baie à **Boulette's Larder** (p. 92). Vous voilà prêt pour un marathon des musées à SoMa : super-héros et hors-la-loi au **Cartoon Art Museum** (p. 88), documents prêtant à réfléchir dans un bâtiment de Libeskind au **Contemporary Jewish Museum** (p. 88 ; photo ci-contre), souvenirs locaux au **California Historical Society Museum** (p. 90) et histoire de la diaspora africaine au **Museum of the African Diaspora** (p. 89).

☀️ Après un peu de lèche-vitrine à **Union Square** (p. 92), grimpez dans le **cable car Powell-Hyde** (p. 81) pour une contemplation poétique du soleil couchant avec vue époustouflante sur le Bay Bridge. Retournez à Downtown pour l'happy hour de votre choix : huîtres et champagne à **Hog Island** (p. 79), cocktails élaborés au **Bar Agricole** (p. 95), bières à **City Beer** (p. 98) ou Pisco Punch du tonnerre au **Rickhouse** (p. 95).

🌙 Vous pourrez continuer la soirée par une **tournée des clubs de SoMa** (p. 84), un spectacle de Broadway à l'**ACT** (p. 99), un repas au **Benu** (p. 91), un ballet moderne au **Yerba Buena Center for the Arts** (p. 99) ou un dîner au cabaret de travestis **AsiaSF** (p. 101).

🎯 Les incontournables
Ferry Building (p. 78)

Cable cars (p. 80)

🔍 100% San Francisco
La vie nocturne de SoMa (p. 84)

❤️ Le meilleur du quartier

Prendre un verre

Bar Agricole (p. 95)

Rickhouse (p. 95)

Bloodhound (p. 96)

RN74 (p. 97)

City Beer Store & Tasting Room (p. 98)

Cantina (p. 98)

Irish Bank (p. 98)

Restaurants gastronomiques

Benu (p. 91)

Boulevard (p. 92)

Comment y aller

Ⓜ️ Les tramways et le métro BART longent Market St.

🚌 **Bus** Est-ouest : 14 Mission et 47 Harrison (pour Fisherman's Wharf). Nord-sud : 27 Bryant (Mission-Russian Hill) et 19 Polk

🚗 **Voiture** Parking à l'angle de Mission et 5th St

Les incontournables
Ferry Building

Ce grandiose terminal pour ferries construit en 1898 a vu son trafic ralentir depuis 2003 et sa conversion en centre commercial dédié à la gastronomie et aux produits du terroir local. Il abrite désormais le plus célèbre marché fermier de Californie, des restaurants primés, des dégustations de vins et des épiceries fines. Bref, autant de raisons de louper le bateau.

- Plan p. 86, H2
- 415-983-8000
- www.ferrybuildingmarketplace.com
- Market St et l'Embarcadero
- 10h-18h lun-ven, 9h-18h sam, 11h-17h dim
- 2, 6, 9, 14, 21, 31, M F, J, K, L, M, N, Tw

Ferry Building

À ne pas manquer

Marché fermier de Ferry Plaza
Cuisiniers et gourmets de San Francisco arpentent les **étals du marché fermier** (☎415-291-3276 ; www.cuesa.org ; ⏱10h-14h mar et jeu, 8h-14h sam) pour se procurer des produits tels que fromage de chèvre ou viande de sanglier séchée. On peut aussi manger sur place des tacos coréens, des *tamales* bio et autres plats de rue.

Hog Island Oyster Company
Gastronomie et conscience écologique vont de pair au **Hog Island** (☎415-391-7117 ; www.hogislandoysters.com ; 1 Ferry Bldg ; 6 huîtres 16-20 $; ⏱11h30-20h lun-ven, 11h-18h sam et dim) qui propose des huîtres de Tomales Bay issues de l'élevage raisonné, servies crues ou cuites, nature ou accommodées de beurre blanc aux câpres. Les lundis et jeudis de 17h à 19h, les huîtres coûtent moitié prix et les pintes 4 $.

Mijita
Restaurant cal-mex familial et décontracté, **Mijita** (☎415-399-0814 ; www.mijitasf.com ; 1 Ferry Bldg ; plats 4-8 $; ⏱10h-19h lun-jeu, 10h-20h ven-sam, 8h30-15h dim ; 🍴) n'en a pas moins reçu le prix James Beard. La chef Traci des Jardins y rend hommage à la cuisine de sa grand-mère mexicaine en régalant les convives de tacos de poisson bio et d'*agua fresca* à base de fruits frais.

Slanted Door
Goûtez au rêve californien au **Slanted Door** (☎415-861-8032 ; www.slanteddoor.com ; 1 Ferry Bldg ; déj 15-28 $, dîner 19-42 $; ⏱11h-14h30 et 17h30-22h lun-sam, 11h30-15h et 17h30-22h dim), où le chef et patron Charles Phan sert des plats frais californiens d'inspiration vietnamienne. Pour déjeuner, réservez 1 à 2 semaines à l'avance ou pique-niquez avec des *banh mi* (sandwichs) achetés au stand Open Door. Pour dîner, réservez 1 mois avant ou appelez à 17h30 pour savoir s'il y a des annulations.

☑ À savoir

▶ Dans le grand hall des arrivées, trois stands sortent du lot : Heath Ceramics (p. 103), Recchiuti Chocolates (p. 104) et Ferry **Plaza Wine Merchant** (www.fpwm.com ; 1 Ferry Bldg ; ⏱11h-20h lun, 10h-20h jeu, 10h-21h mer-ven, 8h-20h sam, 10h-19h dim).

▶ Pour pique-niquer sur la baie, direction les bancs qui flanquent le Gandhi en bronze près des embarcadères ou l'extrémité du Pier 14 à la vue imprenable.

▶ Sur Justin Hermann Plaza, de l'autre côté d'Embarcadero, les gens déjeunent au milieu des perroquets sauvages, des manifestants, des skateurs et des vendeurs d'artisanat.

🍴 Une petite faim ?

Mijita (voir ci-contre) et Boulette's Larder (p. 92) sont de bonnes adresses pour déjeuner, mais les jours de marché préférez les étals alignés à l'angle sud-ouest du Ferry Building.

Les incontournables
Cable cars

Lorsque le *cable car* prend de la vitesse au milieu des véhicules arrivant en sens inverse, seul le frein à main grinçant semble vous séparer de l'accident. Le système de tramway à câble inventé par Andrew Hallidie en 1873 a cependant bien résisté aux collines pentues de San Francisco et ses bruits de ferraille ne font qu'ajouter au folklore du parcours. Outre la ligne California historique, la ligne Powell-Mason est la plus rapide pour rejoindre Fisherman's Wharf, la ligne Powell-Hyde la plus pittoresque.

Plan p. 86, D2

www.sfmta.com

6 $ par trajet

Cable cars

À ne pas manquer

Ligne Powell-Hyde
L'itinéraire de cette ligne qui monte et qui descend présente un intérêt en soi, avec le Golden Gate Bridge surgissant par intermittence dans le paysage. Descendez du *cable car* en haut de la tortueuse Lombard St pour voir de somptueux panoramas encadrés de pins à Sterling Park. Ce jardin qui borde la maison du milliardaire Larry Ellison, PDG d'Oracle, rend hommage au poète désargenté George Sterling.

Ligne Powell-Mason
L'ascension de Nob Hill ressemble à un long parcours de montagnes russes. Descendez avant le terminus de Fisherman's Wharf pour tenter votre chance à Chinatown, faire votre choix parmi les nombreuses pizzerias de North Beach ou aller voir les peintures murales de Diego Rivera au San Francisco Art Institute.

Ligne California Street
Les amateurs d'histoire et les agoraphobes préféreront sans doute cette ligne en activité depuis 1878 qui se dirige vers l'ouest à travers Chinatown, passe devant Old St Mary's et gravit Nob Hill jusqu'à la Grace Cathedral. Le terminus de Van Ness est à quelques pâtés de maisons au nord-est de Japantown.

Terminus de Powell Street
À Powell St et Market St, terminus des lignes Powell-Mason et Powell-Hyde, les employés du *cable car* manœuvrent lentement les véhicules sur une plateforme tournante en bois afin qu'ils repartent en sens inverse. Les touristes font la queue pour s'assurer une place assise, distraits par des artistes de rue et des prêcheurs de l'apocalypse, tandis que les habitants montent à bord un peu plus haut.

☑ À savoir

▶ Pour éviter la queue aux terminus de Powell St et de Fisherman's Wharf, grimpez en marche un peu en amont.

▶ Ce moyen de transport n'est guère prévu pour les enfants. Ils adorent s'asseoir devant à l'air libre, mais l'intérieur du véhicule est plus sûr.

▶ Les *cable cars* ne sont pas accessibles en fauteuil roulant.

▶ Les tickets ne permettent pas de remonter à bord une fois qu'on est descendu ; si vous voulez vous arrêter par intermittence, prenez un Muni Passport à 14 $.

🍷 Une petite soif ?

Direction le Tonga Room (p. 75) pour un Scorpion Bowl et une pluie de mousson, ou le **Top of the Mark** (www.topofthemark.com ; 999 California St ; entrée 10-15 $; ⏱17h-minuit dim-jeu, 16h-1h ven-sam ; 🚋1, 🚋California St) pour une vue panoramique et des martinis.

Downtown et SoMa

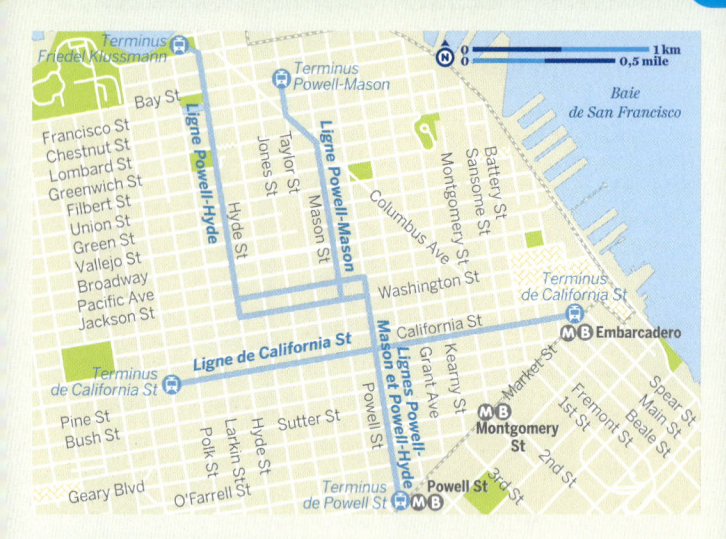

Terminus Friedel Klussmann

Le terminus de la ligne Powell-Hyde à Fisherman's Wharf porte le nom de celle qui dirigea en 1947 le mouvement de protestation contre le projet de remplacement du *cable car* de Powell par un réseau de bus. En 1952, cette femme de la bonne société locale mena de nouveau campagne avec succès pour sauver la ligne de California St en faillite. À sa mort en 1986, tous les *cable cars* de la ville furent drapés de noir.

Comprendre
Le cable car à l'épreuve du temps

La légende veut qu'Andrew Hallidie ait eu l'idée du *cable car* un jour de 1869 en voyant un fiacre s'écraser en bas de Jackson St après la glissade d'un cheval. Ce genre d'accident était alors considéré comme inévitable sur les collines abruptes de San Francisco, mais notre homme comprit qu'il pouvait y remédier. Son père, écossais, avait inventé le câble en chanvre et acier, et lui-même l'avait employé pour transporter le minerai extrait des mines de la Ruée vers l'or. Si ce dispositif pouvait transporter des rochers à travers les hautes sierras battues par les tempêtes de neige, il n'aurait aucun mal à acheminer les habitants de San Francisco dans le brouillard.

D'abord baptisé *wire rope railway*, l'engin n'inspirait guère confiance aux autorités municipales qui n'accordèrent que trois mois à son concepteur pour le rendre opérationnel le 1er août 1873. Hallidie était en retard de 4 heures sur le délai fixé lorsque que son *cable car* s'apprêta à descendre Jones St. Devant la terreur du conducteur, il se saisit du frein et manœuvra jusqu'en bas de la pente.

Dans les années 1890, 85 km de voies sillonnaient la ville. Devenu riche, Hallidie brigua le mandat de maire, mais fut victime d'une campagne de diffamation le qualifiant d'Anglais opportuniste malgré sa citoyenneté américaine et sa contribution au pays. Il demeura toute sa vie un inventeur, membre éminent de la California Academy of Sciences, et déposa 300 brevets.

Aujourd'hui, le *cable car* tient davantage de la balade nostalgique que du moyen de transport performant. Il requiert des conducteurs costauds qui doivent appuyer fermement sur le frein à main pour l'empêcher de s'emballer dans les descentes. La municipalité reçoit beaucoup de candidatures, mais 80% des postulants ratent les tests ardus de force physique et de réflexes.

S'ils grincent pitoyablement dans les montées, les *cable cars* ont plutôt bien résisté à l'usure du temps et sont rarement tombés en panne en plus d'un siècle de bons et loyaux services quasi ininterrompus. Leur incroyable niveau de sécurité réside dans l'utilisation d'un système d'attache débrayable qui empêche les câbles de glisser. Il existe certes des moyens de locomotion plus récents et plus rapides, mais rien d'aussi pittoresque pour partir à l'assaut des collines de San Francisco.

100% San Francisco
SoMa la nuit

Dans ce quartier de San Francisco où l'on travaille dur et où l'on s'amuse plus encore, les clubs et les bars jouxtent les hôtels d'affaires. Une fois le soleil couché et les banlieusards rentrés chez eux, l'ambiance devient débridée, voire un brin douteuse. Mieux vaut donc faire la tournée des boîtes en voiture ou en taxi. Téléphonez à l'avance pour bénéficier de tarifs réduits ou de la gratuité et mettez le paquet côté vestimentaire.

❶ Soirée hipster au 111 Minna
Jeunes étudiants en art, apprentis musiciens et ingénieurs de chez Google draguant des stylistes en herbe se croisent dans ce lieu. Galerie d'art dans la journée, le **111 Minna** (www.111minnagallery.com ; 111 Minna St ; entrée 0-15 $; Ⓜ Montgomery, Ⓑ Montgomery) propose une happy hour *geek* et, après 21h, des soirées où passent de vieux tubes dans son arrière-salle. Un mardi par mois, lors

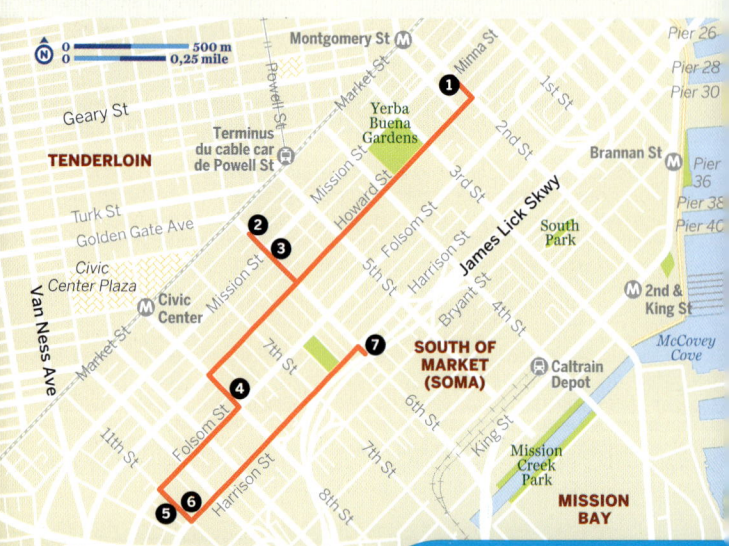

des Sketch Tuesdays, des artistes réalisent sur place des œuvres à vendre.

❷ Danse sous les lumières au Club OMG

Illuminant un coin crasseux de SoMa avec sa devanture en Plexiglas turquoise, le minuscule **Club OMG** (www.clubomgsf.com ; 43 6th St ; entrée 0-10 $; ⏲17h-2h lun-ven, 19h-2h sam, variables dim ; Ⓜ Powell) est un bar moderne fréquenté par une foule jeune, aussi bien gay qu'hétéro. Sur la piste de danse, les LED du dôme clignotent au rythme de la house, de la techno, du dubstep et de la pop des années 1980 et 1990.

❸ Ambiance royale au Monarch

Le **Monarch** (www.monarchsf.com ; 101 6th St ; prix variables ; ⏲17h30-2h lun-ven, 20h-2h sam-dim ; 🚌14) règne en maître sur la rue, avec son petit bar au rez-de-chaussée, sa piste de danse enflammée par les DJ et ses numéros mêlant cirque et cabaret sur le trapèze au-dessus du comptoir. Calendrier sur le site Internet.

❹ Plongée rétro au Cat Club

De la power pop des années 1990 passée le samedi à la musique gothique/new wave des vendredis et dimanches soir, il y en a pour tous les goûts au **Cat Club** (www.catclubsf.com ; 1190 Folsom St ; entrée 5 $ après 22h ; ⏲21h-3h mar-dim ; Ⓜ Civic Center, Ⓑ Civic Center), mais surtout ne manquez pas la soirée "1984" du jeudi, qui rassemble bi, gays et hétéros euphoriques chantant à tue-tête des tubes de l'époque.

❺ Lâchage au Butter

L'ambiance est sans prétention au **Butter** (www.smoothasbutter.com ; 354 11th St ; ⏲18h-2h mer-sam, 20h-2h dim ; 🚌9, 12, 47), où les clients boivent des cocktails au Tang et à la bière et entonnent des hymnes rock. Le site Internet annonce les soirées, parmi lesquelles figurent les réputés Trailer Trash Thursdays et le karaoké décontracté du dimanche.

❻ Éclate au DNA Lounge

Un certain chahut règne au **DNA Lounge** (☎415-626-1409 ; www.dnalounge.com ; 375 11th St ; entrée 3-25 $; ⏲21h-3h ven-sam, variables les autres soirs ; 🚌12, 27, 47), surtout lors de la soirée Bootie spécial *mashup* qui accueille un samedi sur deux des DJ de renom. La nature de l'événement détermine la tenue des participants, des concours de travestis Trannyshack à la fête gothique Death Guild du lundi, accompagnée de thé gratuit.

❼ Week-end marathon au EndUp

Les clubbeurs hétéros fréquentent aussi le **EndUp** (www.theendup.com ; 401 6th St ; entrée 5-20 $; ⏲22h-4h lun-jeu, 23h-11h ven, 22h-4h sam ; 🚌12, 27, 47), seule boîte de San Francisco ouverte 24h/24, où, depuis 1973, les "thés dansants" gays du dimanche commencent en réalité le samedi avec la soirée Ghettodisco et s'achèvent le lundi par la contemplation du lever du soleil par-dessus la rampe de l'autoroute.

86 Downtown et SoMa

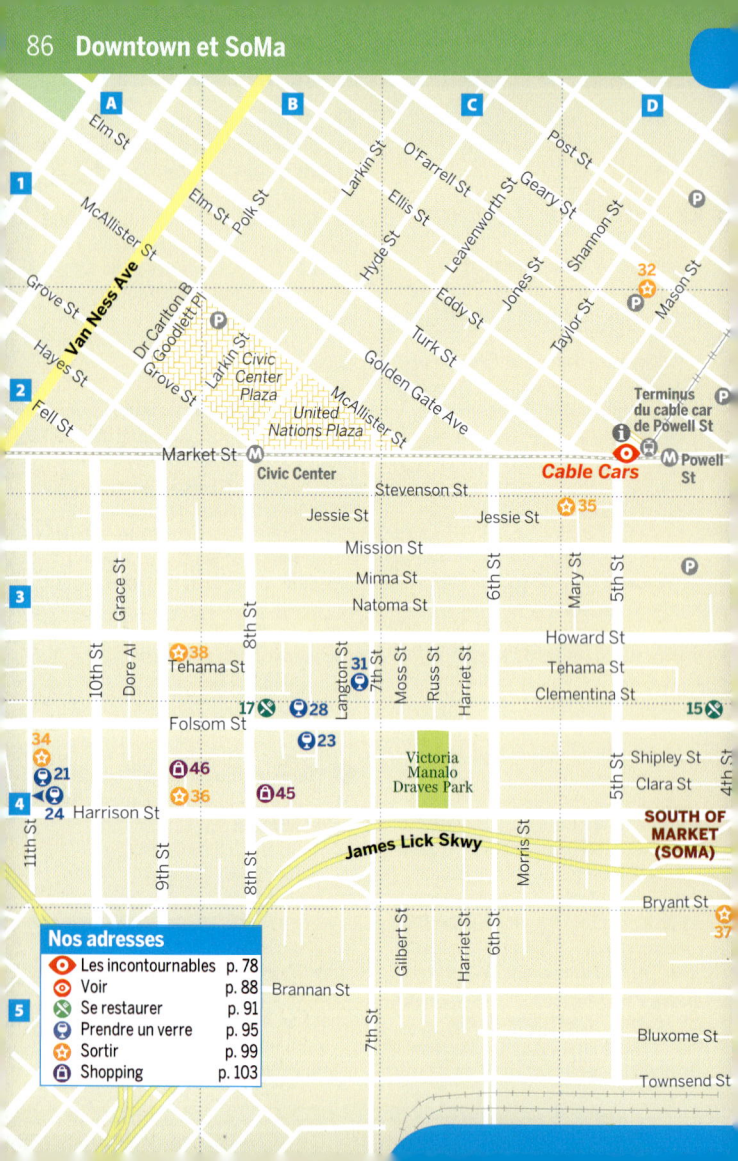

Streets & Landmarks

- Elm St
- McAllister St
- Polk St
- Larkin St
- O'Farrell St
- Post St
- Van Ness Ave
- Grove St
- Hayes St
- Fell St
- Ellis St
- Hyde St
- Leavenworth St
- Geary St
- Jones St
- Shannon St
- Mason St
- Eddy St
- Taylor St
- Dr Carlton Goodlett Pl
- Larkin St
- Grove St
- Civic Center Plaza
- Turk St
- Golden Gate Ave
- McAllister St
- United Nations Plaza
- Terminus du cable car de Powell St
- Market St
- Civic Center
- Cable Cars
- Powell St
- Stevenson St
- Jessie St
- Mission St
- Minna St
- Natoma St
- Grace St
- 10th St
- Dore Al
- 8th St
- 6th St
- Mary St
- 5th St
- Howard St
- Tehama St
- Langton St
- 7th St
- Moss St
- Russ St
- Harriet St
- Tehama St
- Clementina St
- Folsom St
- Victoria Manalo Draves Park
- Shipley St
- Clara St
- 4th St
- Harrison St
- 11th St
- 9th St
- 8th St
- James Lick Skwy
- Morris St
- SOUTH OF MARKET (SOMA)
- Bryant St
- Gilbert St
- Harriet St
- 6th St
- Brannan St
- 7th St
- Bluxome St
- Townsend St

Nos adresses

◉	Les incontournables	p. 78
◉	Voir	p. 88
✖	Se restaurer	p. 91
🍷	Prendre un verre	p. 95
★	Sortir	p. 99
🛍	Shopping	p. 103

87

CHINATOWN

Transamerica Pyramid & Redwood Park 1

UNION SQUARE

Redwood Park

Maritime Plaza

Walton Park

Whaleship Plaza

Embarcadero Center

Ferry Building

Justin Herman Plaza

Union Square

77 Geary 10 8 **Gallery Paule Anglim**

49 Geary **Contemporary Jewish Museum**

Yerba Buena La

Museum of the African Diaspora

Cartoon Art Museum

Eli Ridgway

New Montgomery St

SFMOMA (fermé pour rénovations)

Terminus du cable car de California St

Market St Embarcadero

Mission St

Pier 2

Children's Creativity Museum

Folsom St

Bonifacio St
Rizal St

3rd St
Hawthorne St
2nd St

Harrison St

Folsom St

Pier 22 1/2

Pier 24

James Lick Skwy

Bay Bridge

Pier 26

Bryant St

Pier 28

Zoe St
Ritch St

Taber Pl

South Park

Delancey St

Embarcadero

Pier 30

Stanford St

Brannan St

Pier 32

Pier 34

Pier 36

Baie de San Francisco

Streets labeled: Powell St, Pine St, Grant Ave, California St, Bush St, Stockton St, Sutter St, Maiden La, Kearny St, Sansome St, Montgomery St, Commercial St, Sacramento St, Halleck St, Battery St, Front St, Davis St, Jackson St, Pacific Ave, Montgomery St, Stevenson St, Minna St, 1st St, Fremont St, Beale St, Main St, Spear St, Steuart St, Embarcadero

Voir

Transamerica Pyramid et Redwood Park
PARC

1 Plan p. 86, G1

La Transamerica Pyramid se dresse depuis 1972 sur le site où fut découverte la coque du baleinier Niantic abandonné au moment de la Ruée vers l'or. Le gratte-ciel est fermé au public, mais on peut pique-niquer dans le parc qui s'étend à ses pieds, où les séquoias atteignent des hauteurs vertigineuses. Mark Twain lui-même, dont le saloon préféré se tenait à l'emplacement du Redwood Park, n'aurait pas trouvé plus belle métaphore pour décrire San Francisco. (www.thepyramidcenter.com ; 600 Montgomery St ; ⏰9h-18h lun-ven ; Ⓜ Embarcadero, Ⓑ Embarcadero)

Cartoon Art Museum
MUSÉE

2 Plan p. 86, E3

Ce musée, dédié à la bande dessinée et fondé grâce au célèbre Charles M. Schultz (*Snoopy*), met à l'honneur des super-héros et des auteurs cultes comme Robert Crumb (*Mr Natural*), Daniel Clowes (*Ghostworld*), Trina Robbins (*Vampirella*) et Adrian Tomine (*Optic Nerve*). Vernissages, rétrospectives de dessins politiques et ateliers d'animation organisés par les studios Pixar complètent le programme. Le premier mardi du mois, chacun paie ce qu'il veut. (📞415-227-8666 ; www.cartoonart.org ; 655 Mission St ; adulte/étudiant 7/5 $; ⏰11h-17h mar-dim ; Ⓜ Montgomery, Ⓑ Montgomery)

Contemporary Jewish Museum
MUSÉE

3 Plan p. 86, E3

En 2008, l'architecte Daniel Liebskind a prolongé la vieille centrale électrique de Jesse St (1907) d'une extension en brique et en acier bleu pour former le mot hébreu *l'chaim* ("à la vie"), surtout visible du ciel. Parmi les récentes expositions relatives à la culture juive, celles consacrées à Warhol, Houdini et Gertrude Stein étaient particulièrement réussies. (📞415-344-8800 ; www.thecjm.org ; 736 Mission St ; adulte/enfant 10 $/gratuit, après 17h jeu 5 $; ⏰11h-17h ven-mar, 13h-20h jeu ; Ⓜ Montgomery, Ⓑ Montgomery)

🔴 Local Life
Extension du SFMOMA

Des travaux d'extension d'un demi-milliard de dollars sont en cours jusqu'à 2016 au **San Francisco Museum of Modern Art** (SFMOMA ; plan p. 86, E3 ; 📞415-357-4000 ; www.sfmoma.org ; 151 3rd St ; Ⓜ Montgomery, Ⓑ Montgomery). Pendant cette période, le **SFMOMA Museum Store** (plan p. 86, E3 ; 📞415-357-4035 ; www.sfmoma.org/museumstore ; 51 Yerba Buena Lane ; ⏰11h-19h lun-sam, 12h-17h dim ; ♿ ; Ⓜ Powell, Ⓑ Powell) vend livres d'art et objets design dans une boutique provisoire sur Yerba Buena Lane.

Cartoon Art Museum

Children's Creativity Museum MUSÉE

4 Plan p. 86, E3

Ici point de cordons en velours ni de panneaux "Interdit de toucher" : les enfants sont les seuls maîtres à bord et des installations high-tech leur permettent de réaliser films d'animation en pâte à modeler et bandes son. Ils peuvent également se plonger dans un jeu vidéo avec des personnages réels, participer à des ateliers animés par des concepteurs de robots ou monter sur un carrousel restauré de 1906 (4 $ les deux tours ; jusqu'à 17h30 tous les jours). (☏415-820-3320 ; www.zeum.org ; 221 4th St ; entrée 11 $; ⊙10h-16h mer-dim sept-mai, mar-dim juin-août ; 👶 ; Ⓜ Powell, Ⓑ Powell)

Museum of the African Diaspora MUSÉE

5 Plan p. 86, E3

Une galerie de personnages retrace l'histoire de la diaspora africaine : le peintre britannique Chris Ofili parle d'un couple royal nigérian, l'artiste américain Romare Bearden des musiciens de jazz de Harlem et des Siddi d'Inde, descendants d'esclaves noirs, de leurs couvertures traditionnelles en patchwork. Ne manquez pas la vidéo émouvante dans laquelle Maya Angelou raconte des histoires d'esclaves. (MoAD ; ☏415-358-7200 ; www.moadsf.org ; 685 Mission St ; adulte/étudiant/enfant 10/5 $/gratuit ; ⊙11h-18h mer-sam, 12h-17h dim ; Ⓜ Montgomery, Ⓑ Montgomery)

California Historical Society Museum
MUSÉE

6 Plan p. 86, E3

Ce musée présente l'histoire de la Californie à travers des expositions thématiques qui mettent en valeur sa collection de plus d'un million de photos, tableaux et objets. Récemment, il a examiné la réputation de l'État pour le cinéma, les aliments frais et la belle vie, via des affiches de films muets, des étiquettes de fruits anciennes et des brochures touristiques, et comparé le mythe et la réalité. (☎415-357-1848 ; www.californiahistoricalsociety.org ; 678 Mission St ; don conseillé 5 $; ⊗musée 12h-17h mar-dim, bibliothèque 12h-17h mer-ven ; MMontgomery, BMontgomery)

49 Geary
GALERIE D'ART

7 Plan p. 86, E2

Dommage pour les collectionneurs qui s'ennuient poliment dans les galeries de Chelsea. Au 49 Geary, les vernissages dévoilent des œuvres provocatrices. Des créations d'artistes américains et étrangers occupent les quatre niveaux :

Comprendre
Le Bay Bridge

Les 25 000 LED scintillantes montées en 2013 par l'artiste Leo Villareal sur les câbles de suspension verticaux de la travée ouest donnent l'impression que le Bay Bridge (www.baybridgeinfo.org) fait des clins d'œil. Avec ses 2,9 km d'envergure, c'est la plus grande installation de LED au monde. Ce spectacle a lieu tous les soirs, du coucher du soleil à 2h, jusqu'à mars 2015. Pour plus d'informations, voir le site www.thebaylights.org.

En face, la nouvelle travée a été ouverte à la circulation en septembre 2013. Sujet délicat pour les contribuables san-franciscains, la reconstruction de cette partie du pont – endommagée par le séisme de Loma Prieta en 1989 – a duré 12 ans et coûté 6,4 milliards de dollars. Cependant, nombre d'entre eux reconnaissent que la tour de 160 m est une amélioration esthétique par rapport à la structure d'origine.

Ses amateurs et ses détracteurs s'accordent sur un point : on doit le Bay Bridge à l'idée d'un fou : Joshua Norton qui arriva d'Afrique du Sud en 1849, fit fortune puis faillite et revint 10 ans après en se proclamant "empereur des États-Unis et protecteur du Mexique". Les journaux de San Francisco publièrent les décrets de "Norton 1er" rendant les utilisateurs du terme "Frisco" passibles d'une amende de 25 $ (payable à Sa Majesté) et ordonnant la construction en 1872 d'un pont traversant la baie. Des pétitions circulent depuis 2004 pour nommer officiellement ce pont "Emperor Norton Bay Bridge" – reste à savoir si c'est un hommage ou une plaisanterie.

Se restaurer

photographie classique à la **Fraenkel Gallery** (www.fraenkelgallery.com), minimalisme inspiré chez **Gregory Lind** (www.gregorylindgallery.com) et art environnemental à la **Haines Gallery** (www.hainesgallery.com). Venez en semaine pour être au calme. (☏ 415-788-9818 ; www.sfada.com ; 49 Geary St ; entrée libre ; ⏱10h30-17h30 mar-ven, 11h-17h sam ; Ⓜ Powell, Powel)

Gallery Paule Anglim GALERIE D'ART

8 🎯 Plan p. 86, E2

On trouve ici de grands noms de l'art contemporain comme Tony Oursler, dont les projections vidéo de visages déformés grognent et crient dans les coins. Les œuvres de talents locaux menacent toutefois de leur voler la vedette, notamment les peintures d'Ala Ebtekar représentant des militaires et des nuages d'orage rassemblés sur d'anciennes écritures religieuses iraniennes, et la vue sur San Francisco du point de vue d'un papillon filmée par Bull Miletic. (☏ 415-433-2710 ; www.gallerypauleanglim.com ; 14 Geary St ; entrée libre ; ⏱10h30-17h30 mar-ven, 10h-17h sam ; 🚌5, 6, 7, 15, 21, 31, 38, 71, ⓂF, J, K, L, M, N, Ⓑ Montgomery)

Eli Ridgway GALERIE D'ART

9 🎯 Plan p. 86, E3

Les œuvres méticuleusement réalisées à San Francisco donnent envie de s'attarder chez Eli Ridgway : les installations de Jacqueline Kiyomi Gordon sont des haut-parleurs diffusant des sons extérieurs fantasmagoriques dans la galerie, les paysages architecturaux de Castaneda et Reiman sont composés de tableaux paysagers empilés et les photos de Sean McFarland sont constituées de clichés de bâtiments découpés et assemblés pour former des "paysages impossibles", déformés mais convaincants. (☏ 415-777-1366 ; www.eliridgway.com ; 172 Minna St ; entrée libre ; ⏱11h-18h mar-sam ; 🚌14, 30, 45, Ⓑ Montgomery, Ⓜ Montgomery)

77 Geary GALERIE D'ART

10 🎯 Plan p. 86, E2

Sortez de l'ascenseur et de vos références habituelles au niveau de la mezzanine, où vous serez séduit par les œuvres minimalistes de la Patricia Sweetow Gallery (www.patriciasweetowgallery.com). À l'étage, celles de la Rena Bransten Gallery (www.renabranstengallery.com), qui vont des portraits d'ancêtres ressemblant à des mirages de Hung Liu aux collages de photos de films du réalisateur culte John Waters, donnent à réfléchir. (77 Geary St ; entrée libre ; ⏱10h30-17h30 mar-ven, 11h-17h sam ; Ⓜ Powell, Ⓑ Powell)

Se restaurer

Benu CALIFORNIEN, FUSION $$$

11 🍴 Plan p. 86, E3

San Francisco propose une cuisine fusion raffinée depuis plus de 150 ans, mais personne n'égale le chef Corey Lee (ex-cuisinier du Napa's French Laundry), qui mélange les produits locaux issus de l'agriculture durable aux saveurs du Pacifique avec la subtilité d'un DJ de SoMa. Le crabe de Dungeness et la crème de truffes rehaussent la soupe aux faux ailerons de requin, surtout avec un madère de 1968 choisi par le sommelier vedette Yoon Ha. (✆415-685-4860 ; www.benusf.com ; 22 Hawthorne St ; plats 26-42 $; ⏱17h30-22h mar-sam ; 🚌10, 12, 14, 30, 45)

> 🅠 **100% San Francisco**
> **Union Square**
>
> Sur cette place bordée par les enseignes de luxe, les gens songent aujourd'hui davantage aux soldes qu'à la Proclamation d'émancipation, mais **Union Square** (plan p. 86, E2 ; à l'angle de Geary St, Powell St, Post St et Stockton St ; 🚋Powell-Mason, Powell-Hyde, Ⓜ Powell, 🄱 Powell) tient son nom des rassemblements unionistes qui s'y tenaient durant la guerre de Sécession. Dégustez un expresso à **Emporio Rulli** (✆415-433-1122 ; www.rulli.com ; Union Sq ; ⏱7h-19h) et dégotez des places de spectacle à moitié prix au guichet de la **TIX Bay Area** (www.tixbayarea.org). Près de l'angle nord-est de la place, la **Ruth Asawa Fountain** (335 Stockton St, escalier du Grand Hyatt) est couverte de miniatures représentant des figures emblématiques de la ville, réalisées par un ensemble éclectique de 250 personnes – comptant aussi bien des artistes célèbres que des écoliers.

Boulevard   CALIFORNIEN $$$

12 🍴 Plan p. 86, H3

Le décor de la Belle Époque ajoute une note esthétique à ce bâtiment de 1889, qui abritait jadis la Coast Seamen's Union. La carte imaginée par la chef primée Nancy Oakes est honnête, élégante et fiable, avec des côtes de porc juteuses, des salades bien garnies au crabe de Dungeness et des desserts réussis comme le gâteau au chocolat à la ganache accompagné d'une glace au bourbon. (✆415-543-6084 ; www.boulevardrestaurant.com ; 1 Mission St ; plats 30-40 $; ⏱11h30-14h et 17h30-22h lun-jeu, jusqu'à 22h30 ven-sam ; Ⓜ Embarcadero, 🄱 Embarcadero)

Salt House   CALIFORNIEN $$$

13 🍴 Plan p. 86, F3

Dans ce restaurant, même un déjeuner d'affaires prend des airs d'escapade. Le confit de canard et le thon jaune aux betteraves sont de bons choix. Oubliez le thé glacé et détendez-vous avec un verre de vin ou un *ginger julep*. Prévoyez du temps, le service n'est pas rapide. (✆415-543-8900 ; www.salthousesf.com ; 545 Mission St ; ⏱déj et dîner lun-sam, jusqu'à minuit ven-sam ; 🚌6, 7, 10, 14, 21, 31, 71, F, J, K, L, M, N, 🄱 Montgomery)

Boulette's Larder   FRANÇAIS $$

14 🍴 Plan p. 86, H2

Rien de tel qu'un brunch sur des tables communes au cœur d'une cuisine où les chefs s'activent pour préparer le service

Se restaurer

Salt House

du dîner. Leurs œufs aux truffes, salade au confit de canard et beignets vous inspirent ? Des épices et des condiments sont en libre-service au comptoir. Vous pouvez aussi réserver une place près du feu dans le nouveau Bouli Bar pour dîner. (☎415-399-1155 ; www.bouletteslarder.com ; 1 Ferry Bldg ; plats 18-23 $; ⏲Larder 8h-14h30 lun, mar, jeu et ven, 10h-14h30 dim, Bouli Bar 11h-15h mar-sam, 17h-21h mar-ven ; ⓂEmbarcadero, ⒷEmbarcadero)

Zero Zero   PIZZA $$

15 🍴 Plan p. 86, D4

Le nom du restaurant fait référence à la farine italienne 00 utilisée pour fabriquer des pizzas napolitaines à la pâte bien gonflée. La "Geary" métissée (palourdes japonaises, bacon et piments) plaît bien, mais la "Castro" à la saucisse maison remporte tous les suffrages. (☎415-348-8800 ; www.zerozerosf.com ; 826 Folsom St ; pizzas 10-19 $; ⏲11h30-14h30 et 17h30-22h lun-jeu, jusqu'à 23h ven, 11h30-23h sam, 11h30-22h dim ; ⓂPowell, ⒷPowell)

Butler & the Chef   FRANÇAIS $

16 🍴 Plan p. 86, E5

Cette adresse prisée, ouverte uniquement le midi, sert une cuisine de brasserie classique au milieu des entrepôts de SoMa. Les tables sont petites, mais cela vaut le coup de serrer les coudes pour déguster une soupe à l'oignon préparée comme il se doit avec du bouillon de bœuf et agrémentée de véritables croûtons garnis de gruyère fondu. (☎415-896-2075 ; www.thebutlerandthechefbistro.com ; 155a South Park St ; plats 9-12 $; ⏱8h-15h mar-sam, 10h-15h dim ; 🚌10, 30, 45, Ⓜ2nd St et King St)

Citizen's Band
CALIFORNIEN $$

17 Plan p. 86, B4

La carte est celle des *diners* américains à l'ancienne, avec une touche californienne : *macaroni and cheese* au fromage de Sonoma et truffes, salade de laitue au bleu de Point Reyes et Snake River Burger au bœuf de Kobé (le meilleur de la ville). Des vins de petits producteurs locaux arrosent le tout. Une boutique sur place vend des cupcakes. (☎415-556-4901 ; www.citizensbandsf.com ; 1198 Folsom St ; plats déj 9-13 $, plats dîner 13-24 $; ⏱11h30-14h et 17h30-22h mar-jeu, jusqu'à 23h ven, 10h-14h et 17h30-23h sam, jusqu'à 21h30 dim ; ⓂCivic Center, 🚌Civic Center)

Gitane
BASQUE, MÉDITERRANÉEN $$$

18 Plan p. 86, F2

Dans ce bistrot aux allures de boudoir, les collègues de travail flirtent ouvertement en buvant des cocktails et les amis se partagent de la sole californienne au chorizo d'inspiration andalouse et du filet de lapin enveloppé dans de la pancetta et accompagné d'escargots braisés. (☎415-788-6686 ; www.gitanerestaurant.com ; 6 Claude Lane ; plats 22-34 $; ⏱17h30-22h30, bar 17h30-minuit lun-mer, 17h30-23h30, bar 17h30-1h jeu-sam ; ✈ ; ⓂMontgomery, 🚌Montgomery)

Tropisueño
MEXICAIN $$

19 Plan p. 86, E3

Ce restaurant situé à deux pas des musées de SoMa sert une véritable cuisine mexicaine. On y déguste des burritos *al pastor* (au porc mariné) garnis de *salsa* au prosopis et d'ananas grillé en sirotant des margaritas dont le bord du verre est trempé dans le sel pimenté. (☎415-243-0299 ; www.tropisueno.com ; 75 Yerba Buena

---

> **100% San Francisco**
> **La poste de Rincon Annex**
>
> Il n'y a qu'à San Francisco qu'une poste pouvait susciter la controverse. Le bâtiment Art déco de **Rincon Annex** (plan p. 86, H3 ; 101 Spear St ; entrée libre ; ⓂEmbarcadero, 🚌Embarcadero) arbore des peintures murales illustrant l'histoire de la ville, réalisées par l'artiste Anton Refregier à la demande de la Works Project Administration. Leur exécution débuta en 1941 mais fut interrompue par la Seconde Guerre mondiale et des chamailleries au sujet de leur orientation historique. Après 92 changements, le peintre apporta la touche finale en 1948 avec *War and Peace*, qui oppose la barbarie nazie aux promesses de liberté de l'après-guerre. Qualifié de communiste sous le maccarthysme, le chef-d'œuvre de Refregier est désormais classé monument historique.

Lane ; plats déj 6-12 $, plats dîner 11-16 $; ⏱11h-22h30 ; Ⓜ Powell, Ⓑ Powell)

Sentinel
SANDWICHS $

20 🍴 Plan p. 86, F3

Le chef Dennis Leary a révolutionné la restauration à emporter en utilisant des produits saisonniers de premier choix. La salade de thon s'agrémente ainsi d'une mayonnaise au piment chipotle et de légumes d'été croquants, et le corned-beef se marie à l'emmenthal suisse et à la sauce russe piquante. La carte change chaque jour ; comptez environ 10 minutes d'attente car tous les sandwichs sont confectionnés à la demande. (📞415-284-9960 ; www.thesentinelsf.com ; 37 New Montgomery St ; sandwichs 8,50-9 $; ⏱7h30-14h30 lun-ven ; Ⓜ Montgomery, Ⓑ Montgomery)

Prendre un verre

Bar Agricole
BAR

21 🍸 Plan p. 86, A4

Faites votre choix parmi les cocktails recherchés, tels le Bellamy Scotch Sour au blanc d'œuf ou l'excellent Tequila Fix (citron vert, ananas et hellfire bitters). Le bar a remporté le prix James Beard du plus beau décor de restaurant – ne manquez pas la terrasse – et sert une cuisine sophistiquée, à l'image des oursins à la diable. (📞415-355-9400 ; www.baragricole.com ; 355 11th St ; ⏱18h-22h dim-mer, 18h-tard jeu-sam ; 🚌9, 12, 27, 47)

Rickhouse
BAR

22 🍸 Plan p. 86, F2

Évoquant une maison en bois traditionnelle du sud des États-Unis, Rickhouse renferme des barriques

🔍 100% San Francisco
Les "POPOS"

Au-dessus des trottoirs animés de Downtown, il existe un monde paisible de jardins sur les toits. Dépourvus d'indications, ces espaces sont nommés "privately owned public-open spaces" (espaces privés ouverts au public), ou POPOS. L'association locale de défense de l'intérêt général SPUR (www.spur.org) en publie la liste complète. En voici une sélection :

One Montgomery Terrace (plan p. 86, F2 ; 50 Post St/1 Montgomery St ; ⏱10h-18h lun-sam ; Ⓜ Montgomery, Ⓑ Montgomery). Bancs et verdure au-dessus de la Crocker Galleria. Idéal pour pique-niquer.

Sun Terrace (plan p. 86, G2 ; 343 Sansome St ; ⏱10h-18h lun-ven ; Ⓜ Embarcadero, Ⓑ Embarcadero). Vue époustouflante sur la Transamerica Pyramid au 15e niveau de cet immeuble Art déco.

Fairmont Hotel (plan p. 86, E1 ; 950 Mason St ; ⏱24h/24 ; 🚌1, 🚋California St, Powell-Hyde, Powell-Mason). Les portes vitrées à côté de la Pavilion Room donnent sur une terrasse kitsch.

de whisky du Kentucky recyclées et les étagères d'un couvent des monts Ozark qui distillait clandestinement. L'accent est mis sur les bourbons rares, mais il propose aussi un authentique Pisco Punch. (www.rickhousebar.com ; 246 Kearny St ; h17h-2h lun, 15h-2h mar-ven, 18h-2h sam ; mMontgomery, ZMontgomery)

Bloodhound BAR

23 Plan p. 86, B4

Les corbeaux peints au plafond sont résolument de bon augure : le Bloodhound réserve des soirées mémorables, avec des boissons alcoolisées de première qualité et des concours de billard sous un chandelier en bois de cerf. Bonus : des *food trucks* se garent souvent à proximité. (www.bloodhoundsf.com ; 1145 Folsom St ; ◎16h-2h ; ▣12, 14, 19, 27, 47)

Eagle Tavern BAR GAY

24 Plan p. 86, A4

Le dimanche après-midi, ce bar gay où le cuir est de rigueur attire les foules avec sa bière à volonté pour 10 $. Arrivez avant 15h pour éviter la longue file d'attente. Le jeudi, des groupes de rock jouent sur la scène ; les spectacles du vendredi et du samedi sont variables, allant du bondage aux numéros de travestis. (✆415-626-0880 ;

Comprendre
Les aléas de South Park

Internet apparut dans le vocabulaire au milieu des années 1990, lorsque des chefs d'entreprise et des as de la technologie commencèrent à se réunir dans les cafés autour de South Park, entre 2nd St, 3rd St, Bryant St et Brannan St, pour lancer des sites Web. Mais les livraisons de glaces et autres services en ligne se révélant peu rentables, les acteurs de ces projets désertèrent le quartier.

South Park n'en était pas à son premier échec. Dans les années 1850, un promoteur avait tenté de le transformer en *gated community* (zone résidentielle à accès contrôlé), mais la fête organisée pour inciter les millionnaires de la Ruée vers l'or à investir avait dégénéré en bataille de tartes à la crème. Le quartier demeura toutefois un lieu fertile où Jack London, l'auteur de *Croc-Blanc*, vit le jour au 601 3rd Road.

À l'issue de la Seconde Guerre mondiale, des vétérans américains des Philippines formèrent à South Park une communauté paisible, du moins jusqu'à l'émergence de la bulle Internet et son éclatement. Les bureaux vacants furent cependant vite réoccupés grâce à l'invention du Web 2.0 et la création de start-up comme Twitter. Cette dernière compte depuis 550 millions d'utilisateurs et a déménagé à Downtown.

Prendre un verre

Bar Agricole (p. 95)

www.sf-eagle.com ; 398 12th St ; entrée 5-10 $; 12h-2h ; 9, 12, 27, 47)

RN74
BAR, RESTAURANT

25 Plan p. 86, G3

Les amateurs de bonnes bouteilles s'émerveilleront devant la carte établie par le sommelier Rajat Parr, qui comprend d'obscurs millésimes italiens et autrichiens, des crus français oubliés et une liste très complète de vins californiens cultes. Bien calé dans un canapé, dégustez les plats du chef vedette Michael Mina, propriétaire des lieux. (415-543-7474 ; www.michaelmina.net ; 301 Mission St ; 11h30-1h lun-ven, 17h-1h sam, 17h-23h dim ; Embarcadero, Embarcadero)

Burritt Room
BAR LOUNGE

26 Plan p. 86, E1

À l'étage du Mystic Hotel, entrez dans un monde d'élégance victorienne postapocalyptique : boiseries patinées, carrelage séculaire, canapés en velours rouge, murs en brique et lustres tapageurs laissent imaginer des squatteurs se nourrissant de cocktails au champagne et de grands bols de punch. Le célèbre chef Charlie Palmer, patron des lieux, a ajouté une taverne et un menu riche en plats de viande, mais le bar reste la principale attraction. (www.mystichotel.com ; 417 Stockton St ; 17h-1h dim-jeu, 17h-2h ven-sam ; Montgomery, Montgomery)

Cantina
BAR

27 Plan p. 86, E1

Ici pas l'ombre d'un soda – les cocktails latinos, à base de tequila, cachaça ou pisco, sont concoctés avec des jus de fruits frais – et l'ambiance en semaine reste assez feutrée pour pouvoir discuter. La clientèle inclut nombre de barmen en congé, ce qui est toujours bon signe. DJ le week-end. (www.cantinasf.com ; 580 Sutter St ; 17h-2h lun-sam, 14h-2h dim ; 2, 3, 38, Powell-Mason, Powell-Hyde)

City Beer Store & Tasting Room
BAR

28 Plan p. 86, B4

Faites votre choix parmi les quelque 300 excellentes bières artisanales américaines et belges (de 18 à 60 cl). Goûtez celles qui vous tentent, ou faites confiance au hasard pour découvrir des bières peu connues. Accompagnez votre dégustation d'une assiette de fromage et de charcuterie ou constituez votre propre pack à emporter. (www.citybeerstore.com ; 1168 Folsom St ; 12h-22h mar-sam, 12h-18h dim ; 12, 14, 19)

Irish Bank
PUB

29 Plan p. 86, F2

Ce pub irlandais accueillant sert des pintes à la perfection, ainsi que des frites épaisses au vinaigre de malt, des hamburgers juteux, des saucisses et de nombreux autres plats avec une bonne dose de moutarde. Dans la ruelle, les tables sous un grand store sont idéales pour les fumeurs, même par temps pluvieux. (www.theirishbank.com ; 10 Mark Lane ; 11h30-2h ; Montgomery, Montgomery)

House of Shields
BAR

30 Plan p. 86, F3

Retour 100 ans en arrière dans ce bar en acajou remarquablement restauré avec lustres de 1908 suspendus aux hauts plafonds et cocktails à

100% San Francisco

San Francisco Giants

D'avril à octobre, la ville s'enflamme pour les San Francisco Giants à l'**AT&T Park** (415-972-2000 ; www.sanfrancisco.giants.mlb.com ; Willy Mays Plaza ; billets 8-200 $; N, T), à 800 m au sud-est de South Park. L'équipe de base-ball de la National League a remporté le championnat des World Series en 2010 et 2012 en s'adonnant à d'étonnants rituels : les joueurs arboraient des barbes broussailleuses, les lanceurs des sous-vêtements féminins. Des **visites guidées** (415-972-2400 ; adulte/senior/enfant 20/15/10 $; jours sans match 10h30 et 14h30) du stade donnent l'occasion de découvrir le club-house et le tableau d'affichage fonctionnant à l'énergie solaire.

Lorsqu'il n'y a plus de billets, tentez votre chance au Double Play Ticket Window (voir site Internet) ou observez gratuitement le champ extérieur depuis la Waterfront Promenade.

l'ancienne sans chichis. Un lieu sur lequel s'accordent les mondains de Nob Hill et les coursiers de Downtown – surtout après quelques cocktails à 5 $ sous un éclairage tamisé. (www.thehouseofshields.com ; 39 New Montgomery St ; ⏱14h-2h lun-ven, 15h-2h sam-dim ; Ⓜ Montgomery, Ⓑ Montgomery)

Sightglass Coffee   CAFÉ

31 Plan p. 86, B3

Le dernier café culte en date de San Francisco est torréfié dans un entrepôt de SoMa. Si vous êtes dans le coin, vous n'aurez pas de mal à le trouver : suivez les effluves ! Passez les grosses portes en bois pour découvrir le fameux Owl's Howl Espresso et goûter au luxueux café 100 % Bourbon. (www.sightglasscoffee.com ; 270 7th St ; ⏱7h-19h lun-sam, 8h-19h dim ; Ⓑ Civic Center)

Sortir

American Conservatory Theater   THÉÂTRE

32 Plan p. 86, D1

Les nouveaux spectacles destinés à Broadway et Londres doivent d'abord faire leurs preuves au Geary Theater qui date du début du XXᵉ siècle. Celui-ci accueille des productions phares de l'ACT comme *Angels in America* de Tony Kushner et *Black Rider* de William S Burroughs, mis en scène par Robert Wilson sur une musique de Tom Waits, l'enfant du pays. L'ACT relancera le Strand Theater

Union Square (p. 92)

(1127 Market St) fin 2014. (ACT ; ☏415-749-2228 ; www.act-sf.org ; 415 Geary St ; 🚌38, 🚋Powell-Mason, Powell-Hyde)

Yerba Buena Center for the Arts   CONCERTS

33 Plan p. 86, E3

Lors des vernissages du YBCA, les foules se bousculent pour voir des concerts de hip-hop de Mos Def, des festivals de films cochons des années 1960 et des documentaires tels que celui sur Vik Muniz, traitant de la création d'œuvres d'art à partir d'ordures. Des compagnies de danse se produisent dans le théâtre en face. (YBCA ; ☏415-978-2787 ; www.ybca.org ; 700 Howard St ; billets 0-35 $; Ⓜ Powell, Ⓑ Powell)

Slim's

MUSIQUE LIVE

34 ⭐ Plan p. 86, A4

Passez une soirée réussie avec Gogol Bordello, Tenacious D et AC/DShe (groupe féminin de reprises hard-rock) dans ce club de taille moyenne, où Prince et Elvis Costello ont joué à l'improviste. Les concerts s'adressent à tous les âges, mais les petits gabarits ont du mal à voir la scène quand le public commence à faire des bonds sur la piste. Réservez une place au balcon pour dîner (25 $ supplémentaire). (☎415-255-0333 ; www.slims-sf.com ; 333 11th St ; billets 12-30 $; ⊙17h-2h ; 🚌9, 12, 27, 47)

Mezzanine

MUSIQUE LIVE

35 ⭐ Plan p. 86, D3

Le meilleur sound system de San Francisco résonne entre les murs de brique lors des concerts hip-hop de Quest Love, Wyclef Jean, Method Man, Nas et Snoop Lion (alias Dogg), ou classiques alternatifs des Dandy Warhols et des Psychedelic Furs. (☎415-625-8880 ; www.mezzaninesf.com ; 444 Jessie St ; 10-40 $; ⊙variables ; Ⓜ Powell, Ⓑ Powell)

Stud

GAY

36 ⭐ Plan p. 86, A4

Agitateur de la scène gay depuis 1966, le Stud programme des soirées d'un nouveau genre : spectacles de drag-queens Meow Mix le mardi, humour grivois et karaoké le mercredi, soirée "Some-thing" le vendredi (numéro de travesti, as du billard et musique entraînante). Le samedi, différents DJ passent des disques – GoBang est l'un des meilleurs. Calendrier sur le site Internet. (☎415-252-7883 ; www.studsf.com ; 399 9th St ; entrée 5-8 $; 🚌12, 19, 27, 47)

Hotel Utah Saloon

CONCERTS

37 ⭐ Plan p. 86, D5

Le bar au rez-de-chaussée de cet hôtel victorien abrite depuis les années 1970 la scène underground de

---

🔍 100% San Francisco

Danse contemporaine à Yerba Buena

La pionnière de la danse contemporaine Isadora Duncan était originaire de San Francisco. Vous pourrez voir les dernières créations audacieuses de chorégraphes marchant sur ses traces au Yerba Buena Center for the Arts (p. 99). La scène principale accueille chaque année l'**Ethnic Dance Festival** (www.sfethnicdancefestival.org) et les saisons des grandes compagnies de la ville : l'athlétique **Liss Fain Dance** (www.lissfaindance.org) ; l'**Alonzo King's Lines Ballet** (☎415-863-3040 ; www.linesballet.org), parfois inspiré par les arts martiaux ; le **Smuin Ballet** (☎415-912-1899 ; www.smuinballet.org), axé sur le "ballet divertissant" ; et le **Joe Goode Performance Group** (☎415-561-6565 ; www.joegoode.org), qui fut l'un des premiers à associer danse, performance artistique et *spoken word*.

Sortir

Yerba Buena Center for the Arts (p. 99)

San Francisco, où Whoopi Goldberg et Robin Williams firent leurs premières armes. Aujourd'hui, vous pouvez miser sur la soirée scène ouverte du lundi, qui rassemble des jeunes musiciens de labels indépendants et des groupes locaux appréciés comme Riot Earp, Saucy Monkey et The Dazzling Strangers. Paiement par carte minimum 20 $. (415-546-6300 ; www.hotelutah.com ; 500 4th St ; spectacles 0-10 $; 11h30-2h ; 47, 4th & King Sts)

AsiaSF

CABARET

38 ⭐ Plan p. 86, A3

Les plats d'inspiration asiatique de ce dîner-spectacle sont servis avec une bonne dose d'insolence par des travestis, qui se produisent sur scène toutes les heures. Et lorsque l'alcool a fait son effet, tout le monde danse de concert sur la piste en bas. Le menu de 3 plats "ménage à trois" coûte entre 39 et 54 $, les cocktails tournent autour de 10 $ et le personnel ne vole pas ses pourboires. (415-255-2742 ; www.asiasf.com ; 201 9th St ; à partir de 39 $; 19h-23h mer-jeu, 19h-2h ven, 17h-2h sam, 19h-22h dim, réservations 13h-20h ; Civic Center, Civic Center)

Embarcadero Center Cinema

CINÉMA

39 ⭐ Plan p. 86, G2

Oubliez les grands succès commerciaux hollywoodiens au profit du dernier film d'Almodóvar, de celui qui a remporté l'Oscar ou

100% San Francisco
Le nouveau visage des centres commerciaux

Comme toute ville américaine qui se respecte, San Francisco possède un gigantesque centre commercial – le **Westfield Centre** (plan p. 86, D2 ; www.westfield.com/sanfrancisco ; 865 Market St ; 10h-20h30 lun-sam, 10h-19h dim ; Powell-Mason, Powell-Hyde, MPowell, BPowell) qui renferme sur 9 niveaux plus de 400 enseignes, dont Bloomingdale's et Nordstrom – mais on trouve aussi des complexes innovants qui ne ressemblent à aucun autre aux États-Unis.

Dans le même temps, plusieurs entreprises locales préparent une offre de reprise amicale de la fastueuse **Crocker Galleria** (plan p. 86, F2 ; www.thecrockergalleria.com ; 50 Post St ; 10h-18h lun-ven, 10h-17h sam ; MMontgomery, BMontgomery), notamment l'organisation à but non lucratif Under One Roof, dont tous les bénéfices vont à des associations de lutte contre le sida ; T-We Tea, créateur de mélanges de thé artisanaux intégrant des ingrédients locaux ; Tomboy Tailors, spécialiste des vêtements sur mesure pour les transsexuels passant de femme à homme ; et un marché de petits producteurs californiens certifiés qui a lieu tous les jeudis de l'année.

de projections nocturnes de *The Big Lebowski*. Le snack-bar sur place satisfait les goûts délicats avec du chocolat équitable et du pop-corn au beurre véritable – sans oublier le nouveau bar à vins. (415-267-4893 ; www.landmarktheatres.com ; 1 Embarcadero Center, Promenade Level ; adulte/enfant 10,50/8,25 $; MEmbarcadero, BEmbarcadero)

Punch Line
ONE MAN SHOWS

40 Plan p. 86, G1

Connue pour avoir lancé des célébrités comme Chris Rock, Ellen DeGeneres et David Cross , cette salle historique est assez petite pour qu'on entende les soupirs de soulagement des comiques en coulisses quand leur humour a fait mouche ou leurs grincements de dents en cas de flop. Les boissons fortes détendent le public, mais gare à la gueule de bois le lendemain matin. (415-397-4337 ; www.punchlinecomedyclub.com ; 444 Battery St ; 12-25 $, plus 2 conso minimum ; spectacles 20h mar-jeu et dim, 20h et 22h ven-sam ; MEmbarcadero, BEmbarcadero)

Starlight Room
CONCERTS, DISCOTHÈQUE

41 Plan p. 86, E1

Le 21e niveau du Sir Francis Drake Hotel offre une vue fascinante. Des groupes font danser touristes et habitants le week-end, tandis que des DJ assurent l'ambiance en semaine. Un brunch assorti d'un spectacle de travestis délirant a lieu le dimanche (réservez). (415-395-8595 ; www.harrydenton.com ; 450 Powell St, 21e étage ; prix variables ; 20h30-2h mar-sam, brunch dim ; 🚋Powell-Mason, Powell-Hyde, Ⓜ️Powell, ⒷPowell)

Shopping

Heath Ceramics ARTICLES POUR LA MAISON

42 🔒 Plan p. 86, H2

La vaisselle en grès moderne fabriquée par Heath dans son atelier de Sausalito depuis 1948 décore moult tables à la mode. Le grand chef Alice Waters, référence de la cuisine californienne, l'utilise depuis longtemps, d'où la ligne Chez Panisse aux tons naturels qui porte le nom de son restaurant. Les prix sont élevés, sauf pour les pièces de second choix vendues le week-end. (www.heathceramics.com ; 1 Ferry Bldg ; ⏱10h-19h lun-ven, 8h-18h sam, 11h-17h dim ; Ⓜ️Embarcadero, ⒷEmbarcadero)

Jeremys VÊTEMENTS, ACCESSOIRES

43 🔒 Plan p. 86, F5

On peut se procurer ici des vêtements de créateurs à prix très réduits provenant de séances photo, de défilés et de vitrines. Ceci explique les tailles mannequin des robes Proenza Schouler et les traces de maquillage occasionnelles sur les costumes Zegna. L'étage est occupé par des marques de gamme moyenne comme J Crew to Rock & Republic. Retours possibles dans les 7 jours contre un crédit en magasin. (www.jeremys.com ; 2 South Park St ; ⏱11h-18h lun-mer et ven-sam, 11h-20h jeu, 12h-18h dim ; 🚌10, Ⓜ️2nd et King)

Comprendre
Les chaînes d'habillement de San Francisco

Le jeune Levi Strauss tira profit de la Ruée vers l'or en 1850 en fabriquant pour les mineurs de robustes pantalons taillés dans une toile à voile originaire de Nîmes (d'où le nom "denim"). Dans le nouveau magasin phare Levi's du 815 Market St, vous pourriez encore trouver des éditions limitées de modèles d'époque – le jean de prisonnier des années 1950 a beaucoup de succès.

L'empire commercial Gap/Old Navy/Banana Republic débuta également à San Francisco par l'ouverture d'une boutique de vêtements basiques. Ces grandes marques internationales et d'autres comme Uniqlo, H&M, Urban Outfitters et Sephora sont aujourd'hui largement confinées à Downtown, autour d'Union Sq et le long de Powell St, en raison du plan local d'urbanisme et du vandalisme protestataire. Un graffiti corrige une publicité "Peace. Love. Gap." affichée sur un arrêt de bus par la phrase : "It's Peace, Love & Understanding, you corporate tools." ("C'est paix, amour et compréhension, bande de vendus.")

Recchiuti Chocolates ALIMENTATION

44 Plan p. 86, H2

Aucun San-Franciscain ne résiste à Recchiuti : les vieilles fortunes de Pacific Heights fondent pour ses caramels à la fleur de sel ; les petits gourmets de Noe Valley préfèrent ses marshmallows enrobés de chocolat fondu à ceux du camping ; et les habitants de Mission font des folies pour acheter les chocolats créés par les artistes handicapés mentaux de Creativity Explored – une partie des recettes est reversée à cette galerie à but non lucratif. (www.recchiuticonfections.com ; 1 Ferry Bldg ; 10h-19h lun-ven, 8h-18h sam, 10h-17h dim ; M Embarcadero, B Embarcadero)

Madame S & Mr S Leather VÊTEMENTS, ACCESSOIRES

45 Plan p. 86, B4

Il n'y a guère qu'à San Francisco qu'on trouve un magasin SM de cette dimension, avec tous les gadgets du genre, des harnais de suspension aux cagoules en latex en passant par les cache-sexes chromés. Citons aussi un rayon complet de niches à chien et tout l'équipement pour transformer son intérieur en salle de torture. (www.madame-s.com ; 385 8th St ; 11h-19h ; 12, 19, 27, 47)

Branch ARTICLES POUR LA MAISON

46 Plan p. 86, A4

Tout pour composer un décor à la fois original et écolo : chaise longue en liège, serviette de bain en fibre de hêtre, minuscule bonsaï dans une boîte de pastilles à la menthe recyclée et bien d'autres choses encore. Le magasin assure même les expéditions. (www.branchhome.com ; 345 9th St ; 9h30-17h30 lun-ven ; 12, 14)

Le Sanctuaire ALIMENTATION

47 Plan p. 86, E2

Les savants fous et les chefs prennent rendez-vous dans ce curieux temple de l'art culinaire pour se procurer des ustensiles très spécifiques, du sel pour sécher les viandes ou les agents moussants indispensables à la cuisine moléculaire. Si vous souhaitez apprendre par exemple comment réduire le lard en poudre à l'aide d'azote liquide, consultez le programme des cours sur le site Internet. (415-986-4216 ; www.le-sanctuaire.com ; 315 Sutter St, 5e étage ; sur rdv 10h30-16h30 lun-ven ; Powell-Mason, Powell-Hyde, M Montgomery)

Margaret O'Leary VÊTEMENTS, ACCESSOIRES

48 Plan p. 86, F2

Si vous avez oublié d'emmener un pull pour affronter le brouillard de San Francisco, cette styliste de la Baie spécialisée dans la mode urbaine en maille crée des cardigans légers comme un souffle en laine ultra-douce, cachemire ou coton bio. (www.margaretoleary.com ; 1 Claude Lane ; 10h-17h mar-sam ; M Montgomery, B Montgomery)

Shopping 105

Jeremys (p. 103)

Shotwell Boutique
VÊTEMENTS, ACCESSOIRES

49 Plan p. 86, E2

En un après-midi chez Shotwell, on peut se créer un look avant-gardiste pour lequel il faudrait normalement faire les magasins pendant des décennies : des lunettes de soleil violettes des années 1980, des baskets basses Surface to Air, un feutre mou des années 1970, un débardeur drapé de Society for Rational Dress sur un jean Cheap Monday et des bijoux de créateurs locaux. Chose rare pour une boutique de Downtown, on trouve ici un bon choix de vêtements pour hommes et vintage à moins de 25 $, ainsi qu'une corbeille remplie de bijoux à 5 $. (415-399-9898 ; www.shotwellsf.com ; 320 Grant Ave ; 11h-17h lun-sam, 12h-18h dim ; 1, 15, 30)

Isda & Co Outlet
VÊTEMENTS, ACCESSOIRES

50 Plan p. 86, F5

Les professionnels chics de la ville ne sont pas nés dans l'élégance décontractée – ils ont probablement dû parcourir les portants de chemises ingénieusement drapées et de cardigans sculptés de ce magasin de créateurs locaux. Les coloris tournent généralement autour du gris foncé, mais cela donne une silhouette élancée extrêmement flatteuse. (www.isda-and-co.com ; 21 South Park St ; 10h-18h lun-sam ; 10, 2nd & King)

Explorer

Hayes Valley et Civic Center

Les bâtiments stricts du Civic Center jurent avec l'esprit progressiste qui anime l'hôtel de ville de San Francisco, qui contribua grandement à la reconnaissance des droits des homosexuels et œuvre activement en faveur de l'écologie. À l'ouest s'étend Hayes Valley, où le jazz accompagne les skateurs et où les devantures victoriennes cachent des boutiques de créateurs.

L'essentiel en un jour

☀️ Commencez par un petit-déjeuner au **farm:table** (p. 115), puis prenez l'historique ligne F du tramway jusqu'à l'**Asian Art Museum** (p. 108), où vous parcourrez la route de la Soie en 1 heure et découvrirez des sensations interculturelles, des céramiques coréennes d'inspiration persane aux *anime* indiens modernes. De l'autre côté de l'esplanade, le **City Hall** (p. 112 ; photo ci-contre) a été le théâtre de *sit-in* historiques et de mesures progressistes telles que le mariage gay, la couverture santé universelle et le recyclage de tous les déchets.

☀️ Faites du lèche-vitrines le long de Hayes St, puis déjeunez de savoureuses crêpes **Chez Maman West** (p. 114), suivies d'une crème glacée dégustée dans un conteneur au **Patricia's Green** (p. 118) et d'un café en bord de trottoir au **Blue Bottle Coffee** (p. 116). Digérez en lisant des bandes dessinées chez **Isotope** (p. 123), trouvez un nouveau style chez **Reliquary** (p. 121) ou inventez le vôtre à la **Makeshift Society** (p. 122).

🌙 Allez boire un rhum au bar de flibustiers **Smuggler's Cove** (p. 116), mais ne manquez pas votre entrée au **San Francisco Symphony** (p. 119), au **San Francisco Opera** (p. 119), ou au **SFJazz Center** (p. 119). Enfin, terminez la soirée dans la très punk-rock **Hemlock Tavern** (p. 118).

Explorer

🎯 Les incontournables
Asian Art Museum (p. 108)

❤️ Le meilleur du quartier

Restaurants gastronomiques
Rich Table (p. 113)
Jardinière (p. 114)
Zuni Cafe (p. 115)

Gastronomie à prix doux
Heart of the City Farmers Market (p. 116)

Prendre un verre
Smuggler's Cove (p. 116)
Bourbon & Branch (p. 116)
Blue Bottle Coffee Company (p. 116)
Hôtel Biron (p. 117)
Hemlock Tavern (p. 118)
Rye (p. 117)
Edinburgh Castle (p. 118)

Comment y aller

🚇 **Tramway** La ligne F historique longe Market St ; les lignes de métro J, K, L, M et N passent sous Market St, desservant les stations Van Ness et Civic Center.

🚌 **Bus** Les lignes 2, 5, 6, 21, 31 et 71 suivent Market St jusqu'au Civic Center en direction de Hayes Valley ; les bus 47 et 49 longent Van Ness.

🚗 **Voiture** Parking sous le Civic Center Plaza.

Les incontournables
Asian Art Museum

En route pour un voyage dans le temps et dans l'espace, des miniatures mogholes aux kakemonos de Masami Teraoka représentant des geishas qui mangent des glaces. Prenez garde de ne pas renverser les précieux vases Ming ! Dans un même bâtiment de style italianisant, ce musée réconcilie sous la bannière de l'art la Chine, le Tibet et Taïwan, l'Inde et le Pakistan, le Japon et la Corée. Sa remarquable collection de 18 000 pièces uniques reflète par ailleurs les 150 ans d'histoire de San Francisco comme porte d'accès à l'Asie en Amérique du Nord.

◉ Plan p. 110, E4

www.asianart.org

200 Larkin St

adulte/étudiant/enfant 12/8 $/gratuit, entrée libre 1er dim du mois

⊕ 10h-17h mar-dim, 10h-21h jeu fév-sept

Ⓜ Civic Center,
Ⓑ Civic Center

À ne pas manquer

Collection permanente
Montez jusqu'au dernier étage et suivez le parcours qui retrace jusqu'au rez-de-chaussée le chemin emprunté par le bouddhisme en Asie, de l'Inde au Japon. Les pièces exposées sont étonnantes, qu'il s'agisse de rares objets zoroastriens ou de superbes marionnettes du théâtre d'ombre javanais. On remarquera que le sous-continent indien n'a droit qu'à une seule galerie tandis que la Chine occupe deux ailes ; ce déséquilibre suscite depuis peu des donations, qui viennent enrichir ce département.

Expositions contemporaines
Après avoir parcouru 3 niveaux et 6 000 ans d'objets, retour à l'époque moderne avec les expositions temporaires contemporaines. Dans la galerie faisant l'angle au 1er étage, des artistes réagissent à une pièce ou un thème de la collection du musée. Les expositions du rez-de-chaussée mettent en lumière des collections exceptionnelles et des artistes avant-gardistes. Lors des animations organisées par l'Artists Drawing Club, les visiteurs sont invités à participer au processus de création d'un artiste.

Architecture
L'architecte italienne Gae Aulenti a transformé le vieux bâtiment de la San Francisco Main Library, conservant intact le bas-relief de la façade, les voûtes en travertin du hall d'entrée et l'escalier intérieur en pierre polie. Elle a ajouté deux grands espaces ouverts pour les installations volumineuses et aménagé des lieux pour les débats et les programmes éducatifs (consultez le programme pour les performances artistiques et les ateliers interactifs destinés aux enfants).

☑ À savoir

▶ Le jeudi soir (fév-sept 17h-21h), le musée accueille des DJ passant de la dub asiatique et des invités spéciaux – tatoueurs, champions d'arts martiaux ou artistes.

▶ Des artistes contemporains reconnus proposent des ateliers et des démonstrations à l'étage dans le Samsung Hall et en bas dans les cours nord et sud.

▶ Des conférences, des projections et des visites contées incluses dans le prix du billet accompagnent la plupart des expositions.

🍴 Une petite faim ?

Sur la terrasse ensoleillée du musée, dégustez du saumon du Pacifique fumé au thé accompagné de nouilles *soba* au **Café Asia** (plats 5-14 $; ⏱10h-16h30 mar-mer, ven-dim, 10h-20h30 jeu).

Les mercredis et dimanches, approvisionnez-vous en produits frais au Heart of the City Farmers Market (p. 116).

110 Hayes Valley et Civic Center

Nos adresses
- ◉ Les incontournables p. 108
- ◉ Voir p. 112
- ✖ Se restaurer p. 113
- 🍷 Prendre un verre p. 116
- ★ Sortir p. 119
- 🔒 Shopping p. 121

111

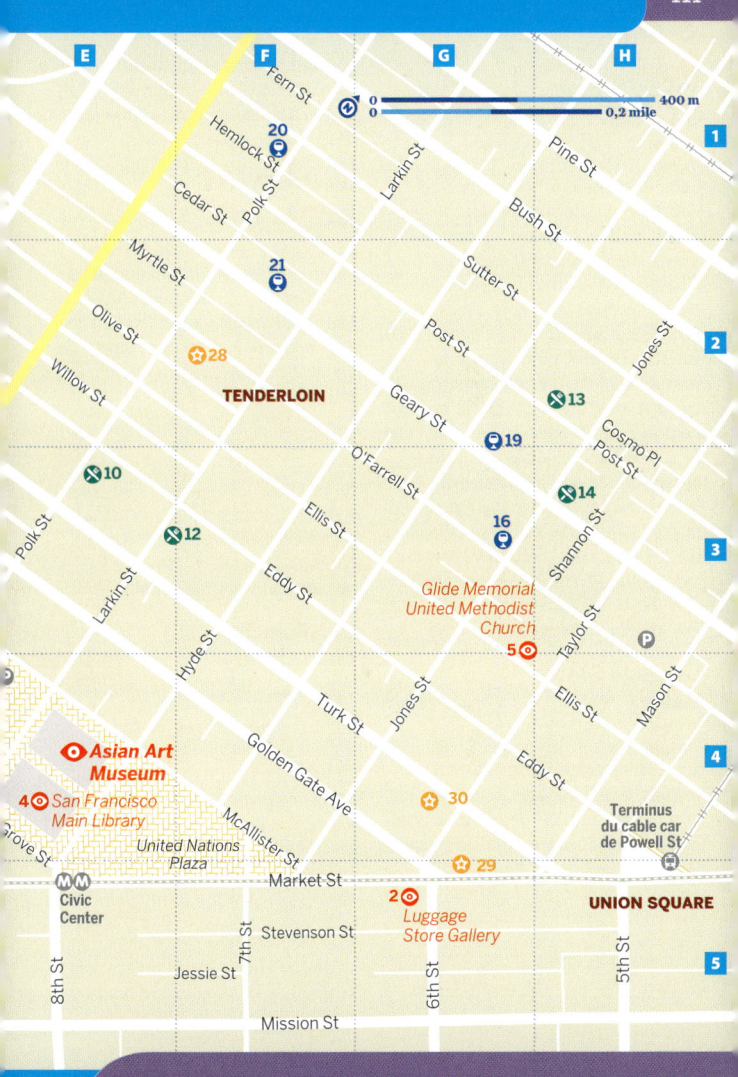

Map — Tenderloin / Union Square area

Scale: 0 – 400 m / 0 – 0.2 mile

Streets and landmarks:

- Fern St
- Hemlock St
- Cedar St
- Polk St
- Larkin St
- Pine St
- Bush St
- Myrtle St
- Sutter St
- Olive St
- Post St
- Jones St
- Willow St
- Geary St
- Cosmo Pl
- Post St
- **TENDERLOIN**
- O'Farrell St
- Shannon St
- Ellis St
- Eddy St
- Taylor St
- Glide Memorial United Methodist Church
- Turk St
- Ellis St
- Mason St
- Golden Gate Ave
- Jones St
- Eddy St
- **Asian Art Museum**
- San Francisco Main Library
- McAllister St
- United Nations Plaza
- Terminus du cable car de Powell St
- Market St
- **Civic Center**
- **UNION SQUARE**
- 7th St
- Stevenson St
- Luggage Store Gallery
- Jessie St
- 6th St
- 5th St
- 8th St
- Mission St

Map markers: 2, 4, 5, 10, 12, 13, 14, 16, 19, 20, 21, 28, 29, 30

Voir

City Hall
BÂTIMENT HISTORIQUE

1 🎯 Plan p. 110, D4

Surgi des ruines du séisme de 1906, l'hôtel de ville de style Beaux-Arts fut le témoin d'événements historiques : manifestations de 1960 contre les investigations anti-communistes du HUAC, élection en 1977 et assassinat l'année suivante du conseiller municipal gay Harvey Milk, mariage sous la rotonde de 4 037 couples homosexuels en 2004, neuf mois avant que le mariage homosexuel soit légalisé dans tout l'État. Le sous-sol accueille des expositions artistiques. Le conseil municipal hebdomadaire est ouvert au public (14h mardi). (expositions artistiques 415-554-6080, visites guidées 415-554-6023 ; www.ci.sf.ca.us/cityhall ; 400 Van Ness Ave ; entrée libre ; 8h-20h lun-ven, visites guidées 10h, 12h et 14h ; Civic Center, Civic Center)

Luggage Store Gallery
GALERIE D'ART

2 🎯 Plan p. 110, G5

Tel un pissenlit dans la fissure d'un trottoir, cette courageuse galerie à but non-lucratif insuffle depuis 20 ans un peu de vie à l'un des pâtés de maisons les plus difficiles de Tenderloin. Fournissant une vitrine aux artistes de rue, elle a contribué à faire connaître le graffeur Barry McGee, la peintre folkloriste Clare Rojas et le muraliste Rigo. Remarquez les graffitis sur la porte et la peinture murale du toit réalisée par le duo brésilien Osgemeos. (415-255-5971 ; www.luggagestoregallery.org ; 1007 Market St ; 12h-17h mer-sam ; Civic Center, Civic Center)

Electric Works
GALERIE D'ART

3 🎯 Plan p. 110, D5

Dans cette galerie, David Byrne schématise des coiffures bouffantes, Talia Greene représente des *hipsters* avec une barbe d'abeilles grouillantes et Sandow Birk ré-imagine l'*Enfer* de Dante avec Los Angeles embouteillée en guise d'enfer et San Francisco embrumé comme purgatoire. L'excellente boutique de la galerie vend des cadeaux originaux et des tirages en édition limitée dont les bénéfices sont reversés à des organismes à but non lucratif. (415-626-5496 ; www.sfelectricworks.com ; 1360 Mission St ; entrée libre ; 11h-18h mar-ven, 11h-17h sam ; 14, Van Ness)

San Francisco Main Library
BIBLIOTHÈQUE

4 🎯 Plan p. 110, E4

Un majestueux atrium forme un puits de lumière à l'intérieur de l'édifice. Le rez-de-chaussée abrite des livres couvrant des domaines aussi variés que la cuisine ou les droits civiques, les étages des ouvrages de fiction, les expositions historiques du James C Hormel Gay & Lesbian Center et les expositions artistiques de la Skylight Gallery. Au 1er étage, Ann Chamberlain et Ann Hamilton ont réalisé une œuvre murale composée de 50 000 fiches de bibliothèque

Zuni Cafe (p. 115)

auxquelles 200 habitants de SF ont ajouté des commentaires en différentes langues. (415-557-4400 ; www.sfpl.org ; 100 Larkin St ; 10h-18h lun et sam, 9h-20h mar-jeu, 12h-17h ven et dim ; MCivic Center, BCivic Center)

Glide Memorial United Methodist Church ÉGLISE

5 Plan p. 110, G3

Un public nombreux se serre sur les bancs pour écouter le chœur de gospel dont les chanteurs resplendissent dans leurs tuniques multicolores. Il faut dire que cette paroisse méthodiste chaleureuse de quelque 1 500 ouailles se montre ouverte à la communauté LGBT et accueille tout le monde sans exception. Après les offices du dimanche, l'assemblée de fidèles vient en aide aux démunis, servant chaque année un million de repas et hébergeant 52 familles. (415-674-6090 ; www.glide.org ; 330 Ellis St ; offices 9h et 11h dim ; MPowell, BPowell)

Se restaurer

Rich Table CALIFORNIEN $$$

6 Plan p. 110, B4

Vous aurez envie de lécher votre assiette après avoir fini les cannellonis au lapin à la crème de capucine ou la soupe glacée d'abricots à la pancetta. Sarah et Evan Rich inventent des mets californiens exquis aux noms taquins tels que le Dirty Hippie : *pannacotta* soyeuse au babeurre de lait de chèvre

À savoir

Tenderloin : ouvrez l'œil

Beaucoup de ceux qui visitent SF pour la première fois réalisent avec étonnement qu'il suffit de traverser la très touristique Powell St ou la bourdonnante Ness Ave pour laisser derrière soi les grands magasins d'Union Square et pénétrer au cœur de Tenderloin, malfamé. Soyez vigilant dans la zone délimitée par Powell St, Geary St au nord, Mission St au sud et Polk St à l'ouest. Si vous devez absolument traverser ce coin douteux, prenez les transports publics ou un taxi ou bien longez à grands pas Geary St ou Market St jusqu'à destination.

---

parsemée de graines de tournesol et de chanvre au petit goût de noisette. (415-355-9085 ; www.richtablesf.com ; 199 Gough St ; plats 30-40 $; 17h30-22h dim-jeu, 17h30-22h30 ven-sam ; 5, 6, 21, 47, 49, 71, Van Ness)

Jardinière CALIFORNIEN $$$

7 Plan p. 110, C3

Lauréat du prix James Beard et vedette des émissions *Iron Chef* et *Top Chef*, Traci des Jardins compose comme personne une symphonie de saveurs : par exemple, les tagliatelles maison aux coquilles St-Jacques et oursins avec os à moelle. Venez le lundi pour profiter du menu de trois plats de saison à 49 $, vin compris, ou dînez au bar à l'étage après un spectacle au SF Opera. (415-861-5555 ; www.jardiniere.com ; 300 Grove St ; plats 19-37 $; 17h-22h30 mar-sam, 17h-22h dim-lun ; 5, 21, 47, 49, Van Ness).

Nojo JAPONAIS $$

8 Plan p. 110, C4

Toutes les grillades dont vous pouvez rêver sont ici. L'endroit sert des en-cas de bistrot (*izakaya*), notamment les yakitoris (brochettes de poulet), la truite au sirop de *miso* et la langue de bœuf épicée enduite de délicieuse sauce *tare* sucrée. Des produits bio locaux sont utilisés dans tous les plats. Faites confiance aux serveurs pour choisir le vin, la bière et les associations de saké, mais ne manquez pas les cocktails Buddha's Hand au brunch du dimanche. (415-896-4587 ; www.nojosf.com ; 231 Franklin St ; petites assiettes 4-15 $; 17h30-21h30 lun, 11h30-14h et 17h30-22h30 mer-ven, 11h-14h30 et 17h30-22h30 sam, 11h-14h30 et 17h-21h30 dim ; 5, 6, 21, 47, 49, 71, Van Ness)

Chez Maman West FRANÇAIS $$

9 Plan p. 110, B3

Ne faites pas semblant d'envisager de prendre la raisonnable salade niçoise, commandez directement le brunch reconstituant qu'il vous faut au milieu d'une virée shopping : des galettes de sarrasin garnies de *prosciutto* à la béchamel ou de poulet à la sauce crème-moutarde. Le champagne au verre et le pain perdu aux fruits rouges saupoudré de cannelle vous redonneront de l'énergie. (415-355-9067 ; www.

Se restaurer

chezmamansf.com ; 401 Gough St ; plats 15-30 $; ⊙11h30-23h lun-ven, 10h30-23h sam-dim ; ⏍5, 21, 47, 49, Ⓜ Van Ness)

Brenda's French Soul Food
CRÉOLE, CUISINE DU SUD $$

10 Plan p. 110, E3

Chef et propriétaire, Brenda Buenviaje combine cuisine créole et technique française dans une poêlée Hangtown (œufs brouillés au bacon et huîtres panées), des *po' boys* (sandwichs de Louisiane) aux crevettes et du poulet frit au chou cavalier et à la gelée de piment qui justifient amplement l'attente sur le trottoir. Deux immeubles plus loin, elle possède aussi une boutique de sandwichs à emporter où l'on trouve ses morceaux de pastèque marinée au vinaigre. (⌕415-345-8100 ; www.frenchsoulfood.com ; 652 Polk St ; plats déj 9-13 $, plats dîner 11-17 $; ⊙8h-15h lun-mar, 8h-22h mer-sam, 8h-20h dim ; ⏍19, 31, 38, 47, 49)

Zuni Cafe
AMÉRICAIN $$$

11 Plan p. 110, B5

Depuis 1979, Zuni transforme des plats basiques en sommets gastronomiques. Réservation et porte-monnaie bien garni indispensables, mais les cocktails et la cuisine sont irréprochables : burger de bœuf bio dans une focaccia, salade César aux anchois salés maison, sans oublier un dessert au chocolat parfait. (⌕415-552-2522 ; www.zunicafe.com ; 1658 Market St ; plats 14-29 $ ⊙11h30-23h mar-jeu, 11h30-minuit ven et sam, 11h-23h dim ; ⏍6, 71, 47, 49, Ⓜ Van Ness)

Saigon Sandwich Shop
VIETNAMIEN $

12 Plan p. 110, E3

Faites la queue et commandez votre *banh mi* quand la dame vous appelle. Vous serez récompensé de vos réflexes par un gros sandwich baguette garnie au choix de porc rôti, poulet, pâté, boulettes de viande ou tofu et de carottes marinées, coriandre, piments et fines tranches d'oignon. (⌕415-474-5698 ; www.saigon-sandwich.com ; 560 Larkin St ; sandwichs 3,50 $; ⊙7h-17h ; ⏍19, 31)

farm:table
AMÉRICAIN $

13 Plan p. 110, H2

Une table commune en bois et deux plus petites se cachent derrière la minuscule devanture, et il y aussi un comptoir dehors pour manger debout. Le restaurant prépare de copieux petits-déjeuners et déjeuners californiens à base de produits régionaux bio de saison, ainsi qu'un bon café. Menu du jour sur Twitter (@farmtable). Paiement en espèces. (⌕415-292-7089 ; www.farmtablesf.com ; 754 Post St ; plats 6-9 $; ⊙7h30-14h lun-ven, 8h-15h sam, 9h-15h dim ; ⏍2, 3, 27, 38)

Millennium
VÉGÉTARIEN $$$

14 Plan p. 110, H3

L'endroit se distingue par sa somptueuse cuisine végétalienne, trois mots souvent antinomiques. Champignons sauvages et fruits bio entrent dans la composition de délicieux plats saisonniers garantis sans OGM. Réservez pour les repas à thème mensuels, en particulier pour le dîner aphrodisiaque et la soirée de Thanksgiving. (📞415-345-3900 ; www.millenniumrestaurant.com ; 580 Geary St ; formules 42-72 $; ⏱17h30-21h30 dim-jeu, 17h30-22h30 ven-sam ; 🖊 ; 🚌2, 3, 27, 38)

Prendre un verre

Smuggler's Cove
BAR

15 🚇 Plan p. 110, C3

En avant pour un rhum ou un Dead Reckoning (porto ambré, rhum nicaraguayen, bitters et liqueur de vanille), à moins que l'ardent Scorpion Bowl (jus de fruit, rhum et cognac) vous tente davantage. Avec 400 sortes de rhum et 70 cocktails, les marins d'eau douce qui fréquent ce bar tiki au décor d'épave ne risquent pas de rester en cale sèche. (📞415-869-1900 ; www.smugglerscovesf.com ; 650 Gough St ; ⏱17h-1h15 ; 🚌5, 21, 49, Ⓜ Van Ness)

Bourbon & Branch
BAR

16 🚇 Plan p. 110, G3

"Ne songez même pas à demander un cosmopolitan" dit l'une des nombreuses règles de la maison, un ancien bar clandestin qui a conservé ses sorties dérobées datant de la Prohibition. Pour prendre un cocktail à base de gin et de bourbon haut de gamme dans la bibliothèque accessible par un passage secret, sussurez le mot de passe ("books") au videur. Les box de la salle de devant, plus propices à la conversation, nécessitent de réserver. (📞415-346-1735 ; www.bourbonandbranch.com ; 501 Jones St ; ⏱mer-sam sur réservation ; 🚌Geary St)

Blue Bottle Coffee Company
CAFÉ

17 🚇 Plan p. 110, B4

Ne vous moquez pas de l'obsession des San-Franciscains pour le café avant d'avoir goûté l'élixir de ce kiosque installé dans une ruelle et dont l'entrée a des allures de porte de garage. Le Blue Bottle de la baie s'est fait une réputation avec son café bio issu du commerce équitable torréfié en petites quantités. Le moka à la saveur douce-amère agit sur l'humeur et le cappuccino a une mousse si dense qu'elle bouge à peine quand

---

🔍 100% San Francisco
Heart of the City Farmers Market

Ce **marché de producteurs californiens** (plan p. 110, E4 ; www.hocfarmersmarket.org ; United Nations Plaza ; ⏱7h-17h dim et mer, 7h-2h30 ven) qui installe ses stands au milieu des skateurs, des scientologues et des illuminés d'UN Plaza propose des framboises bio à 2 $ la barquette et de l'huile d'olive première pression à froid à 8 $ la bouteille. Stationnés dans les parages, des *food trucks* Off the Grid (p. 30) vendent du poulet rôti au sel de lavande et des *doughnuts* chauds au bacon et au sirop d'érable.

Prendre un verre

Derrière le bar au Rye

on le remue. Prévoyez d'attendre et d'être assis à l'extérieur sur le trottoir. (📞415-252-7535 ; www.bluebottlecoffee.net ; 315 Linden St ; ⏱7h-18h lun-ven, 8h-18h sam-dim ; 🚌5, 21, 47, 49, Ⓜ Van Ness)

Hôtel Biron BAR À VIN

18 Plan p. 110, B5

Les amateurs de millésimes et de bons vins trouveront à l'hôtel Biron des petits airs de paradis. Cette petite cave doublée d'un bar à vin rassemble des crus californiens, provençaux et toscans exceptionnels, à déguster avec de délicieuses assiettes de fromage et de salami. Le décor – murs en brique apparente, plafond en bouchons, tableaux, canapé en cuir et tables pour deux – a quelque chose d'assez français.

Les barmen laissent les clients goûter jusqu'à ce qu'ils trouvent leur bonheur. Le lieu accueille chaque mois sur ses murs une nouvelle exposition. (📞415-703-0403 ; www.hotelbiron.com ; 45 Rose St ; ⏱17h-2h ; 🚌6, 71, 21, 47, 49, Ⓜ Van Ness)

Rye BAR

19 Plan p. 110, G2

D'élégants cocktails à base d'alcools aromatisés aux herbes et de jus de fruits fraîchement pressés vous attendent dans ce lounge aux lignes épurées. Mieux vaut arriver tôt pour s'installer dans un canapé en cuir et quitter les lieux avant que les odeurs de cigarette ne s'échappent du fumoir. (📞415-474-4448 ; www.ryesf.com ; 688 Geary St ; ⏱18h-2h ; 🚌2, 3, 27, 38))

Hemlock Tavern

BAR

20 Plan p. 110, F1

Lorsque vous vous réveillerez le lendemain avec des bouts de cacahuète dans les cheveux et des traînées de mascara sur la manche, vous vous souviendrez que la soirée au Hemlock a une fois de plus été d'enfer. La faute aux consommations bon marché du bar ovale, à la musique punk-rock endiablée dans l'arrière-salle et aux cacahuètes gratuites qu'on peut lancer lors des Trivia Nights. (415-923-0923 ; www.hemlocktavern.com ; 1131 Polk St ; entrée 0-10 $; 2, 3, 19, 47, 49)

Edinburgh Castle

BAR

21 Plan p. 110, F2

Les photos de joueurs de cornemuse, la bande son de *Trainspotting* dans le juke-box, les jeux de fléchettes et les *fish and chips* enveloppés de papier journal confèrent à l'endroit une atmosphère écossaise authentique. Seule manque la panse de brebis farcie. Tables de billard, concerts rock et lectures fort animées complètent le bel assortiment d'alcools. (415-885-4074 ; www.castlenews.com ; 950 Geary St ; 17h-2h ; 19, 38, 47, 49)

Two Sisters Bar & Books

BAR

22 Plan p. 110, B3

Le badinage est facilité par le vin et les livres dans ce petit coin douillet à la décoration victorienne. Troquez *Twilight* pour *Fahrenheit 451* – il y a un système d'échange de livres – et commandez les œufs truffés à la diable ou, de 16h à 18h en semaine, une formule spéciale comme l'assiette de fromages à 5 $ et les cocktails. (415-863-3655 ; 579 Hayes St ; 16h-23h mar-jeu, 16h-minuit ven, 11h-minuit sam, 12h-22h dim ; 5, 21)

100% San Francisco
La mode des conteneurs

Il n'y a jamais eu de naufrage à Hayes Valley à côté de **Patricia's Green**. Des conteneurs sont délibérément recyclés en un pôle urbain prêt à l'emploi, qui comprend ces adresses bien connues des habitants :

Smitten Ice Cream (plan p. 110, B3 ; www.smittenicecream.com ; 432 Octavia St ; 12h-22h tlj ; 5, 7, 21) prépare sur commande avec de l'azote liquide et des ingrédients de saison des glaces ultra-crémeuses aux parfums subtils tels que huile d'olive-lavande.

Ritual Coffee (plan p. 110, B3 ; www.ritualroasters.com ; 434 Octavia St ; 7h-19h tlj ; 5, 7, 21) sert un expresso crémeux culte et un café filtre puissant rivalisant avec ceux de Blue Bottle, au coin de la rue.

Biergarten (plan p. 110, B3 ; www.biergartensf.com ; 424 Octavia St ; 15h-21h mer-sam, 13h-19h dim ; 5, 7, 21) attire les foules à ses tables de pique-nique communes où l'on boit des bières accompagnées de *bratwurst*. Mettez de la crème solaire, commandez deux tournées à la fois et des bretzels à partager.

Rickshaw Stop MUSIQUE LIVE

23 Plan p. 110, C4

Des rideaux de velours rouge couvrent les murs noirs de cet ancien studio de télévision où des DJ croisent astucieusement les styles et les continents pour satisfaire tous les goûts musicaux : bhangra, groupes latinos, disco et fameuse soirée Popscene du jeudi (+ de 18 ans). (☎415-861-2011 ; www.rickshawstop.com ; 155 Fell St ; entrée 5-35 $; ⊕variables, voir sur Internet ; MVan Ness)

Sortir

San Francisco Symphony MUSIQUE CLASSIQUE

24 Plan p. 110, C4

Sous la baguette de Michael Tilson Thomas, l'orchestre symphonique de San Francisco a remporté plus de Grammy Awards que Lady Gaga et tient en haleine son auditoire avec du Beethoven, du Mahler et des collaborations avec des vedettes comme Joshua Bell, Pink Martini et Metallica. Ne manquez pas la présentation qui précède le concert, quand le maestro explique en détail ce qui fait l'intérêt et la particularité de l'œuvre. Appelez la billetterie de dernière minute (☎415-503-5577) après 18h30 pour tenter d'obtenir des billets à 20 $ pour le lendemain. (☎billetterie 415-864-6000 ; www.sfsymphony.org ; Grove St, entre Franklin St et Van Ness Ave ; MVan Ness, BCivic Center)

San Francisco Opera OPÉRA

25 Plan p. 110, C3

Depuis plus d'un siècle, la ville connaît un véritable engouement pour l'art lyrique. Aujourd'hui, son Opéra rivalise avec le Met de New York. Le grand chef d'orchestre toscan Nicola Luisotti dirige tour à tour des œuvres originales telles que l'adaptation de *Dolores Claiborne* de Stephen King et des versions modernes de classiques comme *La Fille du Far-West* de Puccini. Réservez ou dégotez une place debout à 10 $ le jour même à 10h ou 2 heures avant la représentation. (☎415-864-3330 ; www.sfopera.com ; War Memorial Opera House, 301 Van Ness Ave ; BCivic Center, MVan Ness)

SFJAZZ Center JAZZ

26 Plan p. 110, C4

C'est la plus grande salle du pays dédiée au jazz – et aussi la plus moderne. Le SF Jazz Festival s'y déroule en juillet, et toute l'année le calendrier affiche des légendes comme McCoy Tyner, Regina Carter, Béla Fleck et Tony Bennett (qui est très attaché à ce lieu). Les places du dernier niveau, les moins chères, sont des tabourets, mais offrent une vue dégagée de la scène. (☎866-920-5299 ; www.sfjazz.org ; 201 Franklin St ; ⊕variables selon spectacles ; 🚌5, 7, 21, MVan Ness)

San Francisco Ballet DANSE

27 Plan p. 110, C3

La plus vieille compagnie de danse des États-Unis est toujours alerte,

Comprendre

L'opéra au secours de San Francisco

Au tournant du XXe siècle, San Francisco était réputée pour ses scandales, sa corruption – et ses grands chanteurs lyriques. Désireuse de rivaliser avec Paris, la municipalité fit édifier le Civic Center de style Beaux-Arts assorti d'un Opéra grandiose. Le 18 avril 1906, le projet venait juste d'être finalisé quand la catastrophe se produisit.

Un tremblement de terre estimé entre 7,8 et 8,3 sur l'échelle de Richter secoua la ville, dont les habitants découvrirent en l'espace de 47 secondes combien leurs édiles avaient rogné sur les coûts de construction. Les bâtiments publics – y compris l'hôtel de ville – et les immeubles en brique s'effondrèrent comme des châteaux de cartes, et les cheminées renversées mirent le feu aux alentours. Des fonctionnaires sans scrupules ayant détourné les fonds destinés à l'entretien, les lances à incendie se révélèrent hors d'usage. Il ne restait plus alors comme source d'approvisionnement en eau que la fontaine offerte par l'actrice Lotta Crabtree, native de San Francisco.

Malgré ses trois côtés entourés d'eau, la ville flambait de toutes parts, car les pompiers ne pouvaient plus acheminer leur matériel dans les rues couvertes de décombres. On tenta alors de ménager des coupe-feux à la dynamite le long de Van Ness Ave, mais l'opération provoqua de nouveaux incendies. La population se réfugia à Potrero Hill et Buena Vista Park, d'où elle regarda trois jours durant San Francisco et ses rêves de grandeur partir en fumée. La catastrophe se solda par 3 000 morts et plus de 100 000 sans-abri.

Les politiciens se faisant soudain rares, les artistes locaux orchestrèrent le grand retour de San Francisco. Sur les 20 théâtres historiques, tous sauf un avaient été détruits, mais des chapiteaux furent dressés sur les ruines encore fumantes. Des divas pleines d'enthousiasme se produisirent gratuitement. Si le célèbre ténor Enrico Caruso, brutalement tiré du lit par le séisme, jura de ne plus jamais revenir, la soprano Luisa Tetrazzini chanta dans Market St devant 250 000 personnes, soit la presque totalité des survivants.

Pendant que les chanteurs donnaient des spectacles-marathons, San Francisco renaissait. La reconstruction s'effectua au rythme effréné de 15 bâtiments par jour, et les théâtres furent les premiers à surgir de terre, longtemps avant l'hôtel de ville. À présent, des opéras gratuits ont lieu chaque été à l'occasion du **Stern Grove Festival** (www.sterngrove.org).

proposant chaque année une centaine de spectacles, du classique *Casse-Noisette* (la première américaine eut lieu ici) aux créations contemporaines de Mark Morris. Elle se produit essentiellement à la War Memorial Opera House de janvier à mai et occasionnellement au Yerba Buena Center for the Arts (p. 99). Consultez le site Internet pour la programmation et les billets à prix réduit. (415-861-5600, billetterie 415-865-2000 ; www.sfballet.org ; War Memorial Opera House, 301 Van Ness Ave ; Civic Center, Van Ness)

Great American Music Hall
MUSIQUE LIVE

28 Plan p. 110, F2

Au cœur d'un îlot de maisons peu sûr, cet ancien lupanar somptueux réserve bien des surprises : le groupe Black Rebel Motorcycle Club en acoustique, un bœuf de Nick Lowe et Ry Cooder et même des videurs qui dansent discrètement. Arrivez tôt pour occuper les sièges au premier rang du balcon avec une pinte et un burger correct, où restez debout en bas près de la scène. (415-885-0750 ; www.gamh.com ; 859 O'Farrell St ; entrée 12-35 $; billetterie 10h30-18h lun-ven et soirs de spectacle ; 19, 38, 47, 49)

Warfield
MUSIQUE LIVE

29 Plan p. 110, G5

Des musiciens d'envergure internationale comme The Stooges, Feist et Wilco jouent dans ce vieux théâtre de music-hall, de même que des acteurs comiques dans la veine de Margaret Cho. Les concerts de Furthur (ex-Grateful Dead) provoquent une longue une file d'attente qui fait le tour du pâté de maisons. Arrivez tôt pour commander au bar whisky, bières et saucisses à prix honnêtes. (888-929-7849 ; www.thewarfieldtheatre.com ; 982 Market St ; billetterie 10h-16h dim et 90min avant les spectacles ; Powell, Powell)

Aunt Charlie's
BAR GAY

30 Plan p. 110, G4

Dans un recoin de Downtown, Hot Boxxx Girls, le meilleur spectacle de travestis de la ville, remet au goût du jour les permanentes blondes et le maquillage à outrance des couvertures des romans de gare des années 1950. Représentations à 22h, les vendredis et samedis (réservez). Le jeudi, la soirée Tubesteak Connection draine une foule d'étudiants en art gays avec sa disco des années 1980. Il y a moins de chahut les autres jours, mais le charme opère toujours. (415-441-2922 ; www.thehotboxxxgirls.com ; 133 Turk St ; entrée 5 $; Powell, Powell)

Shopping

Reliquary
VÊTEMENTS, ACCESSOIRES

31 Plan p. 110, B3

Si la propriétaire Leah Bershad a été styliste pour Gap, le contenu de sa boutique est à l'opposé des lignes de prêt-à-porter aux tons neutres qui dominent le marché mondial.

Des articles vintage qui viennent de loin (blouses de paysan brodées, couvertures de Santa Fe, bijoux en argent fabriqués par des hippies de Humboldt) sont exposés aux côtés de modèles cultes de la mode américaine comme les jeans Raleigh, les T-shirts Majestic et les pochettes en cuir Clare Vivier. (415-431-4000 ; www.reliquarysf.com ; 537 Octavia Blvd ; 11h-19h lun-sam, 12h-18h dim ; 5, 21, 47, 49)

Nancy Boy COSMÉTIQUES
32 Plan p. 110, C4

Les hommes amateurs de cosmétiques pourront acheter ici des produits fabriqués localement à base de plantes et non testés sur des animaux. Nancy Boy a compris que ses clients préfèrent la qualité aux campagnes publicitaires tape-à-l'œil et pratique des prix honnêtes. (415-552-3636 ; www.nancyboy.com ; 347 Hayes St ; 11h-19h lun-ven, jusqu'à 18h sam et dim ; 5, 21, 47, 49)

MAC VÊTEMENTS, ACCESSOIRES
33 Plan p. 110, C3

Comme son nom l'indique, "Modern Appealing Clothing" propose des vêtements modernes séduisants, pour hommes et femmes : silhouettes chics aux lignes élancées de Maison Martin Margiela, robes sculpturales Comme des Garçons et T-shirts tape-à-l'œil en édition limitée conçus par les artistes handicapés de l'association à but non lucratif Creative Growth. Faites confiance au personnel pour vous trouver quelque chose parmi les bonnes affaires (entre -40 et -75%). Une autre enseigne située dans le quartier de Dogpatch (1003 Minnesota) présente des modèles de stylistes californiens. (415-863-3011 ; www.modernappealingclothing.com ; 387 Grove St ; 11h-19h lun-sam, 12h-18h dim ; 5, 21, 47, 49)

Gimme Shoes CHAUSSURES
34 Plan p. 110, B3

Pour ne pas laisser les collines de SF devenir le pire ennemi de vos petons, direction Gimme Shoes. Attendez votre heure et vous pourriez trouver les sandales à talons argentées Dries van Noten et les chaussures

---

100% San Francisco
Makeshift Society

Apprenez une nouvelle chose chaque jour à la **Makeshift Society** (plan p. 110, B4 ; 415-625-3220 ; www.makeshiftsociety.com ; 235 Gough St ; ateliers 25-75 $; 9h-18h lun-ven + ateliers en dehors des heures d'ouverture), un club de rencontres créatif, où les idées fusent lors des séances de discussion gratuites du midi où chacun apporte son pique-nique. Les ateliers du soir vont de la classique calligraphie à l'iPhonographie (l'art d'utiliser son téléphone à des fins artistiques). On peut aussi apprendre à construire un terrarium, à concocter du bitter pour cocktails ou à peindre le Golden Gate Bridge en plein air.

compensées Ellen Verbeek exposées dans la luxueuse boutique du 381 Hayes entre 40 et 60% moins cher juste en face au 416 Hayes. Au rayon hommes, les Oxford camel Paul Smith côtoient les Richelieu à pois Marc Jacobs. (☏415-864-0691 ; www.gimmeshoes.com ; 416 et 381 Hayes St ; ⊕11h-19h lun-sam, 12h-18h dim ; Ⓜ Hayes St)

Isotope
LIBRAIRIE

35 🔒 Plan p. 110, B4

Au mur, les lunettes de WC décorées par des dessinateurs célèbres montrent combien Isotope prend la BD au sérieux. Les novices feuillettent des albums de Daniel Clowes et de Chris Ware, pendant que les mordus achètent les nouveautés d'Adrian Tomine ou des éditions Last Gasp, s'attardant à l'étage en compagnie d'artistes locaux – dont certains enseignent à l'Isotope's Comics University. (☏415-621-6543 ; www.isotopecomics.com ; 326 Fell St ; ⊕11h-19h mar-ven, 11h-18h sam-dim ; 👜 ; 🚌5, 21, 47, 49)

Flight 001
ACCESSOIRES

36 🔒 Plan p. 110, B3

À une époque où les compagnies aériennes à bas prix dominent le ciel, l'équipage de cette boutique d'articles de voyage vous garantit un vol confortable. Le Jet Comfort Kit, un nécessaire de 1ʳᵉ classe, comprend bouchons d'oreille, masque, chaussons, appuie-tête gonflable, bonbons et cartes à jouer. Autrement, le réveil en caoutchouc ou les étiquettes pour bagage originales font de sympathiques

Flight 001

cadeaux. (☏415-487-1001 ; www.flight001.com ; 525 Hayes St ; ⊕11h-19h lun-sam, jusqu'à 18h dim ; 🚌5, 21, 47, 49)

Fatted Calf
ALIMENTATION

37 🔒 Plan p. 110, B4

Les ingrédients des dîners qui vous valent des invitations en retour viennent de Fatted Calf. Cette charcuterie de la baie vend aussi des produits artisanaux de Californie, notamment un excellent choix de chèvres affinés locaux, de haricots secs, de chutneys et de confitures et, bien sûr, toutes sortes de mets de viande, des saucisses à la graisse de canard. (☏414-400-5614 ; www.fattedcalf.com ; 320 Fell St ; ⊕10h-20h ; 🚌5, 21, 47, 49, Ⓜ Van Ness)

Vaut le détour

100% San Francisco
Boutiques, sushis et spectacles à Japantown

Si des *maneki neko* (chats en céramique) vous saluent en agitant la patte, tout n'a pas toujours été *kawaii* (mignon) à Japantown. Durant la Seconde Guerre mondiale, la communauté japonaise de SF défia les mesures d'internement décidées par le gouvernement américain, créant ainsi un précédent en matière de lutte pour les droits civiques. Aujourd'hui, le quartier demeure culturellement dynamique, à la pointe du cinéma, du jazz et de la mode.

Comment y aller

Japantown se situe à 1,5 km au sud de la marina.

Bus Les lignes 1, 2, 3 et 38 relient Fillmore St à Downtown, le 22 va de Haight St à Mission.

Parking Dans Fillmore St (près de Post St) et Post St (près de Webster St).

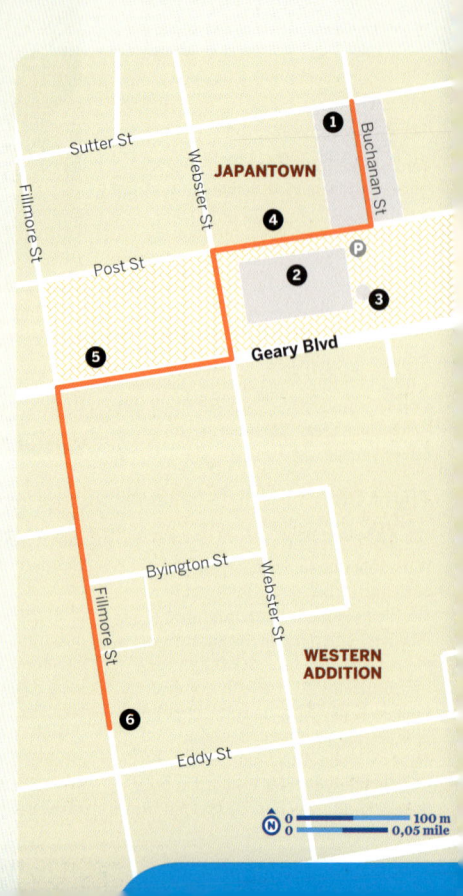

Boutiques, sushis et spectacles à Japantown

❶ Gourmandises nippones à Benkyodo

En passant la fontaine "origami" dans Buchanan St, vous tomberez sur **Benkyodo** (415-922-1244 ; www.benkyodocompany.com ; 1747 Buchanan St ; plats 1-10 $; 8h-17h lun-sam ; 2, 3, 22, 38). Cette sandwicherie historique sert des *mochi* (gâteaux de riz) maison à 1,25 $; ceux parfumés au thé vert, aux cacahuètes et à la fraise ont beaucoup de succès. Paiement en espèces.

❷ Bande dessinée rétro au Japan Center

Le décor du **Japan Center** (www.sfjapantown.org ; 1625 Post St ; 10h-minuit ; 2, 3, 22, 38) ressemble à un film d'animation de Hayao Miyazaki : ses passerelles, ses jardins secs et ses entrées de restaurant fermées par un rideau sont restés intacts depuis son inauguration en grandes pompes en 1968. Ce centre commercial abrite entre autres des photomatons japonais au rez-de-chaussée et la librairie-papeterie **Kinokuniya Books & Stationery** (415-567-7625 ; www.kinokuniya.com/us ; Japan Center, 1581 Webster St ; 10h30-20h ; 22, 38).

❸ Méditer à la Peace Pagoda

Près du Japan Center se dresse le monument emblématique de Japantown, la **Peace Pagoda** (Peace Plaza, Japan Center ; 22, 38) de Yoshiro Taniguchi, offerte en 1968 par la ville d'Osaka. Des stupas similaires existent en Inde pour célébrer les efforts de paix de Gandhi et à Hiroshima pour rendre hommage aux victimes de la bombe atomique. Les bancs de pierre sous les cerisiers offrent une vue imprenable sur cette structure épurée.

❹ Mode et cinéma de demain

Venez flairer les nouvelles tendances au **New People** (www.newpeopleworld.com ; 1746 Post St ; 12h-19h lun-sam, 12h-18h dim ; 2, 3, 22, 38), un centre commercial sur trois niveaux. Des films internationaux inédits sont diffusés au sous-sol au **New People Cinema** (415-525-8600 ; billets 12 $). Essayez des costumes de lolitas japonaises à l'étage, puis allez boire le thé en bas à Crown & Crumpet (p. 200).

❺ Prendre un bain japonais

Délassement garanti au **Kabuki Springs & Spa** (415-922-6000 ; www.kabukisprings.com ; 1750 Geary Blvd ; 22-25 $; 10h-21h45, mixte mar, femmes mer, ven et dim, hommes lun, jeu et sam ; 22, 38). Frottez-vous avec du sel, barbotez dans le bassin chaud, puis plongez dans l'eau glacée. Maillot obligatoire le mardi, jour de mixité.

❻ Jazz et sushis chez Yoshi's

Dans les années 1940 et 1950, le quartier de Fillmore St était considéré comme le "Harlem de l'Ouest". **Yoshi's** (415-655-5600 ; www.yoshis.com ; 1300 Fillmore St ; spectacles 20h et/ou 22h mar-dim, dîner mar-dim ; 22, 31) reçoit toujours les grosses pointures internationales du jazz, à écouter en grignotant des sushis. Révisez vos classiques au **Jazz Heritage Center** (www.jazzheritagecenter.org ; 1320 Fillmore St) voisin.

Explorer

Mission

Le quartier historique de San Francisco a été construit autour d'une mission espagnole du XVIIIe siècle, mais ce n'est qu'à l'arrivée des aventuriers de la Ruée vers l'or que la ville se développa réellement. Revenez aux racines de la ville en visitant le plus vieux bâtiment de San Francisco ou revivez l'atmosphère contestataire des années 1970. L'esprit de révolte, à Mission, s'inscrit sur les murs.

Explorer

L'essentiel en un jour

☀️ Descendez 24th St par-delà les bodegas couvertes de peintures jusqu'à **Balmy Alley** (p. 132 ; photo ci-contre), où le mouvement des muralistes de Mission vit le jour dans les années 1970. Un *sundae* "secret breakfast" (bourbon et cornflakes) vous attend chez **Humphry Slocombe** (p. 136). Complétez votre panoplie de pirate sur Valencia et observez des cabrioles ichtyoïdes dans le théâtre des poissons au **826 Valencia** (p. 132).

☀️ Glissez-vous dans **Clarion Alley** (p. 128) pour voir les graffitis en cours de réalisation. Passez devant le **Women's Building** (p. 129) couvert de fresques, puis allez déjeuner à la **Pizzeria Delfina** (p. 135) ou achetez de quoi manger chez **Bi-Rite** (p. 143) et faites un pique-nique avec vue sur Downtown sur les pentes du **Dolores Park** (p. 129). Découvrez le premier bâtiment de San Francisco, la **Mission Dolores** (p. 132) et le mémorial voisin dédié à ses bâtisseurs ohlones et miwoks.

🌙 Passez voir les expositions d'art à **Needles & Pens** (p. 142) et à **Creativity Explored** (p. 133), avant de dîner d'un burrito chez **Pancho Villa** (p. 135). Après un film au **Roxie** (p. 139), terminez la soirée autour de cocktails bio à l'**Elixir** (p. 137).

Pour faire le tour des peintures murales de Mission, voir p. 128.

🔍 100% San Francisco
Sunny Mission Stroll (p. 128)

❤️ Le meilleur du quartier

Sortir
Roxie Cinema (p. 139)

ODC (p. 139)

Prendre un verre
Zeitgeist (p. 137)

Elixir (p. 137)

Trick Dog (p. 138)

Ritual Coffee Roasters (p. 138)

20 Spot (p. 138)

Scène gay et lesbienne
El Rio (p. 137)

Lexington Club (p. 138)

Women's Building (p. 129)

Musique live
The Chapel (p. 140)

Comment y aller

B BART Stations dans 16th St et 24th St.

🚌 **Bus** Le 14 passe par SoMa jusqu'à Mission ; le 33 rejoint Castro ; le 22 relie Haight.

M Tramway Le J Church part de Downtown après Dolores Park.

100% San Francisco
Promenade ensoleillée à Mission

Même quand le brouillard enveloppe Golden Gate Park, un mystérieux microclimat garantit du soleil presque tous les après-midis à Mission. Joignez-vous à la bronzette perpétuelle au Dolores Park, faites la queue derrière des cordons en velours pour une glace chez Bi-Rite, allez voir ce qui pousse au Dearborn Community Garden et les graffitis en cours dans Clarion Alley, puis prenez un déjeuner tardif ou un apéritif précoce à Mission Cheese.

❶ Art de rue à Clarion Alley

La plupart des graffiteurs fuient la lumière du jour, mais pas à **Clarion Alley** (entre 17th St et 18th St, derrière Valencia St ; entrée libre ; 🚌14, 22, 33, Ⓑ16th St Mission, Ⓜ J), galerie ouverte de l'art de rue. Avec l'accord préalable du Clarion Alley Collective, des artistes locaux peignent de nouvelles fresques et retouchent les œuvres taguées. Certaines traversent le temps, comme *Tax the Rich* de Megan Wilson, couverte

Promenade ensoleillée à Mission

de fleurs colorées, et la ruelle dans une silhouette d'homme au milieu d'un paysage, réalisé par Jet Martinez.

❷ Odeurs florales au Dearborn Community Garden

Les fleurs poussent parfois sur les trottoirs, mais, à Mission, un jardin a pris la place d'un parking entier – celui de l'usine Pepsi, au bord de Dearborn St. Les riverains ont jardiné tout autour et, lorsque l'usine a fermé en 1991, ils se sont organisés : des carrés de légumes ont été plantés, des taxes foncières payées et des bancs installés. Aujourd'hui ce jardin nourrit 40 familles et ravit les passants.

❸ Peintures murales du Women's Building

Depuis 1979, le premier centre communautaire d'Amérique créé pour et par des femmes a œuvré discrètement avec 170 organisations féministes. La fresque *MaestraPeace*, réalisée en 1994, met en valeur comme il se doit le **Women's Building** (415-431-1180 ; www.womensbuilding.org ; 3543 18th St ; 18th St, 16th St Mission). Sept muralistes aidés de dizaines de bénévoles ont peint des représentations de déesses et de pionnières du féminisme, comme le Prix Nobel Rigoberta Menchu, la poétesse Audre Lorde et l'artiste Georgia O'Keeffe.

❹ Glaces bio à la Bi-Rite Creamery

Les cordons en velours paraissent prétentieux dans ce quartier décontracté, mais ils ont tout à fait leur place à la **Bi-Rite Creamery** (415-626-5600 ; www.biritecreamery.com ; 3692 18th St ; glaces 3-7 $; 11h-22h dim-jeu, 11h-23h ven-sam ; 33, 16th St Mission, J). La foule fait la queue jusqu'au coin de la rue pour une crème glacée au caramel au beurre salé couverte de sauce chaude au *fudge* maison ou un cornet plein de glace à la lavande et au miel de la vallée de Sonoma. Si vous êtes pressé, prenez une glace italienne fraise-vinaigre balsamique servie à la fenêtre (13h-21h).

❺ Flânerie à Dolores Park

Le salon de Mission est **Dolores Park** (www.doloresparkworks.org ; Dolores St, entre 18th St et 20th St ; 14, 33, 49, 16th St Mission, J), haut lieu du bronzage intensif et des spectacles gratuits. Prenez part à des parties de foot et des séances de frisbee sur les replats. Les terrains de tennis et de basket sont ouverts à tous. Profitez des bancs situés le long des pentes pour admirer la vue panoramique sur Downtown.

❻ Détente à Mission Cheese

Les danses macabres en fer forgé bordant Valencia St vous conduiront à **Mission Cheese** (415-553-8667 ; www.missioncheese.net ; 736 Valencia St ; 11h-21h mar-jeu et dim, 11h-22h ven-sam ; 14, 22, 33, 49, J, 16th St Mission). Commandez au comptoir, puis installez-vous à une table sur le trottoir pour savourer du chèvre californien crémeux et siroter des vins de Sonoma.

130 Mission

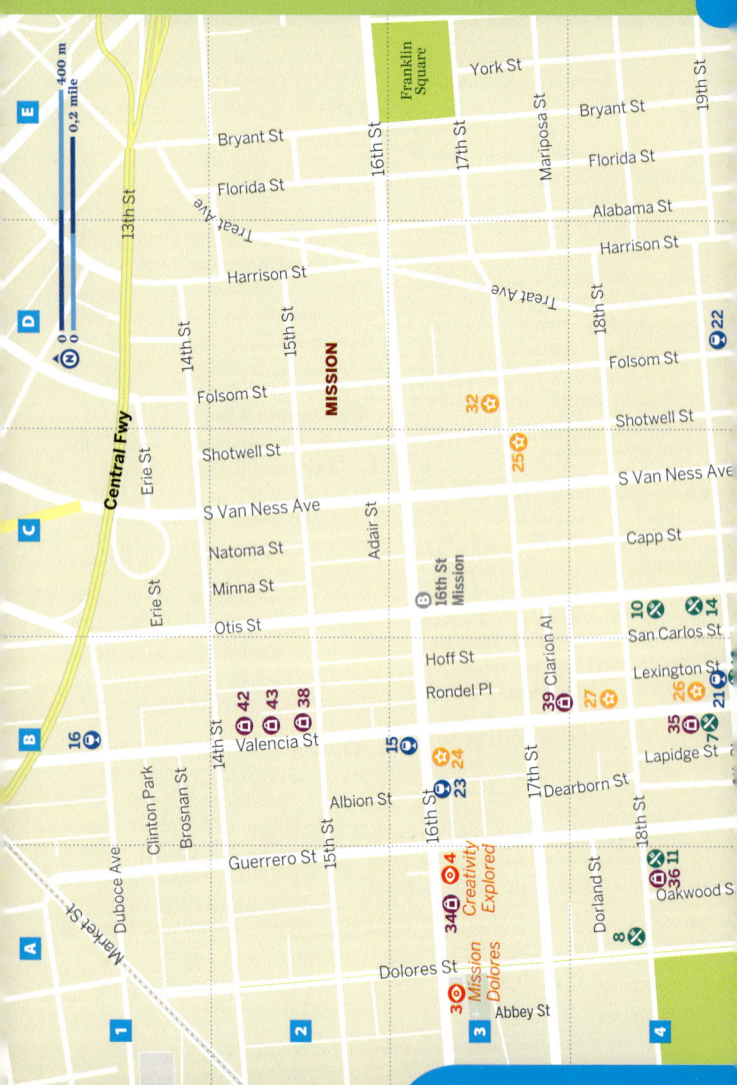

131

Map — Mission District

Streets (north to south / east to west):
- 20th St, 21st St, 22nd St, 23rd St, 24th St, 25th St, 26th St
- Bryant St, Florida St, Alabama St, Harrison St, Treat Ave, Folsom St, Shotwell St, S Van Ness Ave, Capp St, Mission St, Bartlett St, San Carlos St, Lexington St, Valencia St, Guerrero St, Hill St, Alvarado St, Elizabeth St, Orange Al, Poplar St, San Jose Ave, Ames St, Fair Oaks St, Liberty St, Cumberland St, Quane St, Chattanooga St
- Lucky St, Folsom St, Horace St, Virgil St, Cypress St, Capp St, Lilac St, Osage St
- Treat Ave

Labeled places:
- Potrero del Sol/La Raza Skatepark (5)
- Garfield Square
- Balmy Alley (1)
- 24th St Mission (BART)
- 826 Valencia
- Dolores Park
- MISSION
- NOE VALLEY

Numbered points: 5, 1, 37, 17, 9, 6, 20, 30, 29, 33, 13, 41, 31, 40, 28, 19

Nos adresses

◉	Voir	p. 132
✕	Se restaurer	p. 133
▣	Prendre un verre	p. 137
✪	Sortir	p. 139
▤	Shopping	p. 142

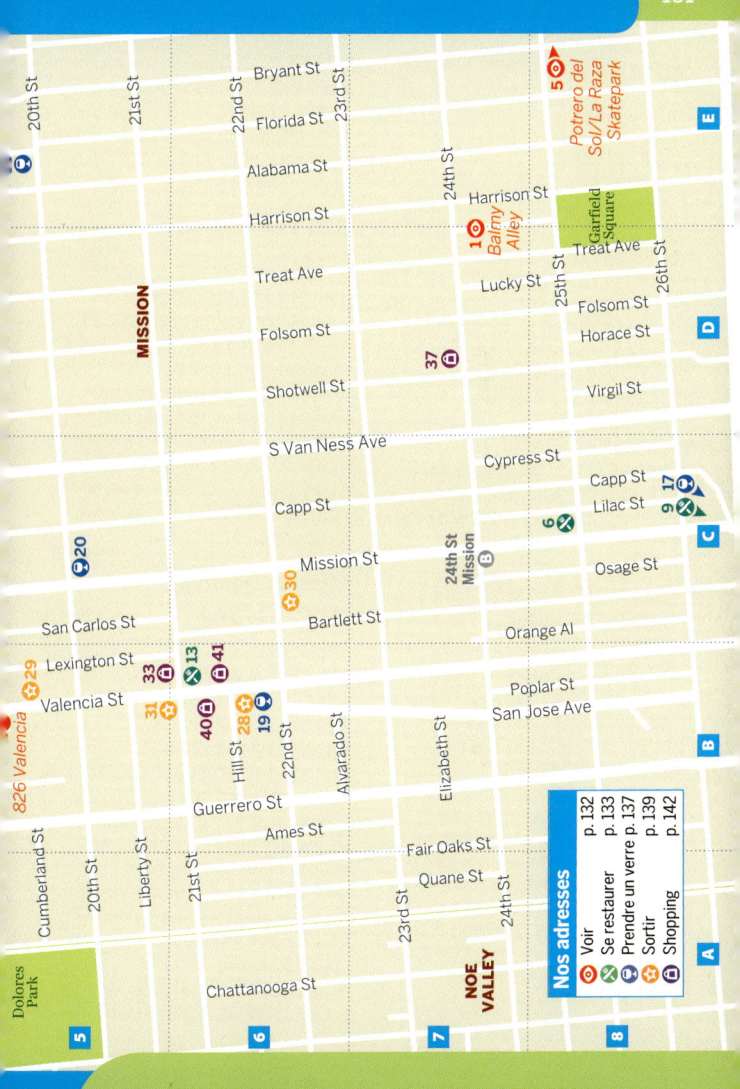

Grid references: E, D, C, B, A / 5, 6, 7, 8

Voir

Balmy Alley ART DE RUE

1 Plan p. 130, D7

Inspirés par les peintures réalisées sur les murs de San-Francisco par Diego Rivera – et en réaction à la politique étrangère menée par les États-Unis en Amérique centrale dans les années 1970 –, les artistes de Mission entreprirent de transformer le paysage du quartier mur après mur. Trois décennies de peintures murales ornent Balmy Alley, de la fresque commémorant l'archevêque militant salvadorien Óscar Romero à l'hommage rendu à Frida Kahlo et à d'autres artistes modernes novatrices. L'association **Precita Eyes** (415-285-2287 ; www.precitaeyes.org ; adulte/enfant 15-20/5 $) propose des visites guidées par des muralistes ; réservations sur le site Internet. (Entre 24th St et 25th St ; 10, 12, 27, 33, 48, B 24th St Mission)

826 Valencia ASSOCIATION CULTURELLE

2 Plan p. 130, B5

Tout forban qui se respecte doit avoir un cache-œil et un crochet : venez chercher votre butin dans ce magasin de pirates à but non lucratif. Les bénéfices des ventes servent à financer l'association, qui sensibilise les enfants et adolescents à l'écriture et à la littérature. (415-642-5905 ; www.826valencia.org ; 826 Valencia St ; 12h-18h ; 14, 33, 49, B 16th St Mission, M J)

Mission Dolores ÉGLISE

3 Plan p. 130, A3

Plus ancien édifice de la ville, la Missión San Francisco de Asis fut fondée en 1776 et reconstruite en 1782 par des ouvriers ohlones et miwoks. Dans le cimetière attenant, la reproduction d'une hutte ohlone rend hommage aux 5 000 Amérindiens qui périrent lors des épidémies de rougeole de 1814 et 1826. À côté de la mission, une basilique de 1913 comporte des vitraux qui commémorent les 21 missions de Californie. (415-621-8203 ; www.missiondolores.org ; 3321 16th St ; adulte/enfant 5/3 $; 9h-16h nov-avr, 9h-16h30 mai-oct ; 22, 33, B 16th St Mission, M J)

100% San Francisco
Galería de la Raza

L'art de rue a rendez-vous à la **Galería de la Raza** (plan 130 ; E7 ; 415-826-8009 ; www.galeriadelaraza.org ; 2857 24th St ; don apprécié ; 12h-18h mar-sam ; 10, 14, 33, 48, 49, B 24th St Mission), vitrine à but non lucratif de l'art latino depuis 1970. Les œuvres exposées reflètent les mutations de la culture et de la société, comme la photo de Sayuri Guzman représentant des *Latinas* liées par leurs tresses et les dinosaures post 11-Septembre d'Enrique Chagoya s'échappant de la télévision pour saccager les pavillons de banlieue.

Se restaurer

Creativity Explored
GALERIE D'ART

4 Plan p. 130, A3

Ces œuvres d'art reconnues, présentées dans des rétrospectives de musées, des expositions à New York et sur des sacs à main Marc Jacobs, sont le fruit du travail d'artistes handicapés. Des expositions thématiques intrigantes se tiennent dans cette galerie à but non lucratif et apportent un œil neuf sur des sujets allant des super-héros à l'architecture. Ne manquez pas les joyeux vernissages en présence des artistes, de leur famille et de leurs fans. (415-863-2108 ; www.creativityexplored.org ; 3245 16th St ; don apprécié ; 10h-15h lun-ven, 10h-19h jeu, 12h-17h sam-dim ; 14, 22, 33, 49, 16th St Mission, J)

Potrero del Sol/ La Raza Skatepark
PISTE DE SKATEBOARD

5 Plan p. 130, E8

Prenez l'air aux côtés de skateurs exécutant des figures sur les meilleurs *bowls* de la ville. Deux inconvénients : les WC sont sommaires et les graffitis sur le béton rendent certains endroits glissants. Attendez qu'une zone propre se dégage pour vous élancer sur la piste et laissez passer les enfants. Vous trouverez tout le matériel nécessaire à **Mission Skateboards** (415-647-7888 ; www.missionsk8boards.com ; 3045 24th St ; 11h-19h ; 12, 14, 48, 49, 24th St Mission), juste à côté. (25th St et Utah St ; 8h-21h ; 9, 10, 27, 33, 48, 24th St Mission)

Cimetière de Mission Dolores

Se restaurer

La Taqueria
MEXICAIN $

6 Plan p. 130, C8

Un bonheur de *burrito*. Ici, pas de riz au safran, tortilla aux épinards ou sauce salsa à la mangue, juste de la viande parfaitement grillée, des haricots savoureux arrosés de sauce, le tout enroulé dans une tortilla. Et si vous ne voulez pas de haricots, il faudra payer un supplément, car ils rajouteront encore plus de viande. On note tout de même quelques ajouts du chef comme les légumes épicés à la crème fraîche. (415-285-7117 ; 2889 Mission St ; burritos 6-8 $; 11h-21h lun-sam, 11h-20h dim ; 12, 14, 48, 49, 24th St Mission)

Comprendre
La mission à l'origine de San Francisco

Quand le capitaine Juan Bautista de Anza et le père Francisco Palou apportèrent 340 chevaux, 302 vaches et 160 mules pour fonder la mission de San Francisco en 1776, ils rencontrèrent des Amérindiens qui habitaient la région depuis quelque 14 300 années. Les nouveaux arrivants enrôlèrent les membres du peuple ohlone pour la construction. En échange, les ouvriers autochtones avaient droit à un repas maigrichon par jour et une place dans le royaume de Dieu – à laquelle ils accédèrent plus tôt que prévu. La rougeole et d'autres maladies introduites par les colons décimèrent près des trois quarts de la population ohlone au cours des 50 ans de domination espagnole en Californie.

La mission ne prospéra jamais. Les champs de sable, difficiles à cultiver, et les puces omniprésentes poussaient les soldats espagnols envoyés à la recherche des ouvriers en fuite à fuir à leur tour. L'Espagne transféra la colonie au Mexique à son indépendance en 1821, qui à son tour céda la Californie aux États-Unis en 1848. Quelques mois plus tard, on trouva de l'or près de San Francisco, et les terres de la mission cédèrent la place à des saloons et des établissements de music-hall. C'est encore le cas aujourd'hui.

Craftsman & Wolves
BOULANGERIE, CALIFORNIEN $

7 Plan p. 130, B4

Tous les prétextes sont bons pour déguster les exquis gâteaux à damier sésame noir-café au lait de cette boulangerie, ainsi que le fameux Rebel Within : un savoureux muffin garni de saucisse, de fromage Asiago et d'un œuf à la coque. L'expresso Blue Bottle s'accompagne volontiers de biscuits fourrés – sablé au cacao et ganache au beurre de cacahuètes – et d'un quatre-quarts matcha-noix de coco. (415-913-7713 ; www.craftsman-wolves.com ; 746 Valencia St ; pâtisseries 3-7 $; 7h-21h lun-jeu, 7h-22h ven, 8h-22h sam, 8h-21h dim ; 14, 22, 33, 49, B16th St Mission, MJ)

Namu Gaji
CORÉEN, CALIFORNIEN $$

8 Plan p. 130, A4

Tous les atouts culinaires de SF – les ingrédients bio locaux, l'inventivité de la Silicon Valley et les racines du Pacifique – sont réunis dans la *soul food* aux accents coréens de Namu. Parmi les meilleurs plats figurent des raviolis aux champignons shiitake, de la langue de bœuf marinée et la version maison du *bibimbap* : bœuf, légumes bio, *gojuchang* (pâte de piment) et œufs fermiers sur du riz, servis grésillants dans une marmite en terre cuite. (415-431-6268 ; www.namusf.com ; 499 Dolores St ; petites assiettes 8-22 $; 11h30-22h mar-jeu et dim, 11h30-23h ven-sam ; 22, 33, MJ, B16th St Mission)

Se restaurer

Ichi Sushi
SUSHIS $$

9 Plan p. 130, C8

Séduisants à l'œil et absolument délicieux en bouche, les sushis de cette adresse sont les meilleurs du coin. Soyeux et produit selon les règles du développement durable, le poisson est tranché avec précision, déposé sur du riz bien compact et parsemé de minuscules touches de *yuzu* gélifié et d'une brunoise extrêmement fine de ciboule et de daikon qui rendent l'ajout de sauce soja impensable. (415-525-4750 ; www.ichisushi.com ; 3369 Mission St ; sushis 4-8 $; 17h30-22h lun-jeu, 17h30-23h ven-sam ; 14, 49, B 24th St Mission, M J)

Commonwealth
CALIFORNIEN $$$

10 Plan p. 130, C4

Ce restaurant de la ferme à l'assiette, le plus imaginatif de Californie, se trouve dans un bar en parpaings. Le chef Jason Fox y prépare des salades de fraises vertes et de radis noir au pollen de fenouil, et des huîtres pochées sur lit de cactées sauvages et de granité de rhubarbe. Vous apprécierez le menu à 75 $ en sachant que 10 $ reviennent à une œuvre caritative. (415-355-1500 ; www.commonwealthsf.com ; 2224 Mission St ; petites assiettes 11-16 $; 17h30-22h dim-jeu, 17h30-23h ven-sam ; ; 14, 22, 33, 49, B 16th St Mission)

Pizzeria Delfina
PIZZA $$

11 Plan p. 130, A4

Toute la ville est obsédée par ces pizzas blanches sur lesquelles les chefs ajoutent les ingrédients préférés des Californiens comme des champignons maitake, du brocoli-rave et du fromage artisanal. La pâte fine de Delfina résiste admirablement bien au poids de la saucisse au fenouil et de la mozzarella fraîche. Pour avoir une table, il faut

---

✓ Bon plan
Les meilleurs tacos de Mission

La Palma Mexicatessen (plan p. 130, E7 ; 415-647-1500 ; 2884 24th St ; 8h-18h lun-sam, 8h-17h dim ; 14, 48, B 24th St Mission) *Carnitas* (épaule de porc braisée) et oignon rouge mariné au vinaigre sur tortillas bio.

Pancho Villa (plan p. 130, B3 ; 415-864-8840 ; www.sfpanchovilla.com ; 3071 16th St ; burritos 7-8,50 $; 10h-minuit ; 14, 22, 33, 49, B 16th St Mission) *Pollo verde* (poulet cuit en ragoût avec des piments verts) et *escabeche* (pickles épicés).

Namu Gaji (p. 134) Tacos coréens : viande de bœuf enveloppée dans une feuille d'algue.

Tacolicious (plan p. 130, B5 ; 415-626-1344 ; 741 Valencia St ; 11h30-minuit ; ; 14, 22, 33, 49, B 16th St Mission, M J) Tacos garnis de courge rôtie, de poivrons et de *pepitas* (graines de courge épicées).

La Taqueria (p. 133) *Lengua* (langue de bœuf marinée) et *jalapeños* marinés au vinaigre.

inscrire son nom sur le tableau et attendre son tour en sirotant un verre de vin au bar à côté. (📞415-437-6800 ; www.delfinasf.com ; 3611 18th St ; pizzas 11-17 $; ⏰11h30-22h mar-jeu, 11h30-23h ven, 12h-23h sam-dim, 17h30-22h lun ; 🍴 ; 🚌18 St ; Ⓜ Church St)

Radish
CRÉOLE, CALIFORNIEN $

12 🍽 Plan p. 130, B4

Les hédonistes se retrouvent chez Radish, où la cuisine inspirée par le Sud est faite de produits californiens bio et de viande de sources durables. Les noceurs de Mission viennent ici pour les biscuits maison œuf-bacon et les généreux cocktails mimosas, les Louisianais y dévorent des sandwichs de poisson-chat et les végétariens s'y délectent de betteraves rôties aux noix de pécan confites et de feta au lait de brebis. (📞415-834-5441 ; www.radishsf.com ; 3465 19th St ; plats 8-16 $; ⏰17h-22h lun-mar, 10h-22h mer-jeu, 10h-23h ven-sam, 9h-21h dim ; 🚌14, 22, 33, Ⓑ 16th St Mission)

Udupi Palace
INDIEN $

13 🍽 Plan p. 130, B6

Les connaisseurs se retrouvent ici pour les savoureux *dosa* : des crêpes légères à base de farine de lentilles trempées dans du *sambar* (soupe) de légumes légèrement épicé et du chutney de noix de coco. Ne manquez pas le *medhu vada* (beignet à la farine de lentilles) ou le *bagala bhath* (riz au yaourt avec concombre et graines de moutarde torréfiées). (📞415-970-8000 ; www.udupipalaceca.com ; 1007 Valencia St ; plats 8-10 $; ⏰11h-22h lun-jeu, 11h-22h30 ven-dim ; 🚌14, 33, 49, Ⓑ 24th St Mission)

Mission Chinese
CALIFORNIEN, CHINOIS $$

14 🍽 Plan p. 130, C4

Les gourmets convergent vers le restaurant culte de Danny Bowien. La poitrine de porc tiki accompagnée d'ananas mariné au vinaigre et de grosses nouilles de riz épicées est assez copieuse pour deux et permettra de satisfaire votre conscience : 75 ¢ sont reversés à la banque alimentaire de SF sur chaque plat. Droit de bouchon 10$; paiement en espèces. Max 8 pers/table. (Lung Shan ; 📞415-863-2800 ; www.missionchinesefood.com ; 2234 Mission St ; plats

---

🔴 **100% San Francisco**
Humphry Slocombe

Vous résisterez difficilement aux 40 saveurs de glaces biologiques : une fois que le curry thaïlandais au beurre d'arachide et le fromage de chèvre aux fraises auront titillé vos papilles, la pâte à cookies vous semblera une évidence. Et ni les *sundaes* ni les salades ne valent la glace à l'huile d'olive de Sonoma arrosée de vinaigre balsamique de 20 ans d'âge à **Humphry Slocombe** (plan p. 130 ; E7 ; 📞415-550-6971 ; www.humphryslocombe.com ; 2790 Harrison St ; glaces 2,75-5 $; ⏰12h-21h lun-jeu, 12h-22h ven-dim ; 👶 ; 🚌12, 14, 49, Ⓑ 24th St Mission).

Elixir

9-16 $; ⏱11h30-22h30 jeu-mar ; 🚌14, 33, 49, Ⓑ16th St Mission)

Prendre un verre

Elixir
BAR

15 Plan p. 130, B3

Faites du bien à la planète et reprenez un verre au premier bar certifié écologique de la ville, installé dans le plus vieux saloon de San Francisco. Il fut construit en 1858. Sirotez des cocktails de jus de fruits frais et de spiritueux bio, locaux, voire biodynamiques, comme le Negroni au basilic bio. Jeu de fléchettes et juke-box assurent l'animation. Les soirées caritatives du mercredi poussent à la consommation, mais la recette soutient les organismes locaux. (📞415-522-1633 ; www.elixirsf.com ; 3200 16th St ; ⏱15h-2h lun-ven, 12h-2h sam-dim ; Ⓑ16th St Mission)

Zeitgeist
BAR

16 Plan p. 130, B1

Lors des douces soirées, tout SF se retrouve autour des tables de pique-nique collectives du café de plein air. Large choix d'une quarantaine de bière à la pression, et hamburger ou saucisses pour satisfaire les estomacs affamés. Paiement en espèces. (📞415-255-7505 ; www.zeitgeistsf.com ; 199 Valencia St ; ⏱9h-2h ; 🚌22, 49, Ⓑ16th St Mission)

El Rio
DISCOTHÈQUE

17 Plan p. 130, C8

Les choix musicaux du DJ sont à l'image de la clientèle du club : éclectiques, stylés et sexy. Venez pour le *shuffleboard* et les huîtres gratuites le vendredi à 17h30. Les margaritas bien chargées vous donneront envie de guincher sur les *bootlegs* disco-post-punk et de flirter dans le jardin à l'arrière. Paiement en espèces. (☎415-282-3325 ; www.elriosf.com ; 3158 Mission St ; entrée 3-8 $; ⏱13h-2h ; 🚌12, 14, 27, 49, Ⓑ24th St Mission)

Trick Dog   BAR
18 🚇 Plan p. 130, E5

Buvez avec style des cocktails méticuleusement dosés dont la gamme chromatique évoque un nuancier. Chaque boisson porte le nom d'une couleur : Razzle Dazzle Red (vodka locale Hangar One, cordial maison, fraises et citron vert) ou Gypsy Tan (whisky Rittenhouse, Fernet-Branca, citron, gingembre et muscade). Arrivez tôt pour avoir un tabouret au bar ou montez grignoter des en-cas dans la galerie tamisée. (☎415-471-2999 ; www.trickdogbar.com ; 3010 20th St ; ⏱15h-2h ; 🚌12, 14, 49)

Ritual Coffee Roasters   CAFÉ
19 🚇 Plan p. 130, B6

Les clients font la queue jusque dans la rue pour déguster un cappuccino torréfié maison. Produits bio et cafés aux parfums parfois incongrus, comme les graines de café aux arômes de pamplemousse ou de mûres. Les prises électriques sont volontairement en nombre limité pour éviter une invasion d'ordinateurs portables et encourager la conversation entre les clients. Et ça marche ! (☎415-641-1011 ; www.ritualroasters.com ; 1026 Valencia St ; ⏱6h-22h lun-ven, 7h-22h sam, 7h-21h dim ; 📶, 🚌14, 49, Ⓑ24th St Mission)

20 Spot   BAR À VINS
20 🚇 Plan p. 130, C5

Prenez un rocking-chair Eames et relaxez-vous dans ce bar à vins de style années 1950. Dans cet établissement situé à un coin de rue occupé pendant plusieurs décennies par le magasin de disques punk Force of Habit, on peut désormais boire tranquillement un verre de pinot noir Baker Lane de la vallée de Sonoma sans subir de railleries. Attention : les œufs de cane à la diable sont addictifs. (☎415-624-3140 ; www.20spot.com ; 3565 20th St ; ⏱17h-1h jeu-sam, 17h-minuit dim, lun-mer ; 🚌14, 22, 33, Ⓑ16th St Mission)

Lexington Club   BAR LESBIEN
21 🚇 Plan p. 130, B4

Bière à 4 $, parties de billard, flipper et comparaisons de tatouages. Vivez dangereusement dans le plus célèbre bar lesbien de San Francisco ! Seules les femmes sont acceptées… évidemment. (☎415-863-2052 ; www.lexingtonclub.com ; 3464 19th St ; ⏱15h-2h ; 🚌14, 33, 49, Ⓑ16th St Mission)

Homestead   BAR
22 🚇 Plan p. 130, D4

Ce pub chaleureux créé en 1893 propose sur son bar en bois sculpté des cacahuètes grillées et une bière pression bon marché. Jetez un œil au plafond victorien entièrement en étain. Artistes et créateurs de mode s'y retrouvent pour fêter un vernissage, un spectacle de danse ou un défilé. La chaleur monte quand le juke-box passe du Iggy Pop ou du David Bowie. (📞415-282-4663 ; www.homesteadsf.com ; 2301 Folsom St ; ⏰14h-2h ; 🚌12, 14, 22, 33, 49, Ⓑ16th St Mission)

Monk's Kettle
PUB

23 🚇 Plan p. 130, B3

Contrairement aux pubs à la mode qui jouent les restaurants, Monk's Kettle sait que vous êtes là pour boire ; 25 bières cultes sont proposées, de la blanche japonaise Hitachino à la brune de Sonoma Death & Taxes. Les habitués qui attendent une heure pour s'asseoir sont sans doute intéressés par la centaine de bières belges de saison. (📞415-865-9523 ; www.monkskettle.com ; 3141 16th St ; ⏰12h-2h ; 🚌22, 33, 49, Ⓑ16th St Mission)

Sortir

Roxie Cinema
CINÉMA

24 ⭐ Plan p. 130, B3

Un petit cinéma de quartier à but non-lucratif projetant des films indépendants et diffusant des films controversés et des documentaires interdits ailleurs. Avis aux mordus de cinéma : premières de festivals, reprises rares et diffusion des Oscars affichent vite complet. Sinon, jetez un coup d'œil aux documentaires proposés dans le minuscule Little Roxy juste à côté. (📞415-863-1087 ; www.roxie.com ; 3117 16th St ; projection normale/matinale 10/7 $; 🚌14, 22, 33, 49, Ⓑ16th St Mission)

Oberlin Dance Collective
DANSE

25 ⭐ Plan p. 130, C3

Depuis près de 40 ans, l'ODC redéfinit la danse à travers des spectacles bruts et osés communiquant la joie pure du mouvement. La saison s'étend de septembre à décembre, mais sa scène présente toute l'année des spectacles d'artistes locaux et internationaux. ODC Dance Commons rassemble le monde de la danse en proposant 200 cours par semaine, du flamenco à la vogue ; pour

> 🅀 100% San Francisco
> ### Les contradictions de Mission
>
> Ancien "*miracle mile*" de SF scintillant de multiples cinémas de style mexicain, Mission St regorge aujourd'hui de braderies, de restaurants novateurs, de palmiers et de personnages louches. Pour apprécier le quartier dans toutes ses contradictions, suivez ses habitants jusqu'à **El Techo di Lolinda** (le Toit de Lolinda ; plan p. 130, C6 ; 📞415-550-6970 ; www.lolindasf.com ; 2518 Mission St ; petites assiettes 8-17 $; ⏰17h30-23h dim-jeu, 17h30-minuit ven-sam ; 🚌14, 33, 49, Ⓑ24th St Mission), pour déguster de la cuisine de rue latino-américaine et des cocktails six étages.

tous âges et niveaux. (ODC ; 🎫billetterie 415-863-9834, cours 415-863-6606 ; www.odctheater.org ; 3153 17th St ; cours sans réservation 14 $, spectacles 25-50 $; 🚌12, 14, 22, 33, 49, Ⓑ16th St Mission)

The Chapel CONCERTS

26 ⭐ Plan p. 130, B4

Un tonnerre d'applaudissements résonne régulièrement sous le toit de 12 m de haut de ce monument de style California Craftsman, à l'acoustique divine, lors de concerts tels que le Preservation Hall Jazz Band avec Nick Lowe, le chœur complet de Polyphonic Spree et l'album *OK Computer* de Radiohead chanté en playback par une troupe de travestis vedettes. De nombreux spectacles sont pour tous les âges, sauf lorsque des humoristes comme W Kamau Bell testent des sketches provocateurs. (📞415-551-5157 ; www.thechapelsf.com ; 777 Valencia St ; billets 15-22 $; 🚌14, 33, Ⓜ J, Ⓑ16th St Mission)

Elbo Room CONCERTS

27 ⭐ Plan p. 130, B4

Il faut parfois jouer des coudes pour trouver de la place à l'étage les soirs où se produisent des groupes funk, des DJ passant de la dub, des groupes indépendants originaux ou encore les pin-up du Bombshell Betty Burlesque. Les pintes sont à 2 $ tous les jours de 17h à 21h au bar de l'étage inférieur (entrée libre). (📞415-552-7788 ; www.elbo.com ; 647 Valencia St ; entrée 6-25 $; ⏰17h-2h ; 🚌14, 22, 33, Ⓑ16th St Mission)

Marsh THÉÂTRE, HUMOUR

28 ⭐ Plan p. 130, B6

Vous pourriez passer ici la soirée scotché devant des spectacles aussi variés que l'incroyable histoire de Ram Dass, professeur de psychologie de Harvard devenu gourou star des années 1960, ou les plaisanteries de Marga Gomez sur la nudité en public à SF. Venez tôt pour être au premier rang ou réservez une place (50 $). (📞415-826-5750 ; www.themarsh.org ; 1062 Valencia St ; billets 15-35 $; Ⓑ24th St Mission)

Amnesia CONCERTS

29 ⭐ Plan p. 130, B5

Ce petit bar fait scène ouverte aux groupes locaux, dont c'est parfois le

---

✅ **À savoir**

Mission sécurité

Les bars et restaurants de Mission en font une destination nocturne importante, mais ce n'est pas forcément le quartier le plus sûr pour se promener seul la nuit. Sortez accompagné et soyez vigilant dans la zone à l'est de Valencia, en particulier autour de 19th St où des gangs rôdent. Évitez les bijoux ostentatoires (vous n'êtes pas à *LA*) ou de traîner autour des stations BART. Il n'y a rien à craindre durant la journée, mais ne laissez pas votre ordinateur portable ou votre téléphone sans surveillance dans les cafés.

Sortir

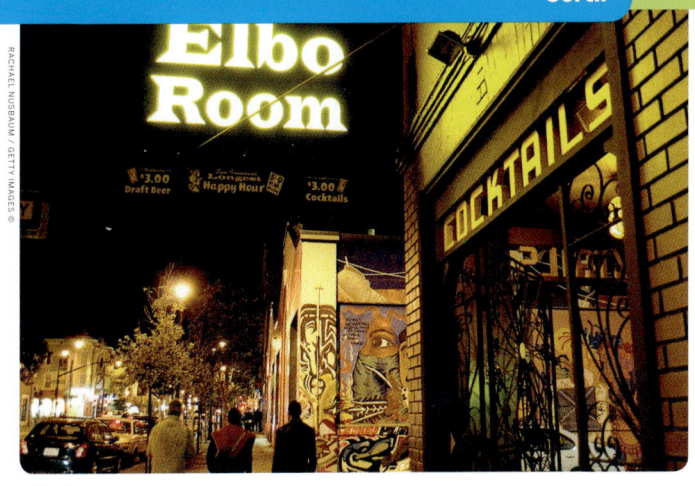

Elbo Room

premier concert. La programmation est éclectique : des jam-sessions de bluegrass le lundi au jazz avec accordéon le mercredi, en passant par des lectures et des courts métrages de cinéma. Consultez le site Internet pour plus de détails ou faites confiance au hasard. (📞415-970-0012 ; www.amnesiathebar.com ; 853 Valencia St ; entrée 0-10 $; 🕒17h30-2h ; 🚌14, 33, 49, Ⓑ16th St Mission)

Make-Out Room
CONCERTS

30 ⭐ Plan p. 130, C6

Les rideaux en velours et les box arrondis invitent à s'installer pour le divertissement du jour, qui peut aussi bien être un concert de punk-rock qu'un DJ mixant des tubes des années 1980 ou une lecture hilarante lors de la soirée Writers with Drinks. Happy hour de 18h à 21h en semaine ; paiement en espèces. (📞415-647-2888 ; www.makeoutroom.com ; 3225 22nd St ; entrée 0-10 $; 🕒18h-2h ; 🚌12, 14, 49, Ⓑ24th St Mission)

Viracocha
MUSIQUE LIVE

31 ⭐ Plan p. 130, B5

Boutique-cabane au décor de western le jour, le soir Viracocha accueille des auteurs-compositeurs originaux, des poètes et des soirées cuisine sauvage dans sa galerie et sa bibliothèque vintage au fond, à l'étage inférieur (voir le site Internet). Essayez le piano désaccordé si ça vous tente, mais évitez de renverser les tartes aux champignons sauvages sur

> **100% San Francisco**
> **Apprendre à cuisiner**
> Des cours de cuisine sont dispensés par les associations **18 Reasons** (plan p. 130, B4 ; ☏415-568-2710 ; www.18reasons.org ; 3674 18th St ; cours 5-35 $; ⊙variables ; ⊟22, 33, Ⓜ J) et **La Cocina** (plan p. 130, D8 ; ☏415-824-2729 ; www.lacocinasf.org ; 2948 Folsom St ; cours 80 $; ⊙variables ; ⊟14, 49, Ⓑ24th St Mission) – réservez bien à l'avance. 18 Reasons propose des dégustations de fromages et de vins artisanaux, des conseils d'utilisation des couteaux et des ateliers consacrés aux parfums comestibles. La Cocina organise des animations gastronomiques familiales et des formations pour les entrepreneurs tentés par la restauration ambulante.

les machines à écrire des années 1920 ou sur les sculptures en bois flotté. (☏415-374-7048 ; www.viracochasf.com ; 998 Valencia St ; ⊙12h-18h mer-ven, 12h-19h sam-dim ; ⊟18th St, Ⓑ24th St Mission)

Mission Bowling Club BOWLING
32 Plan p. 130, D3

Même si vous n'êtes pas fana de bowling, celui de Mission vaut le détour : six pistes dans un entrepôt à la lumière tamisée, un bar où on sert d'excellents cocktails *sour* à la mandarine et aux blancs en neige et un menu local et de saison pour l'happy hour (15h-18h). Les soirées Soul & Bowl du lundi permettent de bien commencer la semaine. Réservation des pistes sur Internet. Les moins de 21 ans ne sont admis que le week-end avant 19h. (☏415-863-2695 ; www.missionbowlingclub.com ; 3176 17th St ; ⊙15h-23h lun-mer, 15h-minuit jeu-ven, 11h-minuit sam, 11h-23h dim ; ⊟12, 22, 33, 49, Ⓑ16th St Mission)

Shopping

Gravel & Gold CADEAUX, ARTICLES POUR LA MAISON
33 Plan p. 130, B5

Retour à la terre sans même quitter les trottoirs de Mission. Ce magasin s'inspire du mouvement hippie du nord de la Californie en proposant une gamme de sacs fourre-tout, de robes à smocks et de coussins aux imprimés psychédéliques, ainsi que des articles d'époque tels que des affiches écolo sérigraphiées Osborne/Woods des années 1960, des livres rares des années 1970 sur l'architecture des bungalows de plage ou encore des mugs hippies artisanaux. (☏415-552-0112 ; www.gravelandgold.com ; 3266 21st St ; ⊙12h-19h lun-sam, 12h-17h dim ; Ⓜ24th St Mission, Ⓑ24th St Mission)

Needles & Pens CADEAUX, LIVRES
34 Plan p. 130, A3

Bricolez avec style ! Cette boutique et galerie d'art vous donnera l'inspiration pour créer vos propres magazines ou recycler de vieux T-shirts ou des pochettes de CD. Vous pourrez acheter la bande dessinée onirique *Islands* de Brendan Monroe, les mandalas en dentelle de papier découpé à la main de Tahiti Pehrson et des badges vous permettent d'afficher vos idées sur un sac fait main. (☏415-255-1534 ; www.needles-pens.com ; 3253 16th St ; ⌚12h-19h ; 🚌14, 22, 33, 49, Ⓑ16th St Mission)

Betabrand
VÊTEMENTS

35 🔒 Plan p. 130, B4

Chez Betabrand, le *crowdsourcing* s'applique au look : des modèles expérimentaux sont soumis à un vote sur Internet et les gagnants sont produits en édition limitée. Parmi les derniers articles élus figurent des chaussettes avec motif tranches de jambon, des vestes d'intérieur réversibles, des coupe-vent décorés de boules à facettes et des pantalons de vélo dotés de revers réfléchissants. Vu les prix, on peut se permettre quelques audaces vestimentaires. (☏800-694-9491 ; www.betabrand.com ; 780 Valencia St ; ⌚11h-18h lun-jeu, 11h-19h ven-sam, 12h-18h dim ; 🚌14, 22, 33, 49, Ⓑ16th St Mission)

Bi-Rite
ALIMENTATION

36 🔒 Plan p. 130, A4

Allié des gourmands ne sachant pas cuisiner, Bi-Rite est une sorte de Tiffany's de l'alimentation : chocolats artisanaux locaux, viandes produites dans le respect de l'agriculture durable et fruits bio sont présentés ici comme des bijoux. La sélection de vins et de fromages californiens est absolument éblouissante. Achetez des sandwichs et allez pique-niquer à Dolores Park. (☏415-241-9760 ; www.biritemarket.com ; 3639 18th St ; sandwichs 7-10 $; ⌚9h-21h ; 🅿 ; 🚌14, 22, 33, 49, Ⓑ16th St Mission)

Adobe Books & Backroom Gallery
LIVRES, ART

37 🔒 Plan p. 130, D7

Livres d'occasion bon marché absolument indispensables et fêtes de lancement de magazines, lectures de poésie et vernissages... Pour trouver la Backroom Gallery, frayez-vous un chemin parmi les canapés, les chats et les livres d'art ou de philosophie allemande. (☏415-864-3936 ; www.adobebookshop.com ; 3130 24th St ; ⌚12h-20h lun-ven, 11h-20h sam-dim ; 🚌14, Ⓑ24th St Mission)

Nooworks
VÊTEMENTS

38 🔒 Plan p. 130, B2

Les imprimés graphiques dessinés par des artistes apportent à Nooworks une touche urbaine en plus par rapport aux autres boutiques de vêtements du quartier. Ses maxi-robes Muscle Beach aux motifs psychédéliques composés d'arcs-en-ciel et de culturistes dénotent un sens de l'humour typique de San Francisco. Les T-shirts surréalistes pour hommes, ornés de professeurs à tête de chat, et les cartables mixtes à imprimé victorien sont parfaitement adaptés pour un vernissage à Mission. (☏415-829-7623 ; www.nooworks.com ;

100% San Francisco
Potrero Flats

Après que le California College of the Arts a reconverti de façon créative un dépôt de bus en campus, le style industriel de la résidence Potrero Flats est devenu accrocheur. Sous le pont de la voie rapide, l'association **SOMArts** (plan p. 130, E1 ; 415-863-1414 ; www.somarts.org ; 934 Brannan St ; galerie 12h-19h mar-ven, 12h-17h sam ; 12, 19, 27, 47) propose des fresques comestibles et des démonstrations de tatouages maoris. La **Catharine Clark Gallery** (plan p. 130, E2 ; 415-399-1439 ; www.cclarkgallery.com ; 248 Utah St ; entrée libre ; 11h-18h mar-sam ; 9, 10, 19, 22, 27, 33) initie des révolutions artistiques avec les monuments religieux en munitions usagées d'Al Farrow, tandis que la **Hosfelt Gallery** (plan p. 130, E3 ; 415-495-5454 ; 260 Utah St ; 10h-18h mar-sam ; 9, 10, 19, 22, 27, 33) fascine avec le Taj Mahal en plastique rose de Rina Banerjee, composé de souvenirs recyclés.

395 Valencia St ; 11h-19h mar-sam, 11h-17h dim-lun ; 14, 22, 33, 49, 16th St Mission)

Community Thrift   VÊTEMENTS, FRIPES

39 Plan p. 130, B3

Quand les collectionneurs et commerçants de la ville veulent se débarrasser de quelque chose de bien, ils le donnent à Community Thrift. Les bénéfices de cette boutique sont reversés à des organismes caritatifs ; raison de plus pour acheter ses articles originaux à petits prix : tasses-totems à 5 $, vestes en daim des années 1970 à 20 $ et même une cave à cigares Art déco à 35 $. Vous pouvez aussi donner vos vêtements (jusqu'à 17h tlj) pour montrer votre solidarité. (415-861-4910 ; www.communitythriftsf.org ; 623 Valencia St ; 10h-18h30 ; 14, 22, 33, 49, 16th St Mission)

Dema   VÊTEMENTS, ACCESSOIRES

40 Plan p. 130, B6

Le BART de Downtown vous amènera à Mission pour des vernissages dans un cadre à la fois chic et vintage chez Dema Grimm. Robes flatteuses en coupe diagonale, chemisiers de soie aérienne dans des imprimés originaux, avec des boutons ressemblant à des boules de gomme… Les éditions limitées de ce créateur indépendant sont de bons investissements, et vous trouverez des articles soldés jusqu'à 80%. (415-206-050 ; www.godemago.com ; 1038 Valencia St ; 11h-19h lun-ven, 12h-19h sam, 12h-18h dim ; 12, 14, 48, 49, 24th St Mission)

Aquarius Records   MUSIQUE

41 Plan p. 130, B6

Aquarius Records propose du blues arménien, des CD diffusés dans des *rave-parties* à Oakland et des parutions japonaises rares depuis 1970. Parmi la sélection récente : *Sounds of North American Frogs*, tropicalia brésilienne des années 1960 par

Shopping

Community Thrift

Os Mutantes, compilations de groups funk mauritaniens et Prizehog, un enfant de San Francisco. (☎ 415-647-2272 ; www.aquariusrecords.org ; 1055 Valencia St ; ⏱11h-20h dim-mer, 11h-21h jeu-ven, 10h-22h sam ; 🚌14, 48, 49, Ⓑ 16th St Mission)

Accident & Artifact

CADEAUX, ACCESSOIRES

42 🔒 Plan p. 130, B2

Une boutique de curiosités très curieuse, même pour les habitués de Mission. Champignons séchés décoratifs et nœuds de séquoias sur des tables rustiques à côté de vêtements indigo en provenance d'Okinawa, de moules en fonte, de cartes topographiques stylisées. Mieux organisée que la plupart des galeries et ça se ressent sur les prix. (☎ 415-437-9700 ; www.accidentandartifact.com ; 381 Valencia St ; ⏱12h-19h mer-dim ; 🚌14, 22, Ⓑ 16th St Mission)

Voyager

VÊTEMENTS, ACCESSOIRES

43 🔒 Plan p. 130, B2

Voyager est un peu le croisement des boutiques de surf hippies, des magasins de vêtements *hipsters* et des diverses librairies et galeries de Mission. Ceintures en cuir brut de style années 1970, jeans cultes Scotch & Soda et vêtements de surf côtoient les livres d'art présentés dans la galerie en forme de sous-marin géodésique. (☎ 415-779-2712 ; www.thevoyagershop.com ; 365 Valencia St ; ⏱11h-19h ; 🚌14, 22, 33, 49, Ⓑ 16th St Mission)

100% San Francisco
Le Castro révolutionnaire

Quelques années après avoir investi ce quartier victorien pittoresque dans les années 1970, la communauté de Castro a fait d'Harvey Milk le premier élu ouvertement gay d'Amérique. Quand le sida fit son apparition, le quartier se mobilisa et devint l'épicentre des campagnes de prévention à travers le monde. Aujourd'hui, ce petit quartier où flotte le drapeau arc-en-ciel est le symbole vivant de la liberté si chère à San Francisco.

Comment y aller

Castro est quelques rues à l'ouest de Mission entre 15th St et 18th St.

Ⓜ Tramway Prendre la pittoresque ligne F depuis Downtown ou les lignes souterraines K, L, et M.

🚍 Le bus 33 conduit à Upper Haight et Mission ; le 24 remonte Divisadero St jusqu'à Haight.

Le Castro révolutionnaire

❶ Sentir le souffle de la liberté sur l'Harvey Milk Plaza

Aussitôt sorti de la station Muni de Castro St, un immense et joyeux drapeau arc-en-ciel vous accueille sur l'**Harvey Milk Plaza.** Une plaque y rend hommage au propriétaire du magasin d'appareils photo devenu le premier élu d'Amérique à revendiquer son homosexualité. Assassiné peu après l'élection, Milk reste une icône des droits civiques des homosexuels.

❷ Prendre des couleurs sur la Jane Warner Plaza

De l'autre côté de Castro St, près du terminus du F-train, la conviviale **Jane Warner Plaza** est un regroupement de tables de café baptisé d'après la célèbre policière lesbienne de Castro. Au-dessus de 20°C, les habitants s'y retrouvent pour prendre le soleil – parfois en string doré. Le bronzage intégral tendant effectivement à distraire trop d'automobilistes, la ville interdit le naturisme en 2012, contraignant les exhibitionnistes à faire preuve d'inventivité.

❸ Trinquer à la Twin Peaks Tavern

Tout proche du drapeau arc-en-ciel se trouve **Twin Peaks** (415-864-9470 ; www.twinpeakstavern.com, 401 Castro St ; 12h-2h lun-ven, 8h-2h sam-dim ; Castro), premier bar gay au monde à avoir eu pignon sur rue. Portez un toast à la liberté, regardez le quartier vivre depuis votre table, et chantez à gorge déployée au son des hits des années 1980.

❹ Fredonner au Castro Theatre

Cinéma indépendant, chefs-d'œuvre du 7e art et films cultes composent la programmation du baroque **Castro Theatre** (415-621-6120 ; www.thecastrotheatre.com ; 429 Castro St ; adulte/enfant 11/8,50 $; mar-dim ; Castro). Chaque projection commence par l'hymne du film *San Francisco* (1936) joué par un organiste... à la satisfaction du public qui entonne parfois : *"San Francisco, open your Golden Gate/You let no stranger wait outside your door..."*

❺ Marcher dans les pas de l'histoire au GLBT History Museum

Premier musée de l'histoire gay d'Amérique, le **GLBT History Museum** (415-777-5455 ; www.glbthistory.org/museum ; 4127 18th St ; 5 $; 11h-19h lun-sam, 12h-17h dim ; Castro) revient sur l'histoire de la communauté LGBT : textes de campagne d'Harvey Milk, interviews avec l'auteur bisexuel Gore Vidal, extraits du Code pénal des années 1950 interdisant l'homosexualité...

❻ S'impliquer au Human Rights Campaign Action Center & Store

La devanture de l'**Human Rights Campaign** (www.shop.hrc.org ; 575 Castro St ; 10h-20h lun-sam, 10h-19h dim ; Castro) vous semble familière ? Sans doute parce qu'il s'agit du magasin d'appareils photo de Harvey Milk apparaissant dans le film éponyme oscarisé. Cet avant-poste des droits civiques, décoré d'une jolie peinture murale, œuvre pour les droits des LGBT.

Haight et NoPa

Explorer

Vous n'avez pas eu la chance de vivre le Summer of Love de 1967, qui fit connaître au monde la contre-culture hippie ? Il n'est pas encore trop tard pour fréquenter les cafés et librairies progressistes du quartier dont l'épicentre, à l'angle de Haight St et Ashbury St, marqua le tournant d'une génération.

Explorer

L'essentiel en un jour

☼ Avalez un moka bien corsé au **Coffee to the People** (p. 156), puis entamez le **circuit à pied** (p. 180) qui parcourt les hauts lieux de la période hippie, notamment le point névralgique du Summer of Love, l'intersection de **Haight et Ashbury** (p. 152).

☼ Après un copieux repas bio arrosé de bière artisanale au **Magnolia Brewpub** (p. 154), partez à la rencontre de la faune locale : gothiques au **Loved to Death** (p. 159), travestis emplumés à la **Piedmont Boutique** (p. 159), anarchistes au **Bound Together Anarchist Book Collective** (p. 158), skateurs au **SFO Snowboarding & FTC Skateboarding** (p. 158) et musiciens de jazz chapeautés chez **Goorin Brothers Hats** (p. 159).

☾ Flânez dans les boutiques de NoPa (NoPa : *North of the Panhandle*) jalonnant Divisadero St jusqu'à l'**Alamo Square Park** (p. 152). Ici, un horizon dégagé sur Downtown se dessine derrière les toits victoriens. Regagnez Lower Haight pour goûter aux saucisses de **Rosamunde** (p. 154) et à l'une des 400 bières artisanales de **Toronado** (p. 155) ; l'embarras du choix risque bien de vous faire rater le concert à l'**Independent** (p. 157).

♥ Le meilleur du quartier

Prendre un verre
Toronado (p. 155)
Alembic (p. 156)
Aub Zam Zam (p. 156)

Shopping
Amoeba Music (p. 158)
Piedmont Boutique (p. 159)
Wasteland (p. 158)
Loved to Death (p. 159)
Goorin Brothers Hats (p. 159)

Architecture
Alamo Square (p. 152)

Gratuit
Concerts à Amoeba (p. 158)

Gastronomie à prix doux
Rosamunde Sausage Grill (p. 154)

Musique live
Independent (p. 157)

Comment y aller

🚌 **Bus** Les 6 et 71 remontent Haight St. Le 22 dessert Mission et la Marina. Le 24 va au Castro, le 43 à la Marina. Le 33 se rend au Castro et au Golden Gate Park.

Ⓜ **Tramway** La ligne N Judah relie Upper et Lower Haight à Downtown et Ocean Beach.

150 Haight et NoPa

A **B** **C** **D**

Turk Blvd

Golden Gate Ave

McAllister St

University of San Francisco

Fulton St

Parker Ave

Grove St

University of San Francisco

Central Ave

Lyon St

Hayes St

Shrader St

Cole St

Clayton St

Ashbury St

Baker St

UPPER HAIGHT

Fell St

The Panhandle

Oak St

Page St

Masonic Ave

Haight & Ashbury 1

24 26

8

23

20

22

Shrader St

10 12

25 14

13

Cole St

Belvedere St

Clayton St

Downey St

Ashbury St

Central Ave

Lyon St

21

Waller St

3
Grateful Dead House

Beulah St

Cole St

Belvedere St

Frederick St

Buena Vista Ave W

Java St

COLE VALLEY

151

Map – Lower Haight

Streets and landmarks:
- McAllister St
- Broderick St
- Divisadero St
- Scott St
- Fulton St
- Grove St
- Alamo Square Park
- Hayes St
- Fell St
- Oak St
- Page St
- Pierce St
- Steiner St
- Fillmore St
- Haight St
- Waller St
- Baker St
- Buena Vista Ave E
- Castro St
- Scott St
- Hermann St
- Duboce Park
- Duboce Ave
- Buena Vista Park
- Park Hill Ave
- Alpine Tce
- 14th St
- Noe St
- 15th St
- Henry St

0 – 400 m
0 – 0,2 mile

Nos adresses

- 👁 Voir — p. 152
- ✖ Se restaurer — p. 154
- 🍷 Prendre un verre — p. 155
- ⭐ Sortir — p. 157
- 🔒 Shopping — p. 158

Voir

Intersection de Haight St et Ashbury St
LIEU HISTORIQUE

1 Plan p. 150, C4

Ce croisement légendaire, épicentre du mouvement hippie des années 1960, demeure un foyer de la contre-culture. N'importe quel samedi, on peut signer ici des pétitions du Green Party, commander un poème, écouter du Hare Krishna au clavier ou du Bob Dylan au banjo. Malgré les réparations, la pendule marque toujours 4h20, soit "l'heure internationale de la fumette" (International Bong-Hit Time) pour les consommateurs d'herbe. (6, 33, 37, 43, 71)

Alamo Square Park
PARC

2 Plan p. 150, G2

Les tables de pique-nique du parc offrent une vue panoramique sur le dôme doré du City Hall et sur **Postcard Row**, l'alignement de maisons victoriennes aux couleurs pastel dites "Painted Ladies" qui bordent Steiner St. À l'angle nord-ouest s'élèvent les manoirs baroques de Barbary Coast, notamment l'extravagant Westerfeld House. Construits en 1889, l'édifice et sa tour virent successivement défiler contrebandiers tsaristes, jazzmen de Fillmore et communautés hippies. (Hayes St et Scott St ; entrée libre ; 5, 21, 22, 24)

Grateful Dead House
ÉDIFICE NOTABLE

3 Plan p. 150, C5

Comme les survivants de Grateful Dead, cette demeure victorienne violette s'assombrie avec le temps. Pourtant, c'est ici que Jerry Garcia et ses acolytes hallucinèrent (littéralement) la foule pendant le Summer of Love. En 1967, suite à la saisie de stupéfiants chez eux, ils déclarèrent à la presse que si tous ceux qui fumaient du cannabis étaient arrêtés, San Francisco serait inhabitée. (710 Ashbury St ; 6, 33, 37, 43, 71)

Buena Vista Park
PARC

4 Plan p. 150, E4

Ce parc, fondé en 1867, porte bien son nom : les cyprès centenaires encadrent ici un superbe panorama

---

> ### ✓ À savoir
> #### Les jeunes sans-abri de Haight St
> Depuis les années 1960, la jeunesse américaine voit dans le Haight un refuge où elle n'a aucun compte à rendre. San Francisco a cependant adopté en 2010 une loi controversée qui rend passible d'une amende de 50 à 100 $ le fait de traîner sur le trottoir en journée. Ceux qui critiquent cette mesure considèrent qu'elle vise particulièrement les adolescents vulnérables du quartier qui, avec seulement 1 300 lits pour 6 500 à 13 000 SDF en ville, n'ont souvent nulle part où aller. Pour les aider, privilégiez les dons aux organisations caritatives.

Comprendre
Flower Power

Le Flower Power débuta à San Francisco après deux erreurs de la CIA. Le 13 mai 1960, la réunion de la Commission de la Chambre sur les activités anti-américaines (HUAC) au City Hall de San Francisco pour débusquer la "subversion communiste" provoqua un sit-in des étudiants de Berkeley, qui furent délogés sans ménagement par la police, entraînant un vaste mouvement de protestation.

Entre les années 1950 et la fin des années 1960, la CIA testa dans le cadre du programme MKULTRA des substances psychotropes à des fins de manipulation mentale. L'écrivain Ken Kesey fit partie des volontaires, une expérience qui lui inspira le roman *Vol au-dessus d'un nid de coucous* et le poussa, avec les Merry Pranksters psychédéliques à sillonner le pays à bord de leur bus bariolé et à diffuser du LSD à San Francisco. Autre cobaye de la CIA inspiré par la drogue, Stewart Brand publia le *Whole Earth Catalog* qui répertoriait les outils et moyens techniques pouvant aider au développement de communautés autonomes.

Dans ce contexte de libre-pensée et d'idées visionnaires, San Francisco devint le point de départ du combat pour les droits civiques, la construction d'une société nouvelle et du mouvement contre la guerre du Vietnam. Lors du happening géant Human Be-In organisé le 14 janvier 1967 au Golden Gate Park, le pape du LSD Timothy Leary exhorta les 20 000 participants à suivre le slogan "turn on, tune in, drop out" ("viens, mets-toi dans le coup, décroche"). Des concerts eurent lieu dans Haight St, le collectif des Diggers servit des repas gratuits et le chimiste underground Owsley Stanley distribua gracieusement du LSD. Pendant ce temps, la libération sexuelle s'exprimait dans des chambres du Haight mises à disposition.

L'assassinat de Martin Luther King le 8 avril 1968, suivi de celui de Robert Kennedy le 5 juin, mit un terme à l'euphorie. Les gauchistes du monde entier en appelèrent à la révolution, tandis que le Black Panther Party né à Oakland prenait les armes. On ne comptait plus les victimes des drogues récréatives devenues une habitude, ni les personnes atteintes de maladies vénériennes. Lorsque Owsley Stanley fut libéré de prison en 1970, la fête semblait bel et bien finie. Ce moment coïncida toutefois avec le retour à la terre – au nord de San Francisco – de nombreux idéalistes à l'origine des exploitations bio de Californie.

sur la ville et le Golden Gate Bridge – récompense bienvenue à l'ascension d'une colline abrupte. En descendant Buena Vista Ave West, on aperçoit les résidences victoriennes qui survécurent au séisme et à l'incendie de 1906. Attention, l'endroit est assez malfamé le soir. (www.sfrecpark.org ; Haight St, entre Central Ave et Baker St ; ⊙aube-crépuscule ; 🚌6, 37, 43, 71)

Se restaurer

Rosamunde Sausage Grill
FAST-FOOD $

5 🍴 Plan p. 150, H3

Offrez-vous un repas à prix modique – saucisses de canard aux figues ou classiques, accompagnées de poivrons rôtis, oignons grillés, moutarde à l'ancienne et chutney de mangue – et faites passer le tout avec l'une des 400 bières artisanales du Toronado voisin. Le mardi, réservez ou faites la queue à partir de 11h30 pour les énormes hamburgers à 6 $. (📞415-437-6851 ; www.rosamundesausagegrill.com ; 545 Haight St ; saucisses 4-6 $; ⊙11h30-22h ; 🚌6, 22, 71, 🚇N)

Bar Crudo
PRODUITS DE LA MER $$

6 🍴 Plan p. 150, F2

Ce restaurant repose sur un concept fusion typiquement californien : des bouchées de fruits de mer crus à la mode italienne, assorties de condiments asiatiques et de bières américaines et étrangères. Commencez par une blanche japonaise Hitachino accompagnée d'un toast avocat-oursin, puis passez à la puissante Belgian Tripel avec de l'omble chevalier au wasabi. Ne manquez pas l'happy hour (17h-18h30) pour vous régaler d'huîtres à 1 $, de soupe de palourdes à 5 $ et de vin à 5 $. (📞415-409-0679 ; www.barcrudo.com ; 655 Divisadero St ; petites assiettes 10-14 $; ⊙17h-22h mar-jeu et dim, 17h-23h ven-sam ; 🚌5, 6, 21, 24, 71)

Ragazza
PIZZA $$

7 🍴 Plan p. 150, F3

Amatriciana au pecorino, à l'œuf et au bacon ou encore pizza à la poitrine de porc aux piments calabrais et feuilles de betterave : ici la plupart des garnitures mettent le salami artisanal à l'honneur. Carafes de vin rouge de Sardaigne ou de Roero sec l'accompagneront à merveille. Arrivez tôt pour obtenir une table dans le jardin. (📞415-255-1133 ; www.ragazzasf.com ; 311 Divisadero St ; pizza 13-18 $; ⊙17h-22h lun-jeu, 17h-22h30 ven-sam ; 🌿 ; 🚌6, 21, 24, 71)

Magnolia Brewpub
CALIFORNIEN, AMÉRICAIN $$

8 🍴 Plan p. 150, C4

Tandis que certains dégustent des spécialités bio et des bières artisanales autour de tables communes, d'autres dissipent leur ivresse cannabique grâce au hamburger au bœuf fermier de Prather Ranch. On se croirait revenu au temps du Summer of Love, avec de meilleurs plats. Aux brunchs, on arrose le hachis de quinoa d'une Stout of Circumstance, bière maison à réveiller les Grateful Dead. (415-864-7468 ; www.magnoliapub.com ; 1398 Haight St ; plats 11-20 $; 11h-minuit lun-jeu, 11h-1h ven, 10h-1h sam, 10h-minuit dim ; 6, 33, 43, 71)

Little Chihuahua
MEXICAIN $

9 Plan p. 150, F3

Qui a dit que la nourriture bio et durable devait être coûteuse ou française ? Tomates-cerises au barbecue, poisson respectueux de l'environnement, viandes fermières et légumes bio rôtis font de délicieux tacos. On se désaltère avec une bière maison, une pression (3 $) ou une *agua fresca* (cocktail de fruits) bio. Menu enfant. (415-255-8225 ; www.thelittlechihuahua.com ; 292 Divisadero St ; tacos 4-5 $, burritos 8-11 $; 11h-23h lun-ven, 10h-23h sam et dim ; 6, 21, 24, 71)

Escape from New York Pizza
PIZZA $

10 Plan p. 150, A4

Arrêt obligatoire pour manger une part de pizza à mi-parcours de la tournée des bars du Haight. La pesto-ail-pommes de terre envoie directement dans les bras de Morphée, mais la "tomates séchées-fromage de chèvre-cœurs d'artichaut-épinards" permet de repartir du bon pied. (415-668-5577 ; www.escapefromnewyorkpizza.com ; 1737 Haight St ; part 3-5 $; 11h-minuit dim-jeu, 11h-2h ven-sam ; 6, 22, 33, 43, 71)

Toronado

Prendre un verre

Toronado
PUB

11 Plan p. 150, H3

Amateurs de bière, voici votre temple. Derrière l'autel, le tableau noir recense plus de 50 bières à la pression et des centaines en bouteille, cervoises artisanales saisonnières comprises ! Armez-vous de liquidités, venez tôt et restez tard. À côté, les saucisses du Rosamunde se marient parfaitement avec la brune des moines trappistes. La rumeur ambiante empêche souvent d'entendre son voisin, mais c'est le prix du paradis. (415-863-2276 ; www.toronado.com ; 547 Haight St ; 11h30-2h ; 6, 22, 71, M N)

À savoir
Upper and lower Haight
Lower Haight, plus variée sur le plan socio-économique, abrite également des bars plus intéressants que ceux d'Upper Haight. Son atmosphère relaxe de fumeurs de cannabis est parfois perturbée par les activités des gangs qui sévissent au nord-est de Fillmore St et de Haight St.

Alembic BAR
12 Plan p. 150, A4

Plafonds de tôle gaufrée, plancher patiné, snacks au cœur de canard et panneau annonçant fièrement "Ni Red Bull ni Jägermeister" : l'Alembic est sans concessions. Les cocktails sont préparés à partir de 250 spiritueux triés sur le volet, tels le Lava Lamp, un mousseux rosé à la noix amère, ou le Charlie Chaplin, mélangeant eau-de-vie de prune, citron vert et liqueur d'abricot. (415-666-0822 ; www.alembicbar.com ; 1725 Haight St ; 12h-2h ; 6, 33, 37, 43, 71, MN)

Coffee to the People CAFÉ
13 Plan p. 150, C4

Un lieu utopiste avec macramé au mur, slogans de gauche sur les tables et bibliothèque pleine d'ouvrages militants. Au menu : café issu du commerce équitable et cookies végétaliens. 5% des recettes reviennent à des organisations communautaires. (415-626-2435 ; 1206 Masonic Ave ; 6h-20h lun-ven, 7h-20h sam-dim ; 6, 33, 37, 43, 71)

Aub Zam Zam BAR
14 Plan p. 150, B4

Arches orientales, fresque d'inspiration perse, airs de jazz des années 1930 et cocktails de qualité : ce pilier de Haight St a les faveurs des romantiques invétérés. Bruno, le fondateur, était du genre à jeter dehors les clients qui osaient commander un martini vodka. Il a légué son bar chéri à des habitués devenus des amis. Paiement en espèces. (415-861-2545 ; 1633 Haight St ; 15h-2h ; 6, 22, 33, 43, 71, MN)

Madrone Art Bar BAR
15 Plan p. 150, F2

Bluegrass punk ou piano-rock : attendez-vous à l'inattendu dans ce petit bar victorien où trônent "bombe à facettes" et installations d'art temporaires. Si les nuits Motown ont droit à leur boisson (le Ike Turner, un whisky servi avec une gifle), les soirées mensuelles Prince vs Michael Jackson restent reines avec les brillants *mash-up Purple Thriller* qui font salle comble. Paiement en espèces. (415-241-0202 ; www.madroneartbar.com ; 500 Divisadero St ; entrée 0-5 $; 17h-2h mar-sam, 18h-2h dim-lun ; 5, 6, 21, 24, 71)

Noc Noc BAR
16 Plan p. 150, H3

Graffeurs à dreadlocks, DJ électro et hackers anarchistes fréquentent l'endroit qui ressemble à une habitation troglodyte postapocalyptique à la Tim Burton où l'on sert des cocktails au saké à réveiller les morts. Boissons au soju (alcool de riz) et bière uniquement. Pressions à 3 $ de 17h à 19h tous les jours. Paiement en espèces. (📞415-861-5811 ; www.nocnocs.com ; 557 Haight St ; ⏱17h-2h lun-jeu, 15h30-2h ven, 15h-2h sam-dim ; 🚍6, 22, 24, 71, Ⓜ N)

Vinyl Coffee & Wine Bar
CAFÉ, BAR À VINS

17 🍷 Plan p. 150, F3

Le jour, Vinyl est une adresse un brin intello servant des cafés Blue Bottle à des fondateurs de start-up... mais, lorsque les lumières sont tamisées et que l'happy hour commence (vin à 6 $ de 17h30 à 19h), l'endroit déborde d'énergie. Au programme, guettez les soirées Brainstorm Trivia (quiz) ou Pizza Hackers pour des margheritas cuites sur un gril modifié. (📞415-621-4132 ; www.vinylsf.com ; 359 Divisadero St ; ⏱7h-23h lun-jeu, 8h-minuit ven-sam, 8h-21h dim ; 🚍6, 21, 24, 71)

Uva Enoteca
BAR À VINS

18 🍷 Plan p. 150, H3

Garçons à mèche et filles à frange découvrent les joies du Bardolino et du Barbera au verre. En accompagnement, petites assiettes de légumes, fromages et charcuterie de la région, le tout servi par de jolies demoiselles tatouées de Lower Haight. Vin maison à 5 $ et réductions sur le menu en happy hour (17h-18h30 tous les jours). (📞415-829-2024 ; www.uvaenoteca.com ; 568 Haight St ; ⏱17h-22h lun, 17h-23h mar-ven, 11h30-23h30 sam, 15h30-22h dim ; 🚍6, 22, 24, 71, Ⓜ N)

Sortir

Independent
CONCERTS

19 ⭐ Plan p. 150, F2

Cette salle intime mérite sa réputation : musique indé (Magnetic Fields, Rogue Wave), légendes du rock (Courtney Love, Marky Ramone), pop progressive (Imagine Dragons, Vampire Weekend), humoristes (Dave Chapelle, Comedians of Comedy) et autres spectacles déjantés comme les championnats américains d'Air Guitar. Ventilation médiocre, mais boissons bon marché. Entrée libre aux soirées cinéma pour deux verres achetés. (📞415-771-1421 ; www.theindependentsf.com ; 628 Divisadero St ; billets 12-45 $; ⏱guichet 11h-18h lun-ven, 11h-21h30 les soirs de concert ; 🚍5, 6, 21, 71)

Booksmith
LECTURES

20 ⭐ Plan p. 150, B4

San Francisco compte parmi les trois premiers marchés du livre aux États-Unis, et les écrivains en tournée font de Booksmith's Author Series une destination littéraire de choix. Parmi les lectures récentes, Adam Johnson, vainqueur du Pulitzer avec *The Orphan Master's Son,* Michael Pollan, auteur du *Dilemme de l'omnivore* et la critique Wendy McNaughton. Calendrier d'échanges de livres et des soirées open-bar Literary Clown Foolery sur Internet. (☏415-863-8688 ; www.booksmith.com ; 1644 Haight St ; ⏱10h-22h lun-sam, 10h-20h dim ; 🛋 ; Ⓜ Haight St)

Shopping

Amoeba Music MUSIQUE

21 🔒 Plan p. 150, A4

Outre le stock de CD et de vidéos (neuf et occasion) le plus éclectique de la Côte Ouest, cette enseigne possède des bornes d'écoute, un magazine gratuit aux critiques pertinentes, et programme des concerts gratuits (X – John Doe/Exene Cervenka –, Lana Del Rey, the Dandy Warhols...). Sa fondation a sauvé plus de 500 ha de forêt tropicale. (☏415-831-1200 ; www.amoeba.com ; 1855 Haight St ; ⏱11h-20h ; Ⓜ Haight St)

Bound Together Anarchist Book Collective LIVRES

22 🔒 Plan p. 150, C4

Pas besoin d'être un libertaire pur et dur pour s'intéresser à cette librairie à but non-lucratif tenue par des bénévoles depuis 1976. Haut lieu de la libre expression, elle arbore en devanture une peinture murale évocatrice et coordonne la Foire du livre anarchiste. (☏415-431-8355 ; www.boundtogetherbooks.wordpress.com ; 1369 Haight St ; ⏱11h30-19h30 ; 🚌6, 33, 37, 43, 71)

Wasteland VÊTEMENTS, ACCESSOIRES

23 🔒 Plan p. 150, B4

Un cinéma converti en grand magasin de mode vintage où l'on trouve de longues robes psychédéliques sorties des années 1960, des bottes western des années 1970, de larges ceintures des années 1980 et des T-shirts grunge des années 1990. Le branché frise parfois le mauvais goût – voir les pulls à paillettes –, mais les prix bas incitent à prendre des risques vestimentaires. (☏415-863-3150 ; www.wastelandclothing.com ; 1660 Haight St ; ⏱11h-20h lun-sam, 12h-19h dim ; 🚌6, 33, 37, 43, 71 ; Ⓜ N)

◯ **100% San Francisco**
Haight en skate

Fi du Golden Gate Bridge ! Pour les skateurs, la véritable icône de San Francisco, c'est Haight St, la longue pente de Buena Vista Park à Lower Haight qui apparaît dans d'innombrables vidéos et le magazine *Trasher* de la ville. Des demeures victoriennes délabrées figurent sur les planches Western Edition du **SFO Snowboarding & FTC Skateboarding** (plan p. 150, B4 ; ☏415-626-1141 ; www.sfosnow.com ; 1630-32 Haight St ; ⏱11h-19h ; 🚌6, 33, 37, 43, 71, Ⓜ N) dont le personnel spécialisé connaît les coins en vogue où faire des *tricks*. Roulez jusqu'à Lower Haight pour dénicher les sweats "Left Coast" conçus pour le skate et assister aux vernissages *street art* d'**Upper Playground** (plan p. 150, H3 ; ☏415-861-1960 ; www.upperplayground.com ; 220 Fillmore St ; ⏱12h-19h ; 🚌6, 22, 71, Ⓜ N).

# Shopping

Piedmont Boutique
VÊTEMENTS, ACCESSOIRES

24 Plan p. 150, C4

Pour un look extravagant, direction le fournisseur des artistes de cabaret, transformistes, strip-teaseuses et adeptes du déguisement en tout genre. Conçus spécialement par la maison, les articles (mini-shorts en fausse fourrure, boas en plumes…) ne sont cependant pas donnés. (☎415-864-8075 ; www.piedmontsf.com ; 1452 Haight St ; ⏱11h-19h ; 🚌6, 33, 37, 43, 71)

Loved to Death
CADEAUX, TAXIDERMIE

25 Plan p. 150, B4

Têtes de cerf, scie rouillée et ex-voto miniatures aux murs… Signes de mauvais augure ? Non, tout est à vendre ! À l'étage, médaillons victoriens, kits d'exorcisme portatifs et autres cadeaux effrayants. Déconseillé aux personnes sensibles — bien que les gérants précisent qu'aucun animal n'a été tué dans le seul but d'être empaillé. (☎415-551-1036 ; www.lovedtodeath.net ; 1681 Haight St ; ⏱11h30-19h lun-jeu, 11h30-20h ven-sam, 12h-19h dim ; 🚌6, 33, 37, 43, 71, Ⓜ N)

Goorin Brothers Hats
ACCESSOIRES

26 Plan p. 150, C4

Plumes de paon, hauts-de-forme et accessoires conçus par des artistes locaux facilitent la tâche aux *hipsters* cherchant à se démarquer. Panamas rehaussés d'une bande de soie abritent du soleil avec classe, comme les casquettes en jean à visière plate, brodées de motifs du tatoueur Yutaro Sakai. (☎415-436-9450 ; www.goorin.com ; 1446 Haight St ; ⏱11h-20h ; 🚌6, 33, 37, 43, 71)

Amoeba Music

Rare Device
CADEAUX

27 Plan p. 150, F2

Le flair san-franciscain est le "*rare device*" (technique spéciale) qui rend irrésistible cette sélection parcimonieuse d'objets pour tout âge. Porcelaines de Chine arborant des scènes de rue, alligators empilables au lieu des cubes habituels et un agenda Little Otsu's Alpine Songs qui égayera les emplois du temps surchargés. (☎415-863-3969 ; www.raredevice.net ; 600 Divisadero St ; ⏱12h-20h lun-ven, 11h-19h sam, 11h-18h dim ; 🚌5, 6, 21, 24, 71)

160 Golden Gate Park et les avenues

Explorer

Golden Gate Park et les avenues

Pour vivre des moments forts, les Américains mettent le cap sur San Francisco – les habitants, eux, sur ce quartier-ci. Les surfeurs y affrontent des murs d'eau sous le vent d'Ocean Beach, les joggeurs mettent leur endurance à l'épreuve dans le Golden Gate Park et les gourmands se régalent de *dim sum* dans l'ambiance familiale de Sunset ou de Richmond, de part et d'autre du parc.

Explorer

L'essentiel en un jour

🌅 Rendez-vous de bonne heure à **Ocean Beach** (p. 168) pour observer les surfeurs casse-cou et rejoignez-les au **Trouble Coffee** (p. 175). Arrêtez-vous ensuite dans le magasin de surf **Mollusk** (p. 176), avant de prendre la ligne de métro N Judah jusqu'à 9th Ave et de rejoindre le **San Francisco Botanical Garden** (p. 168). Musardez dans la forêt tropicale sous le dôme du **California Academy of Sciences** (p. 162) et découvrez l'espace au **Morrison Planetarium**, puis déjeunez de *dim sum* bio à l'**Academy Cafe**.

☀️ Après avoir visité les collections du **MH de Young Museum** (p. 164), qui vont de l'Égypte ancienne à l'art contemporain, savourez une pause zen dans le **Japanese Tea Garden** (p. 168). Gravissez ensuite Strawberry Hill dont la vue embrasse **Stow Lake** (p. 169) et le Pacifique. Lors de l'étape suivante, le bus 44 vous conduira jusqu'à la librairie **Green Apple** (p. 177) et la boutique de cadeaux **Park Life** (p. 175). À bord du bus 2, gagnez l'éclectique musée d'art de la **Legion of Honor** (p. 168).

🌙 Suivez le chemin reliant le Legion à **Sutro Baths** (p. 169) pour un coucher de soleil éblouissant, puis prenez le bus Geary 38 vers les cocktails tropicaux de **Trad'r Sam's** (p. 175), les festins bio marocains-californiens d'**Aziza** (p. 170) et la folk endiablée de **Plough & Stars** (p. 175).

👁 Les incontournables

California Academy of Sciences (p. 162)

MH de Young Museum (p. 164)

❤ Le meilleur du quartier

Prendre l'air
Golden Gate Park (p. 176)

Ocean Beach (p. 168)

Coastal Trail (p. 170)

San Francisco Botanical Garden (p. 168)

Japanese Tea Garden (p. 168)

Musées et galeries
Legion of Honor (p. 168)

Shopping
Mollusk (p. 176)

Green Apple Books (p. 177)

Park Life (p. 175)

General Store (p. 176)

Foggy Notion (p. 177)

Comment y aller

🚌 **Bus** Le 1 et le 38 partent de Downtown. Le 5 et le 21 longent la lisière nord du parc. Le 2 suit Clement St, le 71 le parc vers le sud.

Ⓜ **Tramway** Ligne N au départ de Downtown.

Les incontournables
California Academy of Sciences

L'architecte Renzo Piano a conçu en 2008 l'édifice certifié écologique que San Francisco consacre à la nature. Celui-ci renferme 38 000 animaux étranges et merveilleux, une forêt tropicale sur quatre niveaux et un espace dédié aux manchots sous un "toit vivant" de fleurs sauvages californiennes.

- Plan p. 166, G3
- 415-379-8000
- www.calacademy.org
- 55 Music Concourse Dr
- adulte/enfant 34,95/24,95 $, réduction Muni Passport 3 $
- 9h30-17h lun-sam, 11h-17h dim
- 5, 6, 31, 33, 44, 71, M N

California Academy of Sciences

À ne pas manquer

Collections
Fondée en 1853, l'Academy rassemble des milliers d'animaux vivants. Des papillons volètent sous le **dôme de verre** qui coiffe la forêt tropicale, un alligator albinos rare barbote dans un marécage et les manchots font trempette dans le bassin de l'**African Hall**.

Steinhart Aquarium
Au sous-sol, les enfants pénètrent à l'intérieur d'une bulle de verre pour observer une **forêt d'anguilles**, chercher Nemo et toucher les étoiles de mer du **zoo tactile**. Parmi les curiosités figurent un mur consacré à l'aquaculture californienne, un aquarium de poissons tropicaux à traverser, des colonnes de "dragons de mer" et une timide pieuvre géante du Pacifique.

Architecture
Pour faire de l'Academy of Sciences le musée le plus écologique au monde, le célèbre architecte italien Renzo Piano a revisité la façade néoclassique et ajouté un **toit végétal** de 1 ha semé de fleurs sauvages et aménagé de panneaux solaires.

Morrison Planetarium
Contemplez l'infini sous le vaste dôme de projection et partez pour un voyage virtuel d'une demi-heure à travers les forêts anciennes et les millions d'années à la découverte des premières traces de vie dans l'univers.

Nocturnes
Quand les manchots s'assoupissent commence la soirée Pyjama réservée aux enfants. Lors des soirées NightLife du jeudi, les plus de 21 ans sirotent des cocktails sur le thème de la jungle. Réservez en ligne.

☑ À savoir

▶ Il y a plus de monde le week-end, lors des soirées NightLife du jeudi (plus de 21 ans ; 12 $; 18h-22h) et des soirées Pyjama (plus de 5 ans ; 99 $ par personne ; de 18h à 8h). Venez plutôt l'après-midi en semaine.

▶ L'application pour iPhone *The Academy Insider* commente les collections.

▶ Évitez la majoration de 5 $ qui s'applique durant les périodes d'affluence en achetant votre billet en ligne à l'avance.

Une petite faim ?

Academy Cafe (⊙9h30-17h lun-sam, 18h-22h jeu, 10h-17h dim) Les chefs primés Loretta Keller et Charles Phan proposent des produits locaux bio.

Dans le musée, **Moss Room** (www.themossroom.com ; ⊙11h-15h) propose une cuisine respectueuse de l'environnement signée Loretta Keller.

Les incontournables
MH de Young Museum

Suivez la ligne de faille artificielle du sculpteur Andy Goldsworthy le long du trottoir jusqu'à l'élégant bâtiment de Herzog & de Meuron, dont le cuivre verdi par l'oxydation se fond dans le parc. À l'intérieur, les expositions explorent de nombreux domaines artistiques, des masques cérémoniels d'Océanie aux cathédrales en munitions du sculpteur californien Al Farrow.

- Plan p. 166, F3
- 415-750-3600
- www.deyoung.famsf.org
- 50 Hagiwara Tea Garden Dr
- adulte/enfant 10/6 $
- 9h30-17h15 mar-dim, 9h30-20h45 ven mi-janv-nov
- 5, 44, 71, M N

Vue depuis la tour d'observation

MH de Young Museum

À ne pas manquer

Collection
Cette collection éclectique chemine à travers les époques et les continents, de l'Égypte ancienne à la Californie d'aujourd'hui. Peut-être remarquerez-vous des similitudes troublantes entre les peintures de Gerhard Richter et les tapis traditionnels afghans de la section textile qui compte plus de 11 000 pièces. À l'étage, de remarquables photographies modernes avoisinent des pagaies de cérémonie océaniennes, des masques africains, des sculptures de Méso-Amérique et des objets d'art décoratif américain.

Expositions
Le sous-sol du musée accueille des expositions à succès sur des thèmes aussi variés que les joyaux bulgares, les costumes des ballets de Nuréiev ou encore les tableaux de Vermeer. Les expositions artistiques sont de premier ordre, qu'il s'agisse de la peinture vénitienne ou de la photographie conceptuelle de Hiroshi Sugimoto ; celles traitant de mode ou de civilisations disparues se révèlent davantage grand public.

Architecture
Les ingénieux architectes suisses Herzog et de Meuron (célèbres pour la Tate Modern) ont été bien inspirés de fondre leur édifice dans le paysage du Golden Gate Park. En effet, le motif apparemment abstrait du revêtement cuivré du musée est basé sur des photos aériennes du parc. Aussi médiévale que futuriste, la tour torsadée du musée tranche toutefois avec les environs. Cette tourelle de 44 m bénéficie d'une plateforme d'observation gratuite, et les guirlandes en filigrane de Ruth Asawa transforment l'attente de l'ascenseur en un véritable moment de plaisir.

☑ À savoir

▶ Gratuit le 1er mardi du mois et certains vendredis soir. Accès libre à la plateforme d'observation de la tour.

▶ Soirée le vendredi, avec musique live, spectacles, avant-premières de films et artistes en résidence (événements gratuits mais accès payant aux salles du musée).

▶ La librairie vend une belle sélection de bijoux, d'objets décoratifs et d'articles de mode uniques.

🍴 Une petite faim ?

Admirez le jardin de sculptures en dégustant un café de torréfaction locale, un vin californien et un plat conçu selon les expositions temporaires au **museum cafe** (⏰9h30-16h30 mar-dim, 9h30-20h ven).

Au sud du Golden Gate Park, rendez-vous chez Nopalito (p. 173) pour savourer tacos mexicano-californiens, chocolat chaud à la cannelle ou boire une margarita.

166 Golden Gate Park et les avenues

Map of Golden Gate Park and the avenues (Richmond, Sunset, Ocean Beach districts) showing:

- OCÉAN PACIFIQUE
- Point Lobos, Land's End, Deadman's Point, China Beach
- Coastal Trail, Uncle Wish Mem Rd, El Camino del Mar
- **1** Legion of Honor
- Lincoln Park, Lincoln Park Golf Course, Fort Miley
- **7** Sutro Baths
- **8** Cliff House
- Sutro Heights Park
- Point Lobos Ave, Clement St, Geary Blvd, Anza St, California St, Lake St
- RICHMOND
- Streets: 24th Ave – 48th Ave, La Playa St, Upper Great Hwy, Great Hwy
- **22**
- **24**
- **2** Ocean Beach
- OCEAN BEACH
- North Lake, Spreckels Lake, Middle Lake, South Lake
- Golden Gate Municipal Golf Course
- Golden Gate Park Equestrian Center & Stadium
- Metson Lake, Mallard Lake
- John F Kennedy Dr, Middle Dr W, Martin Luther King Dr, Fulton St, Lincoln Way, Irving St, Judah St, Sunset Blvd, Lawton St
- **18**
- **26**
- **27**, **13**, **21**, **9**
- SUNSET
- Sunset Recreation Center

167

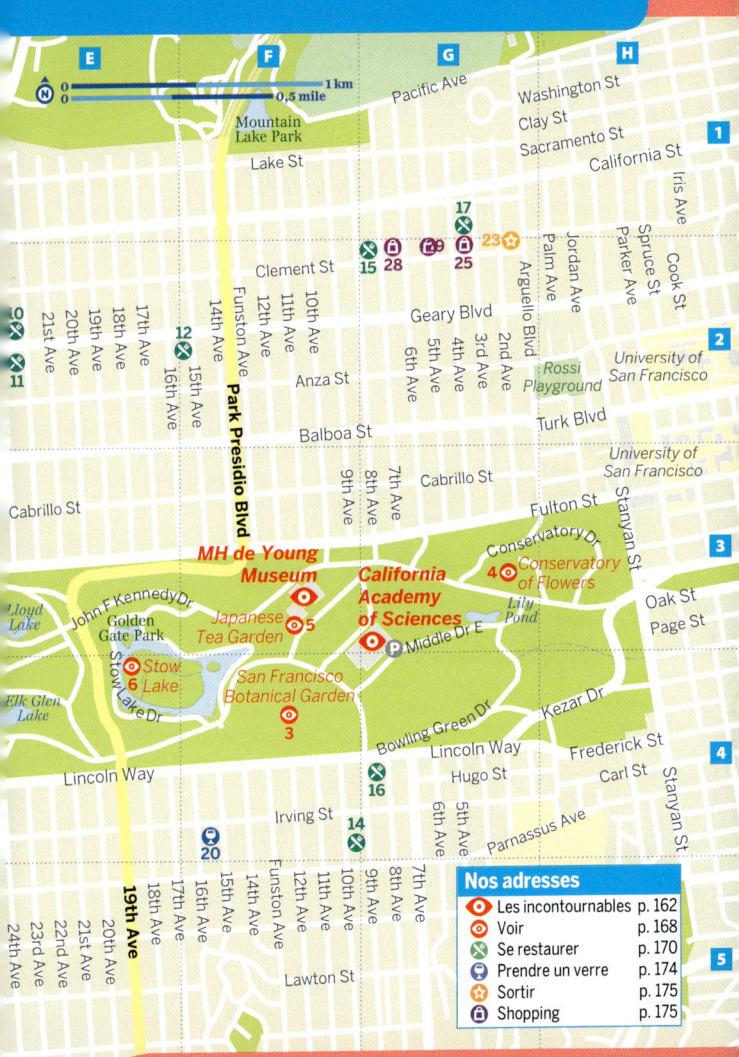

Map

Streets and locations:

- Pacific Ave
- Washington St
- Clay St
- Sacramento St
- California St
- Mountain Lake Park
- Lake St
- Clement St
- Geary Blvd
- Anza St
- Balboa St
- Cabrillo St
- Fulton St
- Conservatory Dr
- Turk Blvd
- Rossi Playground
- University of San Francisco
- Oak St
- Page St
- Lily Pond
- Middle Dr E
- Bowling Green Dr
- Lincoln Way
- Kezar Dr
- Frederick St
- Hugo St
- Carl St
- Irving St
- Parnassus Ave
- Lawton St
- John F Kennedy Dr
- Stow Lake Dr
- Lloyd Lake
- Elk Glen Lake
- Golden Gate Park
- Stow Lake
- Japanese Tea Garden
- San Francisco Botanical Garden
- MH de Young Museum
- California Academy of Sciences
- Conservatory of Flowers

Avenues (north–south):
24th Ave, 23rd Ave, 22nd Ave, 21st Ave, 20th Ave, 19th Ave, 18th Ave, 17th Ave, 16th Ave, 15th Ave, 14th Ave, 12th Ave, 11th Ave, 10th Ave, 9th Ave, 8th Ave, 7th Ave, 6th Ave, 5th Ave, 4th Ave, 3rd Ave, 2nd Ave, Arguello Blvd, Jordan Ave, Palm Ave, Spruce St, Parker Ave, Cook St, Iris Ave, Stanyan St, Funston Ave, Park Presidio Blvd

Scale: 0 — 1 km / 0 — 0,5 mile

Nos adresses

- ⊙ Les incontournables — p. 162
- ◉ Voir — p. 168
- ⊗ Se restaurer — p. 170
- 🍷 Prendre un verre — p. 174
- ★ Sortir — p. 175
- ● Shopping — p. 175

Voir

Legion of Honor
MUSÉE

1 Plan p. 166, B1

Modèle et femme hors du commun, "Big Alma" de Bretteville Spreckels fit don de sa fortune pour construire ce mémorial aux Californiens morts en France pendant la Première Guerre mondiale. Nymphéas de Monet, paysages sonores de John Cage et dessins de Robert Crumb figurent parmi les 90 000 œuvres de la collection Achenbach. (415-750-3600 ; www.legionofhonor.famsf.org ; 100 34th Ave ; adulte/enfant 10/6 $, réduction de 2 $ avec un Muni Passport, gratuit 1er mar du mois ; 9h30-17h15 mar-dim ; 1, 18, 38)

Ocean Beach
PLAGE

2 Plan p. 166, A4

Le Golden Gate Park débouche sur cette plage venteuse, trop fraîche pour lézarder en maillot mais idéale pour les surfeurs expérimentés en combinaison (courants dangereux). Feux de camp autorisés dans les foyers prévus à cet effet ; alcool interdit. L'extrémité sud d'Ocean Beach recèle des "dollars des sables" (échinodermes ronds et plats) et les vestiges d'une épave du XIXe siècle. Ne sortez pas des sentiers, car des pluviers neigeux trouvent refuge dans les dunes fragiles. (415-561-4323 ; www.parksconservancy.org ; Great Hwy ; aube-crépuscule ; 5, 18, 31, N)

San Francisco Botanical Garden
JARDIN

3 Plan p. 166, F4

Laissez-vous guider par votre odorat dans cet espace vert de 28 ha perpétuellement fleuri. Le Garden of Fragrance ("jardin de senteurs") a été conçu pour les malvoyants, et la section consacrée aux plantes californiennes, près de l'allée de séquoias, explose de couleurs en début de printemps. Des visites gratuites ont lieu chaque jour ; renseignez-vous dans la librairie à l'entrée. (Strybing Arboretum ; 415-661-1316 ; www.strybing.org ; 1199 9th Ave ; adulte/enfant 7/5 $, gratuit 2e mar du mois ; 9h-18h avr-oct, 9h-17h nov-mars, librairie 10h-16h ; 6, 43, 44, 71, N)

Conservatory of Flowers
SITE NATUREL

4 Plan p. 166, G3

Récemment restaurée, cette serre victorienne de 1878 renferme de somptueuses orchidées, des nénuphars et des plantes carnivores. (infos 415-831-2090 ; www.conservatoryofflowers.org ; 100 John F Kennedy Dr ; adulte/enfant 7/5 $; 10h-16h30 mar-dim ; 71, N)

Japanese Tea Garden
JARDIN

5 Plan p. 166, F3

Décompressez dans le Zen Garden en sirotant un thé vert devant une cascade et des bonsaïs presque centenaires, œuvres des Hagiwara. De retour des camps d'internement pour Japonais à l'issue de la Seconde

Japanese Tea Garden

Guerre mondiale, cette famille de jardiniers découvrit que ses arbres miniatures avaient été vendus et s'employa pendant 20 ans à les récupérer. (🕿 réservation cérémonie du thé 415-752-1171 ; www.japaneseteagardensf.com ; 75 Hagiwara Tea Garden Dr ; adulte/enfant 7/5 $, gratuit avant 10h lun, mer et ven ; ⊗9h-18h mars-oct, 9h-16h45 nov-fév ; 🚌5, 44, 71, Ⓜ N)

Stow Lake

LAC

6 ⊙ Plan p. 166, E4

Les Huntington Falls dévalent de Strawberry Hill sur 220 m jusqu'au lac, près d'un romantique pavillon chinois et d'un hangar à bateaux de 1946, qui loue embarcations et vélos. (www.sfrecpark.org ; pédalo/canoë/barque/tandem/vélo 24/20/19/15/8 $ de l'heure ; ⊗aube-crépuscule ; Ⓜ 9th Ave)

Sutro Baths

PARC

7 ⊙ Plan p. 166, A2

Difficile de voir dans ces ruines l'endroit où la bonne société victorienne venait jadis se baigner et faire de l'exercice en maillot de laine. Le complexe de piscines chaudes et froides construit par le millionnaire Adolph Sutro en 1896 pouvait alors accueillir jusqu'à 10 000 personnes, mais il ferma ses portes en 1952. Traversez le tunnel rocheux à marée basse pour profiter de la vue impressionnante. (www.nps.gov/goga/historyculture/sutro-baths.htm ; Point Lobos Ave ; entrée libre ; ⊗aube-crépuscule, visitor center 9h-17h ; Ⓟ ; 🚌5, 31, 38)

100% San Francisco
Promenade côtière
Se déroulant sur 14 km, le **Coastal Trail** (plan p. 166, A1 ; www.californiacoastaltrail.info ; Fort Funston to Lincoln Park ; aube-crépuscule ; 1, 18, 38) débute à **Fort Funston** (415-561-4323 ; www.parksconservancy.org ; Skyline Blvd ; Judah St), traverse les 6 km de sable d'Ocean Beach, s'enroule autour de Presidio avant de finir aux alentours du Golden Gate Bridge. Pour une balade plus tranquille, on peut accéder au sentier près de Sutro Baths, continuer par Land's End pour un panorama enchanteur et terminer par le Legion of Honor au **Lincoln Park**.

Cliff House
ÉDIFICE NOTABLE

8 Plan p. 166, A2

En 1863, le populaire millionnaire Adolph Sutro imagina la Cliff House comme un paradis du travailleur, mais sa réalisation connut trois formes différentes. En 2004, une restauration à 19 millions de dollars métamorphosa le bâtiment en un restaurant banal et coûteux. Deux curiosités subsistent : les otaries de Seal Rock et la **Camera Obscura** (415-750-0415 ; www.giantcamera.com ; adulte/enfant 3/2 $; 11h-crépuscule), invention victorienne projetant des paysages marins sur un écran parabolique. (415-386-3310 ; www.cliffhouse.com ; 1090 Point Lobos Ave ; accès libre ; 9h-23h dim-jeu ; 9h-minuit ven et sam ; 5, 18, 31, 38)

Se restaurer

Outerlands
CALIFORNIEN $$

9 Plan p. 166, B5

Après avoir affronté les vents d'Ocean Beach, rien ne vaut cette paillotte-bistro et ses bons petits plats californiens bio. Au brunch, ne ratez pas les *dutch pancakes* servis dans une poêle avec de la ricotta maison. Au déjeuner, fromages artisanaux grillés et soupe de saison pour 12 $. Enfin, au dîner, pitas à l'épaule d'agneau mijotée. Réservez et arrivez tôt ; en attendant une table, vous pouvez boire un verre de vin à l'extérieur. (415-661-6140 ; www.outerlandssf.com ; 4001 Judah St ; sandwichs et petites assiettes 8-9 $, plats 12-27 $; 11h-15h et 18h-22h mar-ven, 10h-15h et 17h30-22h sam-dim ; 18, N)

Aziza
MAROCAIN, CALIFORNIEN $$$

10 Plan p. 166, E2

La cuisine de Mourad Lahlou est d'inspiration marocaine, ses ingrédients bio et californiens, et le résultat divin. Confit de canard de Sonoma et oignons caramélisés fondent dans la pâte feuilletée de la pastilla, le safran parfume l'agneau mijoté sur un lit d'orge et le bavarois aux abricots de la pâtissière Melissa Chou est une conclusion rêvée. (415-752-2222 ; www.aziza-sf.com ; 5800 Geary Blvd ; plats 16-29 $; 17h30-22h30 mer-lun ; 1, 29, 31, 38)

Comprendre
Golden Gate Park

Le Golden Gate Park est cher au cœur des San-Franciscains. Au nord-est se trouvent le **Dahlia Garden**, le **Conservatory of Flowers** (p. 168) et l'**AIDS Memorial Grove**, coin de verdure abrité en hommage aux victimes du sida. L'angle sud-est abrite une aire de jeux pour les enfants. Plus à l'ouest se tiennent un terrain de base-ball, des autels païens sur la colline derrière et le **Shakespeare Garden** riche de 150 variétés de plantes figurant dans les pièces du dramaturge anglais. Autour de Martin Luther King Jr Dr s'étendent les Polo Fields, lieux du happening géant Human Be-In de 1967, où se déroulent toujours des concerts. À l'extrémité ouest, le paysage devient chimérique, avec des bisons qui piétinent dans leur enclos en regardant les moulins à vent et le coucher du soleil sur Ocean Beach.

Histoire

San Francisco était en avance sur son temps quand la municipalité vota en 1866 l'aménagement sur 400 ha de dunes du plus grand espace vert urbain du monde. Ce projet ambitieux effraya même Frederick Law Olmstead, l'architecte du Central Park de New York, et contraria les plans des promoteurs immobiliers qui souhaitaient transformer le site en parc à thème. La tâche fut confiée à William Hammond Hall, un ingénieur de 24 ans, qui, au lieu d'hôtels et de casinos, créa un **jardin botanique**, un **jardin japonais** et le **Stow Lake** (p. 168-169) propice au canotage. Bien qu'un journal local ait mis le public en garde contre les bancs incitant aux "étreintes excessives", les habitants affluèrent en masse. Un jour ensoleillé de 1886, le Golden Gate Park accueillit près d'un cinquième de la population.

Renseignements

Des visites guidées gratuites sont organisées par **Friends of Recreation & Parks** (415-263-0991). On peut se renseigner sur le parc au **McLaren Lodge** (510 Stanyan St), sous le magnifique cyprès emblème de la ville.

Beach Chalet (p. 174)

Ton Kiang Restaurant DIM SUM $$

11 Plan p. 166, E2

Laissez-vous guider par les odeurs alléchantes qui émanent des paniers vapeur en bambou transportés sur des chariots ou optez pour les *gao choy gat* (raviolis aux crevettes et à la ciboule), les *dao miu gao* (raviolis aux crevettes et pousses de pois) ou les *jin doy* (boulettes au sésame). La note sur la table est comptabilisée au fur et à mesure, ce qui permet de contrôler la dépense. (415-387-8273 ; www.tonkiang.net ; 5821 Geary Blvd ; dim sum 3-7 $; 10h-21h lun-jeu, 10h-21h30 ven, 9h30-21h30 sam, 9h-21h dim ; 1, 29, 31, 38)

Kabuto SUSHIS $$

12 Plan p. 166, F2

Dans cet ancien drive-in, les sushis originaux ont remplacé les hot dogs. Prenez place au comptoir pour observer le cuisinier qui confectionne des assemblages tels que thon-pamplemousse, *hamachi* (variété de poisson osseux)-poire-wasabi ou huître-oursin-caviar, œuf de caille-feuille d'or. Réservez ; tables pour 4 maximum. (415-752-5652 ; www.kabutosushi.com ; 5121 Geary Blvd ; sushis 6-10 $; 11h30-14h30 et 17h30-22h30 mar-sam, 17h30-21h30 dim ; 1, 2, 28, 31, 38)

Thanh Long VIETNAMIEN $$

13 Plan p. 166, B5

Depuis 1971, les San-Franciscains ont deux bonnes raisons de fréquenter ce restaurant du côté de Sunset : le crabe rôti au poivre (34-40 $) et les nouilles à l'ail (9 $), qui peuvent rassasier deux personnes. Le bœuf *lôc lac* et les moules sont également délicieux, les vins locaux d'un bon rapport qualité/prix, surtout le gewurztraminer Navarro. (415-665-1146 ; www.anfamily.com ; 4101 Judah St ; plats 10-18 $; 17h-21h30 mar-jeu et dim, 17h-22h ven-sam ; 18, N)

Masala Dosa INDIEN $

14 Plan p. 166, F4

Au sud du parc, ce bistro aux lumières tamisées sert une cuisine indienne revigorante. Spécialisé dans les *dosa* – crêpes à la farine de lentilles accompagnées de *sambar* (soupe

Se restaurer

> ### Comprendre
> ### San Francisco dans le brouillard
>
> Vous ne savez pas quoi mettre pour une journée dans le Golden Gate Park ou dîner sur les avenues ? C'est l'effet "ceinture de brume", un brouillard côtier qui cause une baisse de température atteignant parfois 7°C entre ces zones et Downtown.
>
> Pourquoi l'ouest de Haight est-il si brumeux ? Parce que l'intérieur de la Californie, la Central Valley, est cerné de montagnes et que, lorsque la vallée se réchauffe, l'air chaud monte et le vent s'engouffre par la seule ouverture possible : le Golden Gate. L'air vaporeux qui plane au-dessus des mers fraîches du Pacifique est alors attiré dans la baie recouvrant ainsi l'ouest de la ville d'un voile opaque.
>
> Pour des prévisions précises des évolutions du brouillard, référez-vous aux images par satellites du site de la National Oceanic and Atmospheric Administration (NOAA) (www.wrh.noaa.gov/mtr). Quand la brume s'installe, visitez Castro ou le plus ensoleillé Mission. Et, si elle rejoint cette zone, embarquez à bord du BART vers Berkeley, de l'autre côté de la baie.

épicée) et de *chutney* – son *uthappam* aux oignons et petits pois est toutefois plus copieux et également sans gluten. Le poulet Madras au lait de coco et le succulent saumon sauvage masala sont remarquables. (☎415-566-6976 ; www.masaladosasf.com ; 1375 9th Ave ; plats 6-14 $; ⏰11h30-23h mer-lun, 11h-16h mar ; 🖉🚻 ; 🚌6, 33, 43, 44, 71, Ⓜ N)

Spices CHINOIS $

15 🍴 Plan p. 166, G2

La carte fait penser à un film d'action de Hong-Kong mal doublé en anglais, avec des plats qualifiés d'"explosif" ou de "puant" ("*stinky*"). Mais peu importe le vocabulaire : le chou de Nappa mariné, le *ma-po de tofu* soyeux et le poulet épicé méritent des louanges. Paiement en espèces. (☎415-752-8884 ; www.spicesrestaurantonline.com ; 294 8th Ave ; plats 7-13 $; ⏰11h-22h30 ; 🚌1, 2, 38, 44)

Nopalito MEXICAIN $$

16 🍴 Plan p. 166, G4

Juste au sud du Golden Gate Park, Nopalito propose une cuisine raffinée et écolo. Parmi les plats mexicano-californiens, *tortas* (sandwichs dans des pitas mexicaines), *carnitas* (porc braisé) tacos et chocolat chaud à la cannelle. L'endroit ne prend pas de réservations, mais, lorsque l'envie de margarita et de *ceviche* de poisson se fait sentir, appelez pour rejoindre la liste d'attente. (☎415-233-9966 ; www.nopalitosf.com ; 1224 9th Ave ; ⏰11h30-22h lun-sam, à 10h30-22h dim ; 🚻 ; 🚌6, 43, 44, 71, Ⓜ N)

Pretty Please Bakeshop
BOULANGERIE $

17 Plan p. 166, G1

Alison Okabayashi est spécialisée dans les gourmandises américaines : mini-cheesecakes, cupcakes red velvet et brownies au caramel salé. Les meilleures sont des versions haut de gamme des gâteaux Hostess – le Ding Dong, un gâteau au chocolat fourré de crème au beurre et nappé de ganache Guitard, et le Twink, génoise à la citrouille ou à la vanille fourrée à la crème. (415-347-3733 ; www.prettypleasesf.com ; 291 3rd Ave ; pâtisseries 1,50-5 $; h11h-19h mar-ven, 11h-18h sam, 11h-17h dim ; c ; g1, 2, 33, 38, 44)

> **Bon plan**
>
> **Le parc en roue libre**
> Pour parcourir l'intégralité du Golden Gate Park, on peut louer un vélo juste à côté, au **San Fran Cyclo** (plan p. 166, H3 ; 415-831-8031 ; www.sanfrancyclo.com ; 746 Arguello Blvd ; vélo 8-12 $/h, casque 10 $/j ; 11h-19h lun-ven, 10h-18h sam, 10h-17h dim ; 5, 31, 33, 38) ou un skate au **Golden Gate Park Bike & Skate** (plan p. 166, G3 ; 415-668-6117 ; www.goldengateparkbikeandskate.com ; 3038 Fulton St ; skate 5-6 $/h, 20-24 $/j, vélo 3-5 $/h, 15-25 $/j ; 10h-18h ; 5, 31, 44). Le dimanche (toute l'année) et le samedi (de juin à octobre), la JFK Drive est fermée à la circulation à l'est de Crossover Dr, laissant le champ libre aux cyclistes et skateurs.

Prendre un verre

Beach Chalet
BAR, BRASSERIE

18 Plan p. 166, A4

Vue sur les couchers de soleil du Pacifique à l'étage, bar dans l'arrière-cour et, au rez-de-chaussée, fresques de 1930 présentant une histoire condensée de SF. Le dimanche, le Backyard Park Chalet organise les "Recovery Brunch Buffets" avec champagne à volonté (27,50 $). Happy hours du mercredi au vendredi (15h-18h). (415-386-8439 ; www.beachchalet.com ; 1000 Great Hwy ; 9h-23h lun-jeu, 9h-minuit ven, 8h-minuit sam, 8h-23h dim ; 5, 18, 31)

Tommy's Mexican Restaurant
BAR

19 Plan p. 166, D2

Depuis 1965, Tommy's est le temple san-franciscain de la tequila. On y sert des enchiladas pour dédouaner les buveurs de tequila *reposado* ou *añejo*. La majorité des 211 délicieuses tequilas proposées ici répondent au critère strict "100% agave vieillie en petits fûts". (415-387-4747 ; www.tommysmexican.com ; 5929 Geary Blvd ; 12h-23h mer-lun ; 1, 29, 31, 38)

Hollow
CAFÉ

20 Plan p. 166, F4

Cupcakes à la Guinness et café Ritual culte sont ici servis parmi des installations d'art constituées de loupes, bombes de mousse à raser et robots passe-thé. Il y a deux tables à l'intérieur, mais le trottoir est plus convivial. L'annexe voisine vend d'autres objets arty. (415-242-4119 ; www.hollowsf.com ; 1435 Irving St ; 8h-17h lun-ven, 9h-17h sam et dim ; 28, 29, N)

Trouble Coffee
CAFÉ

21 Plan p. 166, B5

Le petit-déjeuner "Build Your Own Damn House" (8 $) inclut une noix de coco entière, accompagnée de café et de toasts à la cannelle. Les surfeurs musardent sur le banc de bois flotté, tandis qu'au comptoir les musiciens alternatifs savourent un "Hammer", revigorant café torréfié maison. (www.troublecoffee.com ; 4033 Judah St ; 7h-19h lun-ven, 8h-20h sam, 8h-17h dim ; 18, M Judah St)

Trad'r Sam
BAR

22 Plan p. 166, D2

Rien de tel qu'une escapade dans les îles pour oublier la fraîcheur d'Ocean Beach. Pourvu de box en rotin, ce bar exotique et vintage propose des cocktails où flotte parfois un atoll de crème glacée. Grand classique, l'Hurricane comporte deux pailles, car le boire seul expose au coma éthylique. (415-221-0773 ; 6150 Geary Blvd ; 11h-2h ; 1, 29, 31, 38)

Sortir

Plough & Stars
CONCERTS, PUB

23 Plan p. 166, G2

Des groupes celtiques et bluegrass qui affichent complet de l'Irlande aux Appalaches jouent ici les soirs de semaine. Pas de concerts le lundi, mais happy hour toute la journée et billard gratuit en compagnie des habitués volubiles. Entrée souvent payante le week-end (6-12 $). (415-751-1122 ; www.theploughandstars.com ; 116 Clement St ; 15h-2h lun-jeu, 14h-2h ven-dim, concerts 21h ; 1, 2, 33, 38, 44)

Balboa Theatre
CINÉMA

24 Plan p. 166, C3

Ce cinéma de quartier partage sa programmation entre documentaires russes, premiers films, matinées familiales et projections turbulentes. Les réalisateurs se disputent la place sur le fronton depuis 1926, mais, grâce à l'association à but non-lucratif San Francisco Neighborhood Theater Foundation, les billets restent abordables et les affiches passionnantes. (415-221-8184 ; www.balboamovies.com ; 3630 Balboa St ; adulte/enfant et matinées 10/7,50 $; variables ; ; 5, 18, 31, 38)

Shopping

Park Life
ART, CADEAUX

25 Plan p. 166, G2

Cette enseigne regroupe design, édition indépendante et galerie d'art. T-shirts de la loutre Sutro Sam, catalogue des visions utopistes de Shaun O'Dell et portraits de John Coltrane au prisme irradiant dessiné par Ian Johnson constituent des souvenirs originaux de SF. (415-386-7275 ; www.parklifestore.com ; 220 Clement St ; 12h-20h lun-jeu, 11h-21h ven-sam, 11h-19h dim ; 1, 2, 33, 38, 44)

100% San Francisco

Le Golden Gate Park d'attractions

Le **Golden Gate Park** (plan p. 166 ; www.sfrecpark.org ; 5, 18, 21, 28, 29, 33, 44, 71, N) dispose de terrains de base-ball, de tennis, de football et même un de boulingrin datant de 1901, le **Lawn Bowling Club** (plan p. 166, G3 ; 415-487-8787 ; www.golden-gate-park.com ; Bowling Green Dr ; 5, 21, 33, 71, N) offrant des leçons gratuites le mercredi midi. Chaque dimanche se tient la **Lindy in the Park** (plan p. 166, F3 ; www.lindyinthepark.com ; John F Kennedy Dr, entre 8th et 10th Ave ; accès libre ; 11h-14h dim ; Fulton St), événement où chacun peut venir danser le charleston devant le MH de Young Museum. Le **San Francisco Model Yacht Club** (plan p. 166, C3 ; 415-386-1037 ; www.sfmyc.org ; Spreckels Lake ; aube-crépuscule ; 5, 18, 31) organise des régates de bateaux télécommandés sur le Spreckels Lake, pendant que des pêcheurs prodiguent des cours gratuits au **Flycasting Club** (plan p. 166, B4 ; www.ggacc.org ; John F Kennedy Dr, McLaren Anglers' Lodge & Casting Pools ; aube-crépuscule ; 2, 29, N).

Mollusk ÉQUIPEMENT DE SURF, VÊTEMENTS

26 Plan p. 166, B4

Les planches de shapers célèbres et les sweat-shirts à capuche garantissent un style imbattable made in SF, tandis que les livres, les peintures et les collages de Thomas Campbell et autres artistes évoquent la subculture du surf pour ceux qui préfèrent ne pas se mouiller. (415-564-6300 ; www.mollusksurfshop.com ; 4500 Irving St ; 10h-18h30 lun-sam, 10h-18h dim ; Judah St)

General Store CADEAUX, ACCESSOIRES

27 Plan p. 166, B5

Prenez l'apparence d'un hippie californien grâce à une barbe et à General Store ! Les murs en pin arborent écharpes indigo artisanales, lance-pierres, bracelets en osier et teintures bio. Le week-end, quelques fumeurs draguent depuis les bancs à l'extérieur, et des musiciens grattent leur guitare dans l'arrière-cour. (415-682-0600 ; www.shop-generalstore.com ; 4035 Judah St ; 11h-19h lun-ven, 10h-19h sam-dim ; 18, N)

Park Life (p. 175)

Green Apple Books
LIVRES

28 Plan p. 166, G2

Paradis pour amateurs de lecture. On perd ici le fil du temps en explorant les trois étages de publications récentes, le fonds, les occasions et en profitant des excellents conseils des libraires. Guettez la section "curiosités locales" et les rencontres avec les auteurs. L'annexe fiction/musique se situe deux numéros plus loin. (415-387-2272 ; www.greenapplebooks.com ; 506 Clement St ; 10h-22h30 dim-jeu, 10h-23h30 ven-sam ; 1, 2, 33, 38, 44)

Foggy Notion
CADEAUX, ACCESSOIRES

29 Plan p. 166, G2

Grâce à l'artisanat local, voici le plus singulier magasin de souvenirs de SF : ardoises en forme de Californie, bougeoirs en bois flotté du Pacifique, torchons Sutro Tower sérigraphiés et miel des ruches du Golden Gate Park. Les élégants sacs en cuir recyclé sont fabriqués par la propriétaire, Alissa Andersson, qui convertit également les bocaux en flacons à savon, poivriers ou tasses à bec verseur. (415-683-5654 ; www.foggy-notion.com ; 275 6th Ave ; 12h-19h mer-dim ; 1, 2, 38, 49)

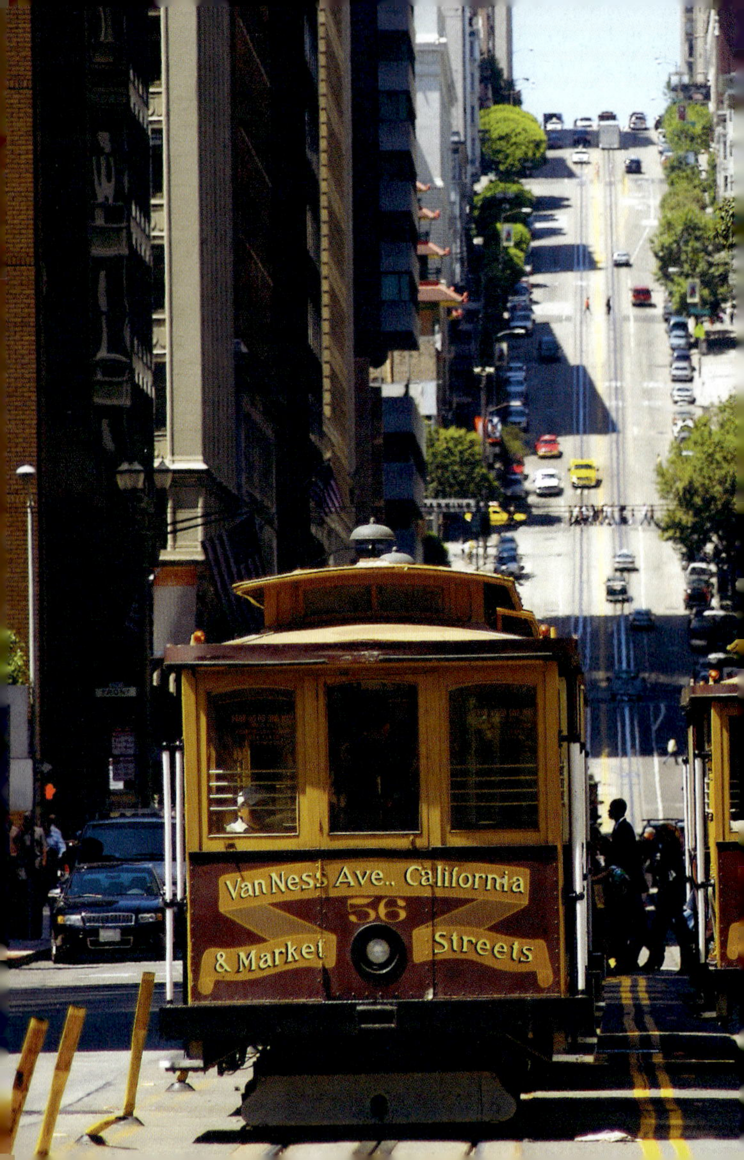
VanNess Ave.. California
56
& Market
Streets

San Francisco
Selon ses envies

Les plus belles balades

Ambiance bohème dans Haight . . . 180
Les trésors de Mission 182
Mouvement Beat à North Beach . . 184

Envie de...

Restaurants gastronomiques 186
Restaurants à prix doux 188
Concerts 189
Bars et cafés 190
Scène gay et lesbienne 192
Musées et galeries 194
Architecture 195
Plein air 196
Shopping 198
San Francisco en famille 200
San Francisco gratuit 201
Spectacles 202

Cable cars sur la ligne California St (p. 81)
NAPHTALINA / GETTY IMAGES ©

Les plus belles balades
Ambiance bohème dans Haight

🏃 Itinéraire

Que vous soyez hippie (mais né trop tard), punk (mais né trop tôt) ou que vous ayez une âme d'artiste, vous vous sentirez chez vous dans Haight St. Une balade à travers 150 années de Haight, qui débute avec la réalisation du parc en 1867. Le brouillard fait partie du paysage, mais il n'y a pas de meilleur endroit pour rompre la monotonie et satisfaire vos envies bohèmes.

Départ Buena Vista Park ; 🚌 Haight St

Arrivée Golden Gate Park ; 🚌 Stanyan St

Distance 2 km ; 1 heure sans arrêt

🍴 Une petite faim ?

Rechargez vos batteries avec un hamburger et une bière au **Magnolia Brewpub** (p. 154), une microbrasserie/restaurant bio nommée d'après une chanson des Grateful Dead.

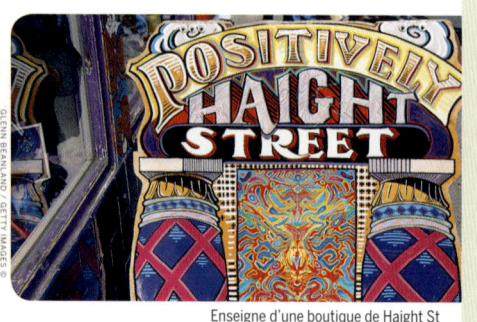

Enseigne d'une boutique de Haight St

GLENN BEANLAND / GETTY IMAGES ©

❶ Buena Vista Park

Commencez votre voyage dans le temps au **Buena Vista Park** (p. 152), où les San-Franciscains trouvèrent refuge lors du tremblement de terre et l'incendie de 1906, et regardèrent brûler la ville durant des jours.

❷ Bound Together Anarchist Book Collective

En montant vers l'ouest dans Haight St, vous reconnaîtrez peut-être Emma Goldman ainsi que Sacco et Vanzetti dans la peinture murale *Anarchists of Americas* au **Bound Together Anarchist Book Collective** (p. 158). Sinon, le personnel vous donnera des BD biographiques en guise d'introduction.

❸ Planque de la SLA

Au **1235 Masonic Avenue**, à une époque, vous auriez pu entrevoir l'Armée de libération symbionaise (SLA). C'est là qu'elle aurait détenu Patty Hearst, fille du magnat de la presse, qui rejoignit la cause de ses kidnappeurs et se mit à braquer des banques.

Ambiance bohème dans Haight

❹ Maison des Grateful Dead

L'**ancienne résidence** (p. 152) de Jerry Garcia, Bob Weir et Pigpen, membres des Grateful Dead, se situe au **710 Ashbury St**. La brigade des stupéfiants y fit une descente en octobre 1967.

❺ Maison de Janis Joplin

Un peu plus bas, au **635 Ashbury Street** se trouve l'une des nombreuses adresses de Janis Joplin dans les années 1960. Préférant la liberté prônée dans ses chansons, elle avait visiblement la bougeotte.

❻ Haight et Ashbury

L'**angle de Haight et d'Ashbury** (p. 152) constitue l'épicentre de la culture hippie. L'horloge bloquée sur 4h20 indique "l'heure internationale de la fumette".

❼ Maison de Jimi Hendrix

Cette maison victorienne du **1524 Haight Street** accueillit de nombreux hippies, notamment un certain Jimi Hendrix qui vint y faire quelques bœufs. Elle avoisine d'ailleurs un magasin de musique rempli de guitares.

❽ Hippie Hill

Suivez le rythme et joignez-vous au cercle des percussions à **Hippie Hill** dans le Golden Gate Park. Le son des tambours s'y élève depuis une quarantaine d'années. Vous remarquerez "l'arbre de Janis Joplin" : en plissant les yeux, il ressemble au profil échevelé de la chanteuse.

Les plus belles balades
Les trésors de Mission

🏃 Itinéraire

Depuis des générations, les Missionites puisent leur inspiration dans ce quartier qui abrite des édifices en adobe de 1776 et d'autres curiosités : des expositions de graffitis, des galeries naissantes et même une boutique de pirates. Outrance et provocation font partie du paysage, au côté d'instants de grâce inattendus – du jardin situé dans un parking aux portes de garage sublimées.

Départ Four Barrel ; B 16th St Mission

Arrivée Balmy Alley ; B 24th St Mission

Distance 4 km ; 3 heures

🍴 Une petite faim ?

Après cette balade, mêlez-vous aux habitants pour une part de tarte aux fraises et à la rhubarbe chez **Mission Pie** (📞 415-282-1500 ; www.missionpie.com ; 2901 Mission St ; tarte 3-5 $; ⏰ 7h-22h lun-ven, 8h-22h sam, 9h-22h dim ; 📶 🚻 ; 🚌 12, 14, 48, 49, B 24th St Mission).

Miniparc sur la 24th St

❶ Four Barrel

Les miniparcs et le Burning Man furent tous deux créés à SF, et le comptoir d'angle du **Four Barrel** (375 Valencia St) n'est pas sans rappeler la dépouille rouillée d'un *burning man*. Faites le plein avec un bon java torréfié maison.

❷ Creativity Explored

Creativity Explored (p. 133) présente des œuvres d'artistes déficients mentaux, dont les poèmes pacifistes de John McKenzie.

❸ Mission Dolores

Premier bâtiment de la ville, **Mission Dolores** (p. 132) fut construit par 5 000 Amérindiens. Depuis Chola Lane, on aperçoit à travers la grille la hutte à la mémoire du peuple miwok.

❹ Women's Building

En tournant à gauche sur la 18th St, vous vous retrouverez nez à nez avec des déesses et des titulaires du prix Nobel

Les trésors de Mission 183

s'étalant sur l'immense fresque ornant l'audacieux **Women's Building** (p. 129).

❺ 826 Valencia

De retour sur Valencia, vous remarquerez la fresque de Chris Ware et les installations artistiques en devanture du **826 Valencia** (p. 132) – meilleure (et unique) boutique de pirates au monde. On y trouve cache-œil, remèdes contre le scorbut (du citron) et le principal (et unique) théâtre de poissons d'Amérique.

❻ Dog-Eared Books

Une pause au **Dog-Eared Books** (900 Valencia St) permet de rendre hommage aux célébrités disparues. En vitrine, des bandes dessinées retracent la vie de sommités, de Liz Taylor à Susan Sontag.

❼ Ratio 3

Les buzz des foires internationales d'art contemporain germent tous à **Ratio 3** (2831 Mission St). Paillettes de ciment pulvérisé de Mitzi Pederson et ondulations optiques d'Ara Peterson : cette galerie hallucinée entièrement noire tient sa promesse, "ouvrir l'esprit à la vastitude".

❽ Balmy Alley

Descendez la 24th St et pénétrez **Balmy Alley** (p. 132) pour contempler cette ruelle couverte de fresques. Parmi les personnages hauts en couleur qui rehaussent les portes de garage, on reconnaît l'activiste assassiné Archbishop Romero ou la peintre Frida Kahlo.

Les plus belles balades
Mouvement Beat à North Beach

Itinéraire

Le long de ce parcours littéraire à North Beach, il y a de la poésie dans l'air et sur le trottoir, à commencer par la librairie légendaire City Lights, cœur de la poésie Beat et de la liberté d'expression. Il s'agit d'une promenade facile, mais comptez au moins 2 heures pour découvrir le quartier à la façon de Jack Kerouac : en prenant un verre au départ, à mi-parcours et à l'arrivée.

Départ Bob Kaufman Alley ; Columbus Ave

Arrivée Li Po ; Kearny St

Distance 2,4 km ; 2 heures

Une petite faim ?

Les focaccias qui sortent du four centenaire de la **Liguria Bakery** (p. 65) sont un subtil mélange de farine, d'eau et de poésie.

Beat Museum (p. 60)

❶ Bob Kaufman Alley

Cette ruelle calme porte le nom du poète cofondateur du magazine *Beatitudes* en 1959, qui fit vœu de silence après l'assassinat de Kennedy. Il ne parla plus jusqu'à la fin de la guerre du Vietnam. Il entra alors dans un café de North Beach et se mit à réciter l'un de ses poèmes, "All Those Ships that Never Sailed".

❷ Caffe Trieste

Commandez un expresso bien serré et glissez-vous dans le box dans le fond, sous la fresque sicilienne, où Francis Ford Coppola rédigea le scénario du *Parrain*. **Caffe Trieste** (p. 67) est une institution du quartier depuis 1956. Les habitués – et les inscriptions sur les murs des toilettes – sont là pour le prouver.

❸ City Lights

"Vous qui entrez, abandonnez tout désespoir", dit la pancarte de Lawrence Ferlinghetti, poète/fondateur de **City Lights** (p. 71). À l'étage, la lumineuse Poetry Room et ses piles de livres récemment parus aident

Mouvement Beat à North Beach

à suivre ce conseil. Depuis la mémorable victoire pour la liberté d'expression qui permit la parution de *Howl* d'Allen Ginsberg en 1957, City Lights a publié William S Burroughs, Frank O'Hara et Jack Kerouac, parmi tant d'autres. Une promenade dans la littéraire North Beach mérite bien de lire quelques vers.

❹ Beat Museum

Ne vous étonnez pas d'entendre une chanson de Dylan près de l'entrée, ou d'entrevoir la nudité d'Allen Ginsberg dans un documentaire projeté dans le **Beat Museum** (p. 60).

❺ Specs Museum Cafe

Débutez votre tournée des bars littéraires au **Specs** (p. 67), entouré de reliques de la marine marchande, de contes incroyables et d'un verre d'Anchor Steam.

❻ Jack Kerouac Alley

Un jour, l'auteur de *Sur la route* abandonna Henry Miller pour s'enivrer au **Vesuvio** (p. 69). Peu après, les barmen jetèrent l'écrivain dans une ruelle, aujourd'hui baptisée **Jack Kerouac Alley** (p. 60). Dans l'allée, on peut lire cette citation du poète chinois Li Po : "En compagnie d'amis, il n'y a jamais assez de vin."

❼ Cocktails au Li Po

Suivez les pas de Kerouac et Ginsberg en finissant la nuit sous le bouddha hilare du **Li Po** (p. 69). Vous manquerez peut-être de vin, mais la bière, elle, coule à flots.

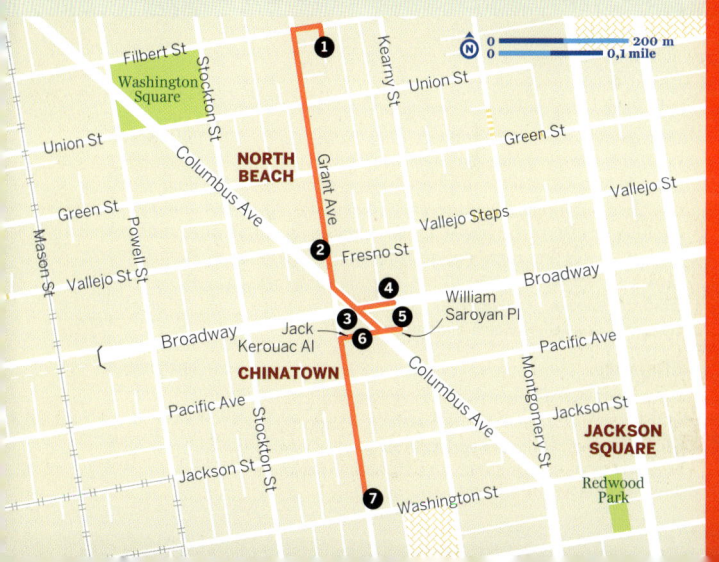

Envie de...
Restaurants gastronomiques

Comptant plus de restaurants par habitant que n'importe quelle localité des États-Unis, San Francisco offre l'embarras du choix. Presque tout pousse sur les terres fertiles de Californie, ce qui donne un avantage incontestable aux grands chefs de la ville : des produits locaux, bio et incroyablement savoureux.

Cuisine du Far West

San Francisco la multi-ethnique parfait sa cuisine fusion depuis la Ruée vers l'or, quand les mineurs troquaient leurs pépites contre des festins : huîtres, champagnes français et nouilles chinoises. Les meilleures saveurs de la ville sont encore interculturelles, mais mettent désormais l'accent sur les ingrédients locaux : huîtres cultivées à Sonoma, vin pétillant de Napa et nouilles à base d'algues de Mendocino. En 1971, le chef Alice Waters ouvre *Chez Panisse* à Berkeley, portée par le concept avant-gardiste d'une cuisine à base de produits locaux et bio. Les clients goûtèrent la différence (morilles cueillies traditionnellement, œufs de poule éthiques...) et son influence se fait aujourd'hui sentir dans toute la ville. L'obsession de l'origine des ingrédients peut sembler excessive, mais les résultats sont difficiles à contester...

Étiquette

La plupart des meilleures tables de San Francisco ont un code vestimentaire décontracté : jeans acceptés et accueil chaleureux. Comptez 9,5% de taxes en supplément, de 15% à 25% de pourboire et parfois 3% à 4% de complémentaire santé.

☑ À savoir

▶ Le week-end, les réservations sont obligatoires, sauf pour manger avant 18h ou après 21h30.

▶ La plupart des restaurants offrent des réservations par l'entremise de **OpenTable** (www.opentable.com). Si c'est complet, appelez l'établissement : des tables sont parfois mises de côté pour les réservations téléphoniques et en personne.

Restaurants gastronomiques

Fusion

Benu La haute cuisine réinterprète des classiques de l'Est avec les meilleurs ingrédients de l'Ouest. (p. 91)

Aziza La Californie rencontre le Maroc pour des saveurs ensoleillées qui dispersent le brouillard du Pacifique. (p. 170)

Excentrique Californie

Coi Morilles sauvages, fleurs sauvages et produits du Pacifique. (p. 64)

Rich Table Cuisine d'improvisation californienne matinée de gastronomie française : il fallait y penser. (p. 113)

Dîner romantique

Jardinière Derrière l'Opéra, la chef Traci des Jardins donne le *la* : rabelaisien, intelligent, écolo – avec une pointe d'accent italien. (p. 114)

Gary Danko Évadez-vous d'Alcatraz pour un dîner romantique dans Fisherman's Wharf. (p. 45)

Solides déjeuners

Boulevard Les mets californiens copieux et sans chichis de la chef Nancy Oakes sont propres à satisfaire tous les appétits. (p. 92)

Zuni Cafe Tables ensoleillées, classiques indémodables et portions généreuses inciteraient presque à se faire embaucher. (p. 115)

Vaut le détour

Pour mieux comprendre les obsessions alimentaires de la Bay Area, vous pourriez lire *Slow Food Nation : Why Our Food Should Be Good, Clean and Fair* de Carlo Petrini et Alice Waters… mais manger et boire leurs paroles est délectable **Chez Panisse** (café 510-548-5049, restaurant 510-548-5525 ; www.chezpanisse.com ; 1517 Shattuck Ave, Berkeley ; au café, plats 18-29 $, au restaurant, dîner à prix fixe 65-100 $). Horaires et indications pour s'y rendre sur le site Internet. Réserver bien à l'avance.

Envie de...
Restaurants à prix doux

Grands chefs à petits prix

Outerlands L'étoile montante Brett Cooper invente des déjeuners bio copieux. (p. 170)

Cotogna Cuisine italienne rustique par Michael Tusk, prix James Beard 2011. (p. 64)

Mijita Traci des Jardins, rend hommage à la cuisine traditionnelle mexicaine de sa grand-mère. (p. 79)

Academy Cafe Charles Phan et Loretta Keller servent des mets écolo dans la California Academy of Sciences. (p. 163)

Food trucks et étals de marché

Off the Grid Jusqu'à 30 *food trucks* offrent un festin mobile allant du curry aux cupcakes. (p. 30)

Ferry Plaza Farmers Market Fruits bio, fromage de chèvre de Sonoma et tacos coréens. (p. 79)

Heart of the City Farmers Market Des repas à composer soi-même. (p. 116)

Bons plans

La Taqueria Les plus inoubliables repas de SF sont enveloppés dans du papier et coûtent moins de 8 $. (p. 133)

Liguria Bakery Des foccacias cuites dans un four centenaire. (p. 65)

Z & Y Spécialités du Sichuan, pochées dans une huile épicée. (p. 65)

Radish Brunchs californiens-créoles à Mission. (p. 136)

Udupi Palace Plats indiens, dont le meilleur *dosa* (crêpe de lentilles) de la ville. (p. 136)

Mission Chinese Plats tendance californiens-chinois. (p. 136)

Rendez-vous sans chichis

Namu Gaji Produits de Sonoma et cuisine bio d'inspiration coréenne autour de tables communes. (p. 134)

Rosamunde Sausage Grill Saucisses aux garnitures gourmandes et bières artisanales à proximité. (p. 154)

☑ Bons plans

▶ Débusquez les *food trucks* sur Roaming Hunger (www.roaminghunger.com/sf/vendors) ou sur Twitter (@MobileCravings/sf-food-trucks, @streetfoodsf).

▶ Restaurants en promotion sur Blackboard Eats (www.blackboardeats.com/san-francisco) et sur Dine About Town (www.dineabouttown.com, janv et juin).

Envie de... Concerts

Musique classique et opéra

San Francisco Symphony Plusieurs de ses enregistrements ont été récompensés. (p. 119)

San Francisco Opera Les divas font salle comble avec des classiques réinterprétés ou des œuvres originales comme le *Dolores Claiborne* de Stephen King. (p. 119)

Jazz, country et folk

SFJAZZ Center Des virtuoses réinventent les standards du jazz en puisant leur inspiration dans les mariachis, Hunter S. Thompson ou les skaters. (p. 119)

Plough & Stars Les principaux groupes de country et de musique celtique jouent dans ce pub irlandais. (p. 175)

The Chapel Lorsque des légendes du banjo se joignent aux cuivres de La Nouvelle-Orléans et à Elvis Costello, cette chapelle résonne de belles mélodies. (p. 140)

Yoshi's Des prodiges du jazz improvisent chaque soir dans cette salle mythique de Japantown – on les retrouve après au bar à sushis. (p. 125)

Rock, pop et hip-hop

Great American Music Hall Cet ancien lupanar accueille désormais des concerts torrides de rock alternatif, de pop et de musiques du monde. (p. 121)

Slim's Des punks à Prince, les grands noms enflamment la piste de danse de cette petite salle intergénérationnelle. (p. 100)

Bimbo's 365 Club Les chanteurs du Top 50 et les rockers rétro jouent dans ce *speakeasy* historique. (p. 71)

Hotel Utah Saloon Un authentique saloon du Far West qui accueille des groupes underground. (p. 100)

Warfield De célèbres groupes, des Beastie Boys à Wilco, mettent le feu dans ce théâtre de boulevard. (p. 121)

☑ Bons plans

- Des tickets soldés sont vendus le jour même (paiement en espèces) à **TIX Bay Area** (www.tixbayarea.org).

- Sinon, essayez **Craig's List** (www.cragislist.org).

Independent Artistes émergents et événements décalés comme le championnat national d'Air Guitar. (p. 157)

Mezzanine Authenticité et qualité de son enfin réunies : rap et hip-hop de la Côte Ouest. (p. 100)

Envie de... Bars et cafés

Oubliez le simple demi, il y a mieux à boire. Qui dit Ruée vers l'or dit ruée vers les bars, et, dès 1850, San Francisco comptait donc 500 saloons alimentés par les cépages de Sonoma ou les brasseries et distilleries locales. Aujourd'hui, ces traditions californiennes se retrouvent dans les saloons revisités, les bars à vins branchés et l'explosion des microbrasseries. Le lendemain matin, on apprécie aussi le torréfacteur local.

Cocktails san-franciscains – Histoire en devenir

Au temps de la Barbary Coast, on utilisait des cocktails pour ensuquer les marins et les embarquer dans des navires. Désormais, les barmen recherchent d'anciennes recettes pour ressusciter les traditions locales. Whisky et alcools amers maison sur glace pilée à la main, Pisco Sour au blanc d'œuf et – attention à la tête – cocktail de porto et de rhum agricole dans un bol à punch. Si vous commandez un martini, il se peut que l'on vous serve la version originale inventée ici même : vermouth, gin, bière, citron, cerise au marasquin et glace.

After dans les musées

Les musées proposent quelques-unes des meilleures soirées de San Francisco. Cocktails inspirés des forêts pluviales au NightLife du California Academy of Sciences (p. 162) le jeudi, d'autres qui brillent comme des potions de savants fous à l'After Dark de l'Exploratorium (p. 53), ou encore sur le thème de l'art lors de rencontres avec les artistes en résidence au MH de Young Museum (p. 164) le premier vendredi du mois.

Bière

Zeitgeist Un *beer garden* aux barmaids bourrues, qui propose 40 bières artisanales. (p. 137)

Toronado Une bière pour chaque saison et occasion – brune en été, *barlywine* les jours fériés, blanche pour l'Oktoberfest – à accompagner de saucisses vendues à côté. (p. 155)

City Beer Store & Tasting Room Ces sommeliers de la mousse sont des experts pour déguster, faire fermenter et accorder les bières aux plats. (p. 98)

Irish Bank Trésor caché du Downtown au cadre douillet, on savoure ici un *fish and chips* et une Guinness servie dans les règles de l'art. (p. 98)

Bars et cafés

Biergarten Le bar aménagé dans un container irrigue abondamment ce *beer garden*. (p. 118)

Bars secrets

Smuggler's Cove Optez pour le punch dans ce bar installé dans une épave de Barbary Coast. (p. 116)

Bourbon & Branch Les mots de passe et la connaissance du gin n'ont pas été aussi utiles depuis la Prohibition. (p. 116)

Bars à vins

Hôtel Biron Un petit bar à vins à la sélection restreinte mais fabuleuse. (p. 117)

RN74 La plus longue carte de vins de la ville. Sans parler du menu conçu par Michael Mina. (p. 97)

20 Spot Œufs de canard mimosa, rocking chairs et 100 vins… (p. 138)

Cafés

Caffe Trieste Poètes et réalisateurs écoutent des bœufs d'accordéon en dégustant un expresso. (p. 67)

Ritual Coffee Roasters Torréfaction enivrante, art local et sacs de café en toile de jute : un lieu culte. (p. 138)

Réveille Un café d'angle ensoleillé aux expressos inouïs, pâtisseries diaboliques et passants curieux. (p. 69)

Blue Bottle Coffee Company Le garage au fond d'une ruelle, où la folie du café torréfié Third Wave vit le jour. (p. 116)

Saloons

Comstock Saloon Saloon vintage de Barbary Coast aux puissants cocktails d'époque et aux en-cas goûteux. (p. 67)

Elixir Boissons locales et bio dans un saloon western certifié écologique. (p. 137)

Rickhouse Cette élégante *shotgun house* de Downtown dispose de bourbons irréprochables. (p. 95)

Buvez intelligent

Bar Agricole Des cocktails studieux, récompensés par un James Beard Award et une double spécialité en histoire et en scotch. (p. 95)

Trick Dog Les cocktails années 1950 reprennent les tons Pantone. (p. 138)

Rye Alchimie alcoolique ; mélange de bières obscures, de petites quantités de spiritueux et de jus de fruits pressés. (p. 117)

Alembic La clientèle d'habitués apprécie ce paradis du gin et ses amuse-bouche. (p. 156)

Cantina Spécialiste de la tequila, du Pisco et autres liqueurs latinas. (p. 98)

Bar épiques

Specs Museum Cafe Buvez comme un marin dans cette oasis ornée de souvenirs maritimes. (p. 67)

Hemlock Tavern Punk rock et soirées quiz. (p. 118)

Bloodhound Alcool chic dans des pots Mason près de la table de billard ; food trucks à l'avant. (p. 96)

Edinburgh Castle Pub littéraire écossais avec des jeux de fléchettes pour patienter. (p. 118)

Lounges

Tosca Cafe Réchauffez-vous avec un expresso alcoolisé en écoutant un air d'opéra. (p. 68)

Aub Zam Zam Du jazz accompagne les cocktails bon marché, dans ce bar de Haight. (p. 156)

Envie de...
Scène gay et lesbienne

Lister les meilleurs endroits gays de San Francisco est presque superflu. Bien que Castro soit le QG gay et que Mission soit un aimant à lesbiennes, la ville entière est *gay friendly*. Ce qui explique sans doute le nombre d'élus ouvertement homosexuels à la mairie.

Soirées LGBT
Certes, la vie nocturne prend fin plus tôt qu'à New York, mais c'est parce qu'à San Francisco, les drag-queens déguisées en religieuses ont besoin de repos entre les soirées et l'organisation de leur campagne électorale. La plupart des clubs ne sont situés ni dans le Mission lesbien ni dans le quartier gay historique de Castro, mais dans les entrepôts de SoMa, où les noctambules et amateurs de cuir s'en donnent à cœur joie. Dans les années 1950, les bars qualifiaient avec euphémisme de "thés dansants" les fêtes du dimanche après-midi pour homosexuels (afin de rentabiliser cet horaire normalement creux). Aujourd'hui encore, le dimanche reste le jour le plus animé.

SF Pride Month
Célébration la plus extravagante du monde, la *gay pride* de San Francisco dure tout le mois de juin et demeure insurpassable. Le **Gay & Lesbian Film Festival** (www.frameline.org) marque le coup d'envoi avec 200 films à l'affiche, puis le **Dyke March & Pink Saturday** (www.dykemarch.org) passe la vitesse supérieure avant le bouquet final de l'exaltante **Lesbian, Gay, Bisexual and Transgender Pride Parade** (📞 415-864-3733 ; www.sfpride.org) rassemblant 1,2 million de personnes.

☑ Bonnes œuvres

▶ La Folsom Street Fair (www.folsomstreetfair.com), festival de sadomasochisme, reverse ses bénéfices à des associations locales. Dernier dimanche de septembre.

▶ Consultez le calendrier des Sisters of Perpetual Indulgence (www.thesisters.org) pour des collectes de fonds animées par des drag-queens.

Bars historiques
Stud Des *bears* en cuir, de l'art et des drag-queens,

Scène gay et lesbienne

Pride Parade

des soirées de rock féminin et des comiques paillards. (p. 100)

Eagle Tavern Ce bar cuir est une institution de SoMa. (p. 96)

Twin Peaks Tavern Le premier bar gay avec fenêtres ; désormais avec un néon arc-en-ciel. (p. 147)

Clubs lesbiens

Lexington Club Billard, flipper, tatouages, bière et beaucoup d'ex-copines. Ouvert toute la journée (p. 138)

Cat Club Soirées 90's, Bondage A Go Go et 80's déjantées le jeudi. (p. 85)

El Rio Huîtres en happy hour, air hockey, DJ talentueux et la terrasse la plus dragueuse de la ville. (p. 137)

Discothèques

EndUp Dansez de la soirée Ghettodisco du samedi jusqu'au bout du week-end. (p. 85)

Rickshaw Stop Il y en a pour tous les goûts : *lesbian disco*, *mash-up* bollywoodien ou musique latino. (p. 119)

Cabarets et boîtes de drag-queens

Aunt Charlie's Vainqueur incontesté des spectacles transgenres et des pistes de danse endiablées. (p. 121)

DNA Lounge Concours de drag-kings, danses suggestives et le fameux Trannyshack. (p. 85)

AsiaSF Homme ou femme ? La réponse sur la piste de danse au sous-sol. (p. 101)

En journée

GLBT History Museum Le premier musée d'histoire de l'homosexualité d'Amérique. (p. 147)

Jane Warner Plaza Musardez en toute liberté sous l'imposant drapeau arc-en-ciel. (p. 147)

Dolores Park Une colline du parc est surnommée Gay Beach. (p. 129)

Women's Building Des fresques ornent cette institution. (p. 129)

Articles de fête

Madame S & Mr S Leather Colliers de chien, PVC et cuir à volonté. (p. 104)

Piedmont Boutique Pantalons en fourrure orange, jambières, boas... (p. 159)

Envie de... Musées et galeries

Musées

MH de Young Museum Des têtes olmèques aux installations lumineuses de James Turrell. (p. 164)

Asian Art Museum Parcourez 6 000 ans et 4 000 km en 1 heure, avec des chefs-d'œuvre de Mumbai à Tokyo. (p. 108)

California Academy of Sciences Chassez les papillons ou observez les manchots dans ce musée vivant. (p. 162)

Cartoon Art Museum Des originaux de bande dessinée, de *Superman* à Robert Crumb. (p. 88)

Contemporary Jewish Museum Œuvres de Warhol, Houdini, Lou Reed, Gertrude Stein... (p. 88)

Legion of Honor Tout l'éclectisme de SF : art mésopotamien, paysages sonores de John Cage et récitals d'orgue parmi les sculptures de Rodin. (p. 168 ; photo ci-dessus)

Histoire

Alcatraz Un tour de l'île et du pénitencier. (p. 50)

USS Pampanito Plongez dans la Seconde Guerre mondiale à bord de ce sous-marin. (p. 37)

California Historical Society Museum Télégrammes de la Ruée vers l'or, photos du séisme, posters de rock psychédélique et autres reliques. (p. 90)

Peintures murales

Coit Tower Les fresques de SF exécutées durant la Grande Dépression sont désormais des trésors nationaux. (p. 56)

Diego Rivera Gallery Autoportrait mural du maître des fresques, en pleine contemplation devant la ville. (p. 43)

Aquatic Park Bathhouse Cet imposant bâtiment est décoré de fresques aquatiques et surréalistes datant de la Grande Dépression. (p. 43)

Galeries d'art contemporain

Catharine Clark Gallery Des artistes tentent l'impossible : peindre pendant un séisme ou sculpter dans des toilettes d'avion. (p. 144)

49 Geary Quatre étages de galeries embrassent toutes les formes d'expression. (p. 90)

Luggage Store Gallery Expositions de *street art* dans une galerie à but non-lucratif en plein essor. (p. 112)

Gallery Paule Anglim Des œuvres expérimentales et de l'art conceptuel d'artistes renommés. (p. 91)

Electric Works De nombreuses œuvres abordables et une boutique à la sélection parcimonieuse. (p. 112)

Eli Ridgway Des objets métaphysiques énigmatiques à la conception soignée. (p. 91)

Envie de...
Architecture

La plupart des bâtiments de San Francisco semblent relativement petits dans ce pays de gratte-ciel. Du bâtiment en adobe aux maisons victoriennes en passant par les musées à toit végétalisé, l'architecture de la ville est intéressante à plus d'un titre.

Sites emblématiques

Golden Gate Bridge La travée Art déco orange possède un incroyable talent pour se cacher dans le brouillard. (p. 24)

Transamerica Pyramid Le monument mythique de William Pereir, mélange de futurisme et d'Égypte antique. (p. 88 ; photo ci-dessus)

Coit Tower Ce point d'exclamation blanc sur l'horizon, décoré de peintures murales, est dédié aux pompiers et à leur courage. (p. 56)

Palace of Fine Arts L'édifice romantique néoclassique de Bernard Maybeck est la main tendue d'un idéaliste vers l'art classique. (p. 28)

Style victorien

Alamo Square Park Parfaite illustration des différents styles d'architecture victorienne à San Francisco. (p. 152)

Balade dans Haight Les maisons victoriennes les plus colorées de la ville sont également des jalons de l'histoire hippie. (p. 180)

Merveilles modernes

California Academy of Sciences Bâti par Renzo Piano et coiffé d'un toit de fleurs sauvages, c'est le premier musée à avoir obtenu la certification LEED platine. (p. 162)

MH de Young Museum Le bâtiment cuivré de Herzog & de Meuron s'oxyde pour se fondre dans le paysage. (p. 164)

San Francisco Museum of Modern Art Les architectes de Snøhetta construisent une extension au puits de lumière de Mario Botta. (p. 88)

☑ Les styles victoriens

▶ Le Stick Style (années 1880) : façades planes et longues fenêtres étroites ; comme à Mission.

▶ Le style Queen Anne (années 1880-1910) : exubérants manoirs à pignons et tourelles ; comme à Haight.

▶ L'architecture edwardienne (1901-1914) : faux pignons et ornements variés ; comme sur les avenues.

Envie de...
Plein air

Si la montée jusqu'aux parcs ne vous coupe pas le souffle, le paysage s'en chargera. La nature a été généreuse avec San Francisco, entretenue et conservée par des générations de défenseurs au premier rang desquels John Muir, fondateur du Sierra Club, William Hammond Hall, planificateur du Golden Gate Park... mais également des San-Franciscains ordinaires conscients de la beauté de leurs collines.

Ville verte

Vous l'aurez probablement deviné au premier coup d'œil : San Francisco serait la ville la plus verte d'Amérique du Nord. Les initiatives écologiques sont omniprésentes : compost obligatoire, apiculture urbaine volontaire, sacs en plastique interdits et pistes d'atterrissage militaires reconverties en réserves naturelles. C'est une ville où l'on peut manger, dormir et faire la fête en respectant l'environnement.

Skate et surf

Des pentes impressionnantes et des eaux éblouissantes invitent les visiteurs à rouler, surfer et naviguer. Haight St est un skatepark géant et les skateurs envahissent le Golden Gate Park le dimanche.

Surfer dans le Pacifique glacial n'est pas pour les novices ; consultez le **surf report** (📞415-273-1618) avant de vous lancer à l'eau. La voile est agréable d'avril à août ; la saison d'observation des baleines est de mi-octobre à décembre.

Vues panoramiques

George Sterling Park Pour un coucher de soleil argenté sur le Golden Gate Bridge. (p. 41)

Coit Tower Pour une vue aérienne sur la baie depuis les escaliers bordés de jardins. (p. 56)

Plages et front de mer

Crissy Field Véliplanchistes et joggers ont réquisitionné la piste d'atterrissage. (p. 28)

Ocean Beach Vacanciers et surfeurs y bravent le Pacifique. (p. 168)

Baker Beach Vue sur le Golden Gate, pêche durable et bains de soleil (maillots en option). (p. 28)

Exploratorium Les capteurs du quai disposés sur le Bay Observatory permettent d'évaluer la météo de la baie. (p. 53)

Coastal Trail (p170)

San Francisco Maritime National Historic Park Des navires vieux de 120 ans le long du Fisherman's Wharf. (p. 38)

Activités de plein air

Golden Gate Park Un concentré des loisirs préférés des San-Franciscains : base-ball, cyclisme, coiffures invraisemblables et papotages. (p. 176)

Coastal Trail De Fort Funston à Fort Mason, ce chemin côtier de 14 km jouit de vues sur la baie et l'étincelant océan Pacifique. (p. 170 ; photo ci-dessus)

Dolores Park Parties de foot et de basket effrénées, frisbee, tennis, mais aussi manifestations, festivals et projections gratuites. (p. 129)

La Raza Skatepark Les légendes du skate s'y retrouvent pour du free-style, les plus jeunes y tentent leurs premiers *kickflips*. (p. 133)

Merveilles botaniques

San Francisco Botanical Garden Un tour du monde dans le Golden Gate Park, des séquoias californiens aux savanes d'Afrique du Sud. (p. 168)

Japanese Tea Garden Contemplez des bonsaïs inestimables en prenant une tasse de thé. (p. 168)

Faune urbaine

Otaries à Pier 39 Ce harem offre plus de pitreries et de disputes qu'une émission de télé-réalité. (p. 37)

Perroquets sauvages à la Coit Tower Par décision municipale, les oiseaux officiels de la ville sont les perroquets qui parsèment de rouge, jaune, vert et bleu la cime des arbres entourant la tour blanche de SF. (p. 56 ; photo à gauche)

Bisons au Golden Gate Park Observez le plus petit troupeau de l'Ouest courir à toute allure vers les moulins du parc. (p. 176)

Envie de...
Shopping

Tous ces intérieurs rustiques, tiroirs à épices et fabuleux styles vestimentaires ne sortent pas de nulle part : les San-Franciscains écument leur ville pour les mettre au point. Originalité et éclectisme sont les marques de fabrique de San Francisco. Découvrir un théâtre de poissons, faire des colliers en fermetures Éclair et échanger des conseils de mode avec une drag-queen : la chasse aux trésors sera excitante.

Plan de bataille

Avant de partir à l'assaut des rues, consultez Urban Daddy (www.urbandaddy.com) pour les événements prévus, Thrillist (www.thrillist.com) pour des cadeaux et gadgets masculins, Refinery 29 (www.refinery29.com) pour les soldes et les tendances, et Daily Candy (www.dailycandy.com) pour des trouvailles et des aubaines. Tenez compte des taxes dans votre budget : elles viennent gonfler la facture de 9,5%.

Hauts lieux du shopping

La Marina Vêtements chics, accessoires féminins, vin et design le long d'Union St et Chestnut St.

Downtown & SoMa Immense magasin de cuir fétichiste surclassant Levi's, Gap et Apple.

Japantown Design zen, ustensiles *kawaii*, jouets de collection, mode Harajuku et anime.

Mission Librairies, designers locaux, produits artisanaux, galeries, T-shirts branchés et vintage à toutes les sauces.

Haight Musique, cadeaux gothiques ou vintage, et équipement de skate ponctuent Haight St.

Hayes Valley Hayes St et ses boutiques de design local, décoration, gastronomie et chaussures.

Mode de vie

826 Valencia Ravitaillement pour pirates afin de défendre la ville contre le scorbut et l'ennui. (p. 132)

Gravel & Gold Réveillez le hippie qui sommeille en vous avec des poteries, des blouses et des guides pratiques. (p. 142)

Piedmont Boutique Trésors locaux de mode drag queen. (p. 159)

New People Chaussures de ninjas, jupons gothiques pour lolitas et enceintes en bois dernier cri sont tous dans ce dépôt-vente de Japantown. (p. 125)

General Store Les essentiels de la maison de plage nord-californienne : couvertures Pendleton, dômes géodésiques et planches à découper en forme de surfs. (p. 176)

Shopping

Créateurs locaux

Heath Ceramics Fournit les grands chefs en céramiques depuis 1948. (p. 103)

Mollusk Les légendes du surf font leurs achats ici : sweats, T-shirts, skates et planches de surf faites main. (p. 176)

Park Life T-shirts et œuvres originales de graffeurs, parmi d'autres articles du cru. (p. 175)

Foggy Notion Tableaux en forme de Californie, miel du Golden Gate Park et autres souvenirs typiques de SF. (p. 177)

Nancy Boy Produits de beauté fabriqués localement avec des ingrédients naturels. (p. 122)

Mode

Betabrand Éditions limitées de vêtements inspirés par les obsessions de la ville : boules à facettes, requins et barbes. (p. 143)

Reliquary Hippie chic et style de star de cinéma indé qui a voyagé. Beedies en option. (p. 121)

MAC Mode sans prétention, impeccable et facile à porter pour homme et femme branchés. (p. 122)

Dema Ces robes pétillantes d'influence vintage constituent la panoplie des rockeuses indé. (p. 144)

Nooworks D'audacieux motifs design réinterprètent le style New Wave. (p. 143)

Goorin Brothers Hats Des chapeaux pour tous : panamas élégants, cloches espiègles ou casquettes tatouées. (p. 159)

Livres

City Lights La librairie légendaire reste à l'avant-garde de la littérature. (p. 71 ; photo à gauche)

Adobe Books & Backroom Gallery Lecteurs, chats et œuvres d'art sont disséminés parmi les romans et essais. (p. 143)

Green Apple Books Fondée en 1967, cette librairie accueille les amoureux des lettres sur près de 750 m². (p. 177)

Vintage

Community Thrift Vêtements vintage et dons de créateurs. Tous les profits sont versés à des organismes de bienfaisance locaux. (p. 144)

Wasteland Vêtements avant-gardistes vintage et créations récentes. (p. 158)

Loved to Death Médaillons victoriens inquiétants et animaux empaillés hors d'âge. (p. 159)

Cadeaux gourmands

Recchiuti Chocolates Chocolats artisanaux, brunchs gastronomiques et dégustations de bière. (p. 104)

Bi-Rite Vins, fromages et viandes issus de l'agriculture raisonnée. (p. 143)

Golden Gate Fortune Cookie Company Soyez maître de l'avenir pour 50 ¢ : glissez votre message secret dans un biscuit tout chaud. (p. 71)

Musique

101 Music Joignez-vous aux DJ chinant parmi les vinyles rares et abordables. Vous apercevrez peut-être Carlos Santana se cherchant une nouvelle guitare. (p. 72)

Amoeba Music Des concerts gratuits, un magazine plus branché que *Rolling Stone* et des milliers de CD et de DVD neufs et d'occasion. (p. 158)

Envie de... San Francisco en famille

San Francisco compte moins d'enfants par habitant que les autres villes américaines. Pourtant, de nombreux habitants leur vouent leur carrière – des dessinateurs de Pixar aux créateurs de jeux vidéo – et cette ville regorge d'attractions pour les petits.

Gourmandises pour les bambins

Les jeunes gourmets préféreront goûter au **Crown & Crumpet** (415-771-4252 ; www.crownandcrumpet.com ; 1746 Post St ; plats 9-11 $, goûter 22 $; 11h-18h tlj ; 2, 3, 22, 38) ou choisiront les options raffinées du *food truck* Off the Grid (p. 30). Pour les gastronomes en herbe, 18 Reasons (p. 142) proposent des cours sur les marinades et les fromages. Parfums de glace déjantés au Humphry Slocombe (p. 136) et cuisine de chef au Ferry Building (p. 78). Les menus enfant sont indiqués par le symbole.

Sensations fortes

Exploratorium Oserez-vous vous frotter à ces expériences de savant fou ? (p. 52)

Cable cars Les cheveux au vent sur la California St ! (p. 80)

Musée Mécanique Bagarres de saloon, exécutions publiques et jeux d'arcade vintage comme Pac-Man. (p. 37)

Alcatraz Une visite effrayante du pénitencier au crépuscule est la promesse d'enfants sages longtemps. (p. 50)

Dolores Park Glissez sur une pyramide maya jusqu'à votre table de pique-nique. (p. 129)

La Raza Skatepark Même les pros laissent passer les bambins en genouillères. C'est adorable. (p. 133)

Créations

Children's Creativity Museum Ateliers de jeux vidéo et de modelage animés par des pros des effets spéciaux. (p. 89)

Cartoon Art Museum Super-héros et anti-héros enfin face à face. (p. 88)

826 Valencia Ateliers d'écriture, accessoires de pirate, poissons et une tonne d'imagination. (p. 132)

Nature et animaux

California Academy of Sciences Des manchots, une forêt d'anguilles, des étoiles de mer à caresser et une nuit au milieu de la faune. (p. 162)

Aquarium of the Bay Marchez sous l'eau dans des tubes de verre, au milieu des raies et des requins. (p. 38)

Envie de... San Francisco gratuit

Histoire et patrimoine

Coit Tower Les circuits gratuits du samedi mènent aux fresques emblématiques de San Francisco, somptueux escaliers dérobés compris. (p. 56)

Rincon Annex Post Office Des peintures murales sur l'histoire de San Francisco, de la collecte des huîtres par les Amérindiens au maccarthysme. (p. 94)

Balmy Alley Les portes de garage de Mission et leurs fresques inspirées de Diego Rivera, de 1970 à nos jours. (p. 132)

Beach Chalet Les exaltantes peintures de la Dépression couvrant les murs du vestibule au rez-de-chaussée retracent l'histoire du Golden Gate Park. (p. 174)

San Francisco Main Library Visites historiques du quartier à pied gérées par des bénévoles (www.sfcityguides.org) et expositions d'histoire gratuites. (p. 112)

City Hall Voyez où s'est déroulé le premier sit-in et où le premier édile gay fut élu... et assassiné. (p. 112 ; photo ci-contre)

Art

Clarion Alley Cette galerie de graffitis en plein air offre constamment de nouvelles œuvres au regard des passants de Mission. (p. 128)

49 Geary Expositions d'art contemporain gratuites sur 4 étages. Vin et bretzels le premier jeudi soir du mois, de 17h à 19h30. (p. 90)

Catharine Clark Gallery L'art audacieux interdit partout ailleurs est exposé gratuitement ici. (p. 144)

Luggage Store Gallery Les *street artists* se dévoilent dans cette galerie d'art urbain à but non lucratif. (p. 112)

Gallery Paule Anglim Des expositions dignes d'un musée, droits d'entrée en moins. (p. 91)

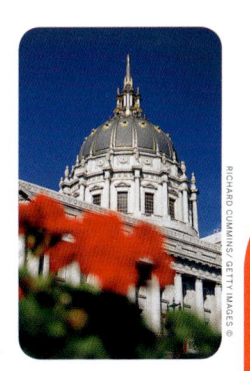

Sorties

Concerts à Amoeba Music D'Elvis Costello à Lana Del Rey, tout le monde se produit gratuitement dans ce magasin de musique. (p. 158)

Films estivaux au Dolores Park Projections de films dont l'action se déroule à San Francisco, comme *Madame Doubtfire*, à des prix familiaux. (p. 129)

Assister à un match des Giants depuis la Waterfront Promenade Les locaux vous adopteront peut-être, surtout si vous apportez de la bière. (p. 98)

Otaries à Pier 39 Un spectacle de mammifères dans un port de plaisance. (p. 37)

Envie de... Spectacles

Théâtre et humour

American Conservatory Theater Premières innovantes et controversées d'œuvres originales, de Tony Kushner à David Mamet. (p. 99)

Fort Mason Center Théâtre d'avant-garde, humour et foires de l'art sur une base militaire réappropriée de façon créative. (p. 30)

Cobb's Comedy Club Les stars de la télé américaine affutent ici leurs nouveaux sketches. (p. 71)

Beach Blanket Babylon Une satire de Disney sans pitié, façon dragqueen – amusement typiquement sanfranciscain. (p. 70)

Danse

Yerba Buena Center for the Arts Une vitrine de premier plan des arts du spectacle. (p. 99)

ODC Des représentations brutes de septembre à décembre, et 200 cours de danse par semaine toute l'année. (p. 139)

San Francisco Ballet Une élégance classique et une mise en scène magnifique, de janvier à mai. (p. 119)

Cinéma

Castro Theatre Un palace Art deco projetant des classiques et des hits cultes pour un public cinéphile. (p. 147 ; photo ci-dessus)

Roxie Cinema Festivals, documentaires et classiques cultes rares. (p. 139)

New People Cinema Les prochains bijoux des festivals de cinéma sont projetés dans ce sous-sol de Japantown. (p. 125)

Sports

San Francisco 49ers (415-656-4900 ; www.sf49ers.com ; billets 25-100 $ sur www.ticketmaster.com) Cinq fois champions du Superbowl, les 49ers ont marqué la National Football League dans les années 1980 et 1990. Après des décennies à grelotter sur un terrain embrumé et passé le cafouillage du Superbowl 2012, ils ont un nouveau domicile depuis 2014 : le rutilant Levi's Stadium de Santa Clara. Santa Clara étant à 60 km du Downtown de San Francisco, certains fans maugréent et exigent que l'équipe soit renommée ; mais les autres sont trop enthousiastes à l'idée d'accueillir le 50e Superbowl en 2016. Le stade est à une heure en Caltrain. Arrivé à la gare de Santa Clara, une navette y conduit les soirs de match.

San Francisco Giants L'équipe de base-ball de la ville a remporté les World Series en portant des barbes et de la lingerie féminine. (p. 98)

Carnet pratique

Avant de partir — 204
Quand partir — 204
Hébergement — 204

Arriver à San Francisco — 206
Depuis/vers l'aéroport international de San Francisco (SFO) — 206
Depuis/vers l'aéroport international d'Oakland (OAK) — 206
Depuis/vers l'aéroport international de San José Norman Y. Mineta (SJC) — 206
Depuis/vers Emeryville Amtrak Station (EMY) — 206

Comment circuler — 207
Cable car — 207
Tramway — 207
Bus — 208
BART — 208
Taxi — 208
Vélo — 209
Voiture — 209

Infos pratiques — 209
Argent — 209
Cartes de réduction — 210
Électricité — 210
Handicapés — 210
Heures d'ouverture — 211
Jours fériés — 211
Offices du tourisme — 211
Sécurité — 211
Téléphone — 212
Toilettes — 212
Urgences — 213
Visas — 213

Langue — 214

Carnet pratique

Avant de partir

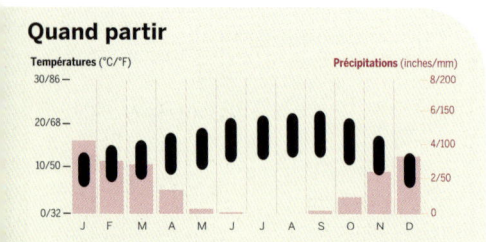

Quand partir

Températures (°C/°F)   **Précipitations** (inches/mm)

➡ **Hiver (déc-fév)** Des tarifs basse saison, un temps frais mais rarement froid et le spectaculaire défilé Lunar New Year.

➡ **Printemps (mars-avril)** Festivals de cinéma, parcs en fleurs et tarifs mi-saison valent bien quelques pluies.

➡ **Été (mai-août)** Foires en pleine rue, marchés fermiers et la Gay Pride de juin compensent les prix haute saison et le brouillard frisquet de l'après-midi.

➡ **Automne (sept-nov)** Ciel bleu, concerts gratuits, hôtels en promotions et aliments de première fraîcheur.

Hébergement

☑ **À savoir** La taxe de 16% des hôtels de San Francisco n'apparaît généralement pas dans les estimations.

➡ Les hôtels de Downtown proposent des réductions, mais évitez la zone, glauque et déprimante, à l'ouest de Mason St.

➡ La plupart des motels disposent d'un parking gratuit. Dans les hôtels de Downtown, comptez 35 à 50 $ par nuit.

Sites Internet utiles

Bed & Breakfast SF (www.bbsf.com). B&B et hôtels indépendants agréables.

Deal Angel (www.dealangel.com) Un moteur de recherche qui permet de réserver les meilleures offres.

HotelTonight (www.hoteltonight.com) Une application smartphone offrant un rabais sur les réservations le jour même.

Avant de partir

Petits budgets

San Remo Hotel (www.sanremohotel.com) Le charme désuet de North Beach. Meubles anciens et salles de bains communes. Une des meilleures affaires de SF.

Hayes Valley Inn (www.hayesvalleyinn.com) Simple mais chaleureux. Boutiques au pied de l'hôtel et salles de bains communes. Petit-déjeuner inclus.

Red Victorian (www.redvic.net) Chambres hippies aux décorations psychédéliques. Salles de bains communes, petit-déjeuner bio et méditation en bas.

Fitzgerald Hotel (www.fitzgeraldhotel.com) Hôtel farfelu et décrépi. Réfrigérateur et micro-ondes dans les chambres ; bar à vins au rez-de-chaussée. Petit-déjeuner inclus.

HI San Francisco Fisherman's Wharf (www.sfhostels.com) Cet ancien hôpital militaire en front de mer réduit ses prix pour les chambres et dortoirs en cas de froid.

Catégorie moyenne

Hotel Rex (www.jdvhotels.com) Chambres douillettes aux somptueux lits, œuvres d'art et salle de lecture des années 1920 en bas. Proche d'Union Sq.

Hôtel Bohème (www.hotelboheme.com) Petites chambres d'époque dans un joyau des années jazz de North Beach. Photos des années Beat Generation aux murs.

Hotel Monaco (www.monaco-sf.com) Élégant hôtel design dans un coin douteux de Downtown. Vélos, vin et salle de gym.

Orchard Garden Hotel (www.theorchardgardenhotel.com) Hôtel de Downtown écologique aux normes LEED et chambres avec bain à remous.

Hotel Zetta (www.hotelzetta.com) Hôtel high-tech et arty au cœur du quartier commerçant.

Hotel Del Sol (www.thehoteldelsol.com) Hôtel familial des années 1950 rénové. Piscine extérieure chauffée. Dans la marina.

Catégorie supérieure

Palace Hotel (www.sfpalace.com) Une institution cossue de Downtown, depuis 1906. Chambres agréables, spa sur place et piscine intérieure.

Hotel Vitale (www.hotelvitale.com) Un hôtel-spa apaisant avec Jacuzzis sur le toit, draps soyeux et vue sur Bay Bridge. Face au Ferry Building.

Argonaut Hotel (www.argonauthotel.com) Ancienne conserverie des quais de 1908, cet hôtel qui donne sur la baie distille une ambiance maritime.

Inn at the Presidio (www.innatthepresidio.com) Une paisible demeure de luxe dans le parc national de la ville.

Petite Auberge (www.petiteaubergesf.com) Chambres douillettes. Vin et amuse-gueule servis au coin du feu.

Inn San Francisco (www.innsf.com) Une demeure victorienne de 1872 remplie d'antiquités. Jacuzzi en séquoia dans le jardin anglais et lits en plumes.

Arriver à San Francisco

Depuis/vers l'aéroport international de San Francisco (SFO)

BART Un train direct (8,25 $) rallie en 30 min le centre de SF depuis la station BART à l'extérieur du terminal international.

Minibus porte à porte Devant la zone de livraison des bagages, des minibus rejoignent la plupart des destinations de SF en 45 min (aller 15-17 $). Compagnies : **SuperShuttle** (☎800-258-3826 ; www.supershuttle.com), **Quake City** (☎415-255-4899 ; www.quakecityshuttle.com), **Lorrie's** (☎415-334-9000 ; www.gosfovan.com) et **American Airporter Shuttle** (☎415-202-0733 ; www.americanairporter.com).

Taxis Devant la zone de livraison des bagages ; 35-50 $ jusqu'à SF.

Voiture Pour rejoindre le centre, prenez la Hwy 101 vers le nord sur 22,5 km (20-60 min).

Depuis/vers l'aéroport international d'Oakland (OAK)

BART La navette AirBART (3 $) part toutes les 10-20 min pour la station Coliseum, d'où le BART dessert le centre de SF (3,85 $, 25 min).

Minibus porte à porte Super-Shuttle (☎800-258-3826 ; www.supershuttle.com) assure des trajets collectifs depuis/vers SF (27-35 $).

Taxis À la sortie ; 50-70 $ jusqu'à SF.

Depuis/vers l'aéroport international de San José Norman Y. Mineta (SJC)

Caltrain (www.caltrain.com). La navette VTA Airport Flyer (bus 10 ; 2 $; 5h-24h) part toutes les 15-30 min pour la gare de Santa Clara, d'où des trains gagnent SF. Le terminal Caltrain se trouve à l'angle des 4th St et King St (aller simple 9 $; 90 min).

Voiture Le centre de SF se trouve à 80 km au nord de l'aéroport, par la Hwy 101.

Green Tortoise

Green Tortoise (☎415-956-7500, 800-867-8647 ; www.greentortoise.com) propose de lents voyages entre San Francisco et la Côte Ouest à bord de bus-couchettes fonctionnant au biocarburant. Santa Cruz, la Vallée de la Mort, Big Sur et LA figurent parmi les destinations.

Depuis/vers Emeryville Amtrak Station (EMY)

Amtrak (☎800-872-7245 ; www.amtrakcalifornia.com) dessert la gare ferroviaire d'Emeryville, près d'Oakland, d'où partent des bus gratuits vers le Ferry Building et la gare Caltrain de SF.

Depuis la France

➜ **Air France** (☎36 54, 0,34 €/min ; www.airfrance.com), **Delta Air Lines** (http://fr.delta.com), **American Airlines** (www.aa.com), **United** (www.united.com) et **US Airways** (www.usairways.com) notamment proposent des vols directs Paris-SF réguliers. La durée du vol est d'environ 11 heures ; comptez de 900 à 1 500 € l'aller-retour selon la saison et le confort choisi. Il est parfois plus économique de faire une escale, à Philadelphie par exemple.

➜ **XL Airways** (www.xlairways.fr) propose des vols saisonniers (de fin mai à fin août) directs à bas prix ; comptez de 550 € à 1 200 € l'aller-retour.

Depuis la Belgique

➜ Pas de vols directs depuis la Belgique pour SF. Au départ de Bruxelles, rejoignez Paris par le **Thalys** (www.thalys.com) en 1h20 (à partir de 29 €) puis empruntez une des compagnies ci-dessus. Vous pouvez également rejoindre New York ou Washington grâce à **Delta Air Lines** (http://fr.delta.com), **Lufthansa** (www.lufthansa.com) ou **United** (www.united.com) puis empruntez un vol intérieur jusqu'à SF. Comptez au moins 800 € l'aller-retour.

Depuis la Suisse

➜ Des vols directs depuis Zurich relient la Suisse à SF. **Swiss** (www.swiss.com) propose des vols à partir de 1 700 FS l'aller-retour. Un vol avec escale permet parfois de faire d'importantes économies.

Depuis le Canada

➜ **United** (www.united.com) et **Air Canada** (www.aircanada.com) notamment assurent des vols quotidiens directs pour SF au départ de Toronto et de Vancouver. Comptez à partir de 700 $ au départ de Toronto, et à partir de 400 $ au départ de Vancouver.

➜ Il revient moins cher de voyager par la route jusqu'à la première ville américaine, puis de prendre un vol intérieur.

Comment circuler

Muni (Municipal Transportation Agency ; ☏ 511 ; www.sfmta.com) exploite les lignes de bus, tramways et *cable cars*.

Cable car

☑ **Idéal pour** les itinéraires pittoresques et les collines qui séparent Downtown de Fisherman's Wharf et North Beach.

Tarifs Chaque trajet coûte 6 $. Achat du billet à bord ou aux kiosques des terminus.

Forfaits Pour des trajets multiples, procurez-vous le Muni Passport (p. 208).

Places assises Chaque véhicule peut contenir une trentaine de passagers assis, plus d'autres debout qui s'agrippent aux poignées. Pour être assis, montez à un terminus.

Tramway

☑ **Idéal pour** se rendre à Castro et à Ocean Beach ou circuler le long de Market St et d'Embarcadero.

Dans ce guide, les lieux accessibles par les lignes de tramway Muni Metro sont indiqués par Ⓜ suivi du nom de l'arrêt le plus proche.

La ligne N Judah raccorde SoMa, Downtown et Ocean beach. Descendez pour admirer le Ferry Building, le Civic Center, la Hayes Valley, Castro, Haight et le Golden Gate Park avant de rejoindre la plage.

Billets Tarif standard 2 $.

Horaires 5h-minuit en semaine ; horaires plus restreints le week-end.

Service de nuit Les lignes L et N fonctionnent 24h/24,

Forfaits

→ **Muni Passport** (1/3/7 jours 14/22/28 $) Permet des trajets illimités sur tous les transports Muni, *cable cars* compris ; il est vendu au kiosque Muni du terminus de la ligne de *cable car* Powell St dans Market St, au centre d'information des visiteurs de San Francisco et dans certains hôtels. Le pass d'une journée peut s'acheter auprès du conducteur du *cable car*.

→ **Clipper Card** Les stations Muni/BART de Downtown délivrent ce titre de transport rechargeable, doté d'un crédit minimum de 5 $ et valable sur les réseaux Muni, BART, Caltrain et Golden Gate Transit, mais pas les *cable cars*. Le montant du trajet (90 min maximum) est déduit automatiquement de la carte.

mais des bus "Owl" en surface remplacent les tramways de 1h à 5h.

Lignes et destinations clés

F	De Fisherman's Wharf et Embarcadero à Castro
J	De Downtown à Mission/Castro
K, L, M	De Downtown à Castro
N	De Caltrain et AT&T Park à Haight, au Golden Gate Park et à Ocean Beach
T	D'Embarcadero à Caltrain et Bayview

Bus

☑ **Idéal pour** circuler depuis/vers Haight, la marina et les avenues.

Dans ce guide, les lieux accessibles en bus sont indiqués par 🚌 suivi du numéro de la ligne.

Billets Le billet standard coûte 2 $. Il s'achète à bord (faire l'appoint) et dans les stations Muni souterraines. Gardez-le pour les correspondances (valable 90 min sur les bus et tramways) et éviter une amende de 100 $.

Horaires Sur les panneaux d'affichage numériques des arrêts de bus, les plans et le site www.transit.511.org. Service plus restreint le week-end et le soir.

Service de nuit Le "Owl Service" (1h-5h) couvre un nombre limité de lignes, toutes les 30-60 minutes ; Late Night Transfers valables de 20h30 à 5h30.

Plan du réseau Disponible gratuitement en ligne.

BART

☑ **Idéal pour** aller de Downtown à Mission, East Bay et l'aéroport de SF.

Dans ce guide, les lieux aisément accessibles en BART (Bay Area Rapid Transit ; www.bart.gov) sont indiqués par **B** suivi du nom de la station la plus proche.

Destinations Downtown, Mission District, aéroports de SF et d'Oakland, Berkeley et Oakland.

Horaires www.transit.511.org.

Billets Vendus dans les billetteries automatiques des stations du BART (à partir de 1,75 $).

Taxi

☑ **Idéal pour** les soirées en boîte à SoMa et Mission.

Prise en charge de 3,50 $, plus environ 2,25 $/mile et pourboire de 10% (1 $ minimum).

Infos pratiques 209

Compagnies de taxis fonctionnant 24h/24 :

Green Cab (☎415-626-4733 ; www.626green.com)

DeSoto Cab (☎415-970-1300)

Luxor (☎415-282-4141)

Yellow Cab (☎415-333-3333)

Vélo

☑ **Idéal pour** longer le front de mer et visiter la partie ouest de Van Ness Ave.

Location Près du Golden Gate Park et de Fisherman's Wharf.

Voiture

☑ **Idéal pour** les excursions en dehors de la ville.

Évitez de conduire à SF car la circulation est toujours dense, les places de stationnement rarissimes, les collines difficiles et les contractuelles impitoyables.

Parkings Environ 2-8 $/h (25-50 $/j) au centre-ville ; pour les parkings publics, voir www.sfmta.com. Renseignez-vous auprès des hôtels, restaurants et lieux de sortie.

Location À partir de 55 $/j (175-300 $/sem), plus 9,5% de taxe et d'assurance.

Autopartage La compagnie **Zipcar** (☎866-494-7227 ; www.zipcar.com) loue des Prius Hybrid et des Mini à partir de 8,25 $/h (89 $/j), essence et assurance comprises. Comptez en plus 25 $ de frais d'inscription et 50 $ d'usage prépayé.

Heures de pointe En semaine 7h30-9h30 et 16h30-18h30 ; Info trafic au ☎511.

Fourrière Les voitures en stationnement interdit emmenées à l'**Autoreturn** (☎415-865-8200 ; www.autoreturn.com ; 450 7th St, SoMa ; ⊙24h/24 ; Ⓜ27, 42) sont récupérables contre une amende de 73 $, plus frais de remorquage et de garage (à partir de 453,75 $ les 4 premières heures).

Assistance routière Les membres de l'**American Automobile Association** (AAA ; ☎800-222-4357, 415-773-1900 ; www.aaa.com ; 160 Sutter St ; ⊙8h30-17h30 lun-ven) peuvent appeler le numéro vert 24h/24 pour être dépannés ou remorqués.

Restrictions de stationnement

Rouge	Stationnement/arrêt interdit
Bleu	Réservé aux handicapés
Vert	10 min 9h-18h
Blanc	Dépôt/ramassage uniquement
Jaune	Zone de chargement 7h-18h.

Infos pratiques

Argent

☑ **À savoir** La plupart des banques ont des DAB fonctionnent 24h/24 ; une commission s'applique parfois.

Change

Bureaux de change

Ils se situent dans les aéroports, mais les banques en ville pratiquent de meilleurs taux, comme la **Bank of America** (www.bankamerica.com ; 1 Powell St, rez-de-chaussée ; ⊙9h-18h lun-ven, 9h-14h sam ;

M Powell St, B Powell St) dans le centre.

Taux de change
Consultez le site de conversion www.xe.com.

Cartes de crédit et chèques de voyage
Certains établissements acceptent les chèques de voyage au même titre que les espèces. Pour les acheter ou les changer, rendez-vous chez :
American Express (AmEx ; ☏415-536-2600 ; www.americanexpress.com/travel ; 455 Market St ; ⏱8h30-17h30 lun-ven, 9h30-15h30 sam ; M Embarcadero, B Embarcadero).

En cas de perte ou de vol, contactez :

➔ **American Express** (☏800-992-3404)

➔ **Diners Club** (☏800-234-6377)

➔ **Discover** (☏800-347-2683)

➔ **MasterCard** (☏800-622-7747)

➔ **Thomas Cook** (☏800-223-7373)

➔ **Visa** (☏800-227-6811)

Cartes de réduction

Go Card (☏800-887-9103 ; www.gosanfranciscocard.com ; adulte/enfant 1 jour 55/45 $, 2 jours 80/65 $, 3 jours 110/80 $) donne accès à 30 sites majeurs de San Francisco et baisse les prix des circuits. Rentable pour les voyageurs ambitieux.

City Pass (www.citypass.com ; adulte/enfant 84/59 $) couvre les trajets Muni et *cable cars* ainsi que quatre visites : la California Academy of Sciences, la Blue & Gold Fleet Bay Cruise, l'Aquarium of the Bay et, au choix, l'Exploratorium ou le MH de Young Museum.

Électricité

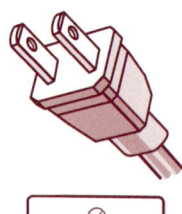

120 v/60 hz

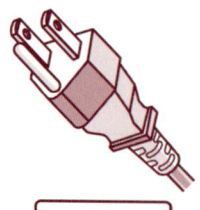

120 v/60 hz

Handicapés

☑ Toutes les compagnies de transports publics de la Bay Area offrent des réductions pour les handicapés et des services accessibles en fauteuil roulant.

Transports
Voir le **San Francisco Bay Area Regional Transit Guide** (www.transit.511.org/disabled/index.aspx) pour des informations sur les lignes.

Passages piétons Aux principaux passages piétons de Downtown, un son signale aux non-voyants quand ils peuvent traverser la rue.

Infos pratiques

Wheelchair accessibility Independent Living Resource Center of San Francisco (415-543-6222 ; www.ilrcsf.org ; 9h-16h30 lun-jeu, 9h-16h ven) Répertorie les transports publics, hôtels et autres services accessibles en fauteuil roulant.

Heures d'ouverture

Nous ne précisons dans ce guide que les horaires atypiques. Autrement, les normes sont les suivantes :

Banques 9h-16h30/17h lun-ven (parfois 9h-12h sam)

Bureaux 8h30-17h30 lun-ven

Restaurants Petit-déj 8h-12h, déj 12h-15h, dîner 17h30-22h ; brunch sam et dim 10h-14h

Magasins 9/10h-18/19h lun-sam et 12h-18h dim

Jours fériés

Les horaires des commerces et des transports peuvent être affectés à certaines dates :

Nouvel An 1er janvier

Martin Luther King Jr Day 3e lundi de janvier

Presidents' Day 1er lundi de février

San Francisco à moindre coût

➡ Profitez au maximum des lieux gratuits (voir p. 201).

➡ La plupart des musées sont accessibles gratuitement une fois par mois, et certains événements nocturnes octroient de fortes remises sur l'entrée. Voir au cas par cas.

➡ Le Muni Passport donne droit à des réductions dans certains musées, dont la California Academy of Sciences, le MH de Young Museum et le Legion of Honor.

Pâques Vendredi saint, dimanche et lundi en mars ou avril.

Memorial Day Dernier lundi de mai

Independence Day 4 juillet

Labor Day 1er lundi de septembre

Columbus Day 2e lundi d'octobre

Veterans Day 11 novembre

Thanksgiving 4e jeudi de novembre

Noël 25 décembre

Offices du tourisme

California Welcome Center (Plan p. 42, D1 ; 415-981-1280 ; www.visitcwc.com ; Pier 39, bât P, Suite 241b ; 10h-17h) Brochures, cartes et réservations hôtelières.

San Francisco Visitors Information Center (Plan p. 86, D2 ; 415-391-2000, infos événements 415-391-2001 ; www.onlyinsanfrancisco.com ; Market St et Powell St ; niveau inférieur, Hallidie Plaza ; 9h-17h lun-ven, 9h-15h sam-dim ; Powell-Mason, Powell-Hyde, M Powell St, B Powell St) Cartes, Muni Passport, guides, brochures et aide pour l'hébergement.

Sécurité

☑ **Conseil** Soyez vigilant, surtout le soir dans les quartiers de Tenderloin, de SoMa et de Mission.

De nuit, Dolores Park, Buena Vista Park et l'entrée du Golden Gate

Pas d'impairs

Habillement Si les tenues décontractées dominent, presque tous les looks ont droit de cité, même les plus excentriques. Une seule règle s'applique : ne pas fixer son prochain du regard.

Alimentation Végétaliens, pesco-végétariens et allergiques trouveront leur bonheur dans nombre de restaurants ; précisez vos besoins à la réservation pour que le chef adapte les recettes. N'hésitez pas à poser des questions sur les plats, car beaucoup d'établissement s'enorgueillissent d'utiliser des produits bio locaux qui respectent l'environnement et l'éthique.

Politique San Francisco est une ville progressiste où les gens aiment débattre amicalement de leurs points de vue.

Park au coin de Haight St et Stanyan St peuvent être glauques à cause des dealers.

Les mendiants et les SDF sont une réalité à San Francisco. Ils vous demanderont sans doute quelques pièces, mais mieux vaut donner à des organisations caritatives. Pour votre sécurité, évitez leur contact de nuit ou autour des DAB. Un simple "*I'm sorry*" poli suffit généralement.

Téléphone

☑ **À savoir**
Contrairement aux Européens, les Canadiens peuvent utiliser leur propre mobile à San Francisco et dans la Bay Area, mais doivent se renseigner sur les tarifs du roaming.

Indicatif des États-Unis (☏1)

Indicatif de San Francisco (☏415)

Appels internationaux De la région de la Baie, composez le ☏011 + indicatif du pays + indicatif de zone + numéro ; du Canada, supprimez le 011 initial.

Appels vers d'autres zones L'indicatif de zone doit être précédé du 1.

Indicatifs de la région de la Baie

East Bay ☏510

Marin County ☏415

Peninsula ☏650

San Jose ☏408

Santa Cruz ☏831

Wine Country ☏707

Téléphones portables

Hormis les iPhones, la plupart des téléphones US ne sont pas compatibles avec la norme européenne GSM. Vérifiez auprès de votre fournisseur d'accès.

Services téléphoniques

Code d'accès international ☏00

Renseignements locaux ☏411

Renseignements longue distance ☏1 + indicatif de zone + 555-1212

Opérateur ☏0

Ligne d'information gratuite ☏800-555-1212

Toilettes

☑ Les quartiers de Haight-Ashburyet de Mission manquent de toilettes publiques. Prenez une boisson dans un café pour accéder aux WC réservés à la seule clientèle.

Partout Il existe en ville 25 "sanisettes" à pièces (25 ¢), essentiellement à North Beach, Fisherman's Wharf et Downtown. Le papier hygiénique fait parfois défaut.

Downtown Toilettes propres et tables à langer au Westfield Centre (p. 102).

Civic Center La San Francisco Main Library (p. 112) ainsi que les autres bibliothèques et les parcs possèdent des toilettes.

Urgences

Police, pompiers et ambulances (urgences 911, autres 311)

San Francisco General Hospital (urgences 415-206-8111, hôpital 415-206-8000 ; www.sfdph. org ; 1001 Potrero Ave ; 24h/24 ; 9, 10, 33, 48)

Urgences drogue et alcool (415-362-3400)

Trauma Recovery & Rape Treatment Center (415-437-3000 ; www.traumarecoverycenter. org). Hotline pour les victimes de violences et de viol.

Visas

☑ **Conseil** Consultez le site du département d'État (www.travel.state. gov/visa) au sujet des conditions requises.

Canadiens Sauf exceptions, les ressortissants canadiens peuvent entrer aux États-Unis sans visa, munis de leur seul passeport.

Visa Waiver Program (VWP) Exempte de visa les citoyens de 37 pays, dont la France, la Belgique et la Suisse, disposant d'un passeport biométrique émis après novembre 2006. Ceux-ci doivent faire une demande d'autorisation de voyage (ESTA) auprès de l'US Department of Homeland Security (www.esta.cbp. dhs.gov) au plus tard trois jours avant leur arrivée. Une fois accepté, l'enregistrement (14 $) reste valable 2 ans.

Visa obligatoire Pour tout séjour supérieur à 90 jours, ou pour ceux qui souhaitent travailler ou étudier aux États-Unis.

Langue

En raison de leur histoire – colonisations et vagues d'immigration successives – et de la diversité de leur population, les Américains pratiquent, pour la plupart d'entre eux, plusieurs langues. L'anglais est parlé dans tout le pays, mais n'a pas été désigné comme langue officielle des États-Unis. Du fait de l'importance de la population hispanique, l'espagnol est la deuxième langue la plus parlée dans le pays.

D'après certaines enquêtes, plus d'un tiers des Californiens ne parlent pas anglais chez eux. Ainsi, dans Chinatown, panneaux de signalisation, affiches et cartes des restaurants sont rédigés en chinois sans traduction anglaise et il n'est pas rare que l'on vous parle espagnol dans le quartier de Mission.

Expressions courantes

Bonjour/salut.
Hello/Hi. hè·lo/haï

Au revoir. *Goodbye.* goud·baï

Excuse(z)-moi.
Excuse me. ek·skyouz mi

Désolé(e). *Sorry.* so·ri

S'il vous (te) plaît.
Please. pliiz

Merci. *Thank you.* Sank you

Oui./Non. *Yes./No.* yès/neo

Parlez-vous français ?
Do you speak french? dou you spik frènn·ch

Je ne comprends pas.
I don't understand. aï dont eunn·deur·stand

Comment allez-vous/vas-tu ?
How are you? hao âr you

Bien. Et vous/toi ?
Fine. And you? faïnn annd you

Au restaurant

Je suis végétarien(ne).
I'm vegetarian. aïm vèdjè·teu·rieunn

Santé ! *Cheers!* tchiirz

C'était délicieux !
That was delicious! zat woz dè·li·chieus

L'addition s'il vous plaît.
The bill, please. zeu bil pliiz

Je voudrais ..., s'il vous plaît.
I'd like ..., please. aïd laïk ... pliiz

une table pour (deux)	a table for (two)	eu téï·beul for (tou)
ce plat	that dish	zat dich
la carte des vins	the wine liste	zeu waïnn list

Shopping

Je cherche...
I'm looking for ... aïm lou·kiinng for ...

Combien est-ce que ça coûte ?
How much is it? hao meutch is it

C'est trop cher.
That's too expensive. zats tou èx·pènn·siv

Pouvez-vous baisser le prix ?
Can you lower the price? kann you lao·wèr zeu praïs

Urgences

Au secours ! *Help!* hèlp

Appelez un médecin !
Call a doctor! kool eu *dok*·teur

Appelez la police !
Call the police! kool zeu po·*liis*

Je suis perdu(e).
I'm lost. aïm lost

Je suis malade. *I'm sick.* aïm sik

Où sont les toilettes ?
Where's wèrz zeu
the bathroom? bass·room

Heure et chiffres

Quelle heure est-il ?
What time is it? wat taïm iz it

Il est (1/13) heure(s).
It's (one am/pm) its (wann èï·èm/pi·èm)
o'clock. ok·lok

matin	*morning*	*mor*·ninng
après-midi	*afternoon*	af·teu·*noun*
soir	*evening*	*iv*·ninng
hier	*yesterday*	*yès*·teu·dèï
aujourd'hui	*today*	tou·*dèï*
demain	*tomorrow*	tou·*mo*·ro

1	*one*	wann
2	*two*	tou
3	*three*	srii
4	*four*	foor
5	*five*	faïv
6	*six*	six
7	*seven*	sè·veunn
8	*eight*	eït
9	*nine*	naïnn
10	*ten*	tèn

Transports et orientation

Où est …?
Where's …? wèrz …

Quelle est l'adresse ?
What's the adress? wats zi a·*drès*

Pouvez-vous me montrer (sur la carte) ?
Can you show kann you *choo*
me (on the map)? mi (onn zeu *map*)

Un billet pour …, s'il vous plaît.
One ticket for … wann *ti*·kèt too …
please. pliiz

À quelle heure part le bus/le train ?
What time does wat *taïmz* daz
the bus/train leave? zeu beus/tréïn liiv

Je voudrais un taxi.
I'd like a taxi. aïd laïk eu *tak*·si

Ce taxi est-il libre ?
Is this taxi free? iz zis *tak*·si frii

Arrêtez-vous ici, s'il vous plaît.
Please stop here. pliiz stop hiir

Hébergement

Où puis-je trouver un hôtel ?
Where's a hotel? wèrz eu ho·tèl

Je voudrais réserver une chambre.
I'd like to book aïd laïk tou bouk
a room. eu *room*.

J'ai une réservation.
I have aï hav
a reservation. eu rè·zèr·*véï*·cheunn

En coulisses

Vos réactions ?

Vos commentaires nous sont très précieux pour améliorer nos guides. Notre équipe lit vos lettres avec la plus grande attention et prend en compte vos remarques pour les prochaines mises à jour. Pour nous faire part de vos réactions, consultez notre site Internet : **www.lonelyplanet.fr**

Nous reprenons parfois des extraits de notre courrier pour les publier dans nos guides ou sites web. Si vous ne souhaitez pas que vos commentaires soient repris ou que votre nom apparaisse, merci de nous le préciser. Notre politique en matière de confidentialité est disponible sur notre site Internet.

Un mot de l'auteur

Mille mercis à l'équipe de Lonely Planet – Suki Gear, Sasha Baskett, Brice Gosnell, Heather Dickson, John Vlahides, Rana Freedman – et à Marco Flavio Marinucci, qui a fait d'un trajet en bus Muni l'aventure d'une vie. Ce livre est dédié à Jeremy Somer qui croqua San Francisco et la vie et à pleines dents.

Crédits photographiques

Photographie de couverture : Cable car sur California St, San Francisco ; Danita Delimont/AWL.

À propos de cet ouvrage

Cette 2ᵉ édition française de *San Francisco En quelques jours* est une traduction-adaptation de la 4ᵉ édition de *San Francisco Pocket*, commandée par le bureau de Londres et mise à jour par Alison Bing. Les éditions précédentes étaient également l'œuvre d'Alison.

Traduction
Virginie Bordeaux
et Charles Ameline
Direction éditoriale
Didier Férat
Coordination éditoriale
Charlotte Bories
Responsable prépresse
Jean-Noël Doan
Maquette
Gudrun Fricke
Cartographie Cartes originales adaptées en français par Nicolas Chauveau
Couverture Adaptée en français par Annabelle Henry.
Merci à Christiane Mouttet pour sa relecture attentive du texte.

Index

Voir aussi les index des rubriques :

🍷 **Prendre un verre p. 220**
✖ **Se restaurer p. 221**
★ **Sortir p. 222**
🛍 **Shopping p. 223**

---

18 Reasons 142
49 Geary 90
77 Geary 91
826 Valencia 132, 183

A

activités 174, 176, 196, *voir aussi les activités par quartiers*
activités en plein air 196
activités gratuites 201
Adventure Cat 39
AIDS Memorial Grove 171
aéroports 17, 206
Alamo Square Park 152
Alcatraz 9, 50
ambulance 213
Amérindiens 51, 134
Aquarium of the Bay 38
aquariums 37, 163
Aquatic Park 44
Aquatic Park Bathhouse 43
architecture 163, 165, 195
argent 16, 207, 209-10
art contemporain 194
Asawa, Ruth 92, 125, 165

Références des **sites**
Références des **plans**

Ashbury Street 152, 181
Asian Art Museum 10, 108
AT&T Park 98
Aulenti, Gae 109
Avenues, quartier des, *voir* Golden Gate Park et les avenues

B

Baker Beach 28
baleines, observation des 196
balades
  Coastal Trail 170
  Haight 180, **181**
  Mission 182, **183**
  North Beach 184, **185**
ballet 100, 119
Balmy Alley 132, 183
Barbary Coast 70
bars 190, *voir aussi les index* Prendre un verre *et* Sortir
bars à vins 191, *voir aussi l'index* Prendre un verre
bars clandestins 191
BART 17, 208
baseball 98
Bay Bridge 90
Beat Generation 64
Beat Museum 60, 185
bière 190
billets 189

Blazing Saddles 44
Brand, Stewart 153
brume 173
budget 16
Buena Vista Park 152, 180
bus 17, 207, 208
bus Green Tortoise 206

C

cable cars 10, 17, **41**, 80-83, 207, **82**
cafés 190, *voir aussi l'index* Prendre un verre
California Academy of Sciences 10, 162
California Historical Society Museum 90
Camera Obscura 170
cartes de crédit 210
cartes de réduction 208, 210
cartes de transport 208
Cartoon Art Museum 88
Castro, 12, 146, **146**
Catharine Clark Gallery 144
chèques de voyage 210
Children's Creativity Museum 89
Chinatown, *voir* North Beach et Chinatown
Chinese Culture Center 61

Chinese Historical Society of America 61
cinémas 202, *voir aussi l'index* Sortir
circuits touristiques
  AT&T Park 98
  croisières 39, 50, 51
  Chinatown 60
  Golden Gate Park 171
  fresques de Mission 132
circuits touristiques à pied 60, 132, 171
City Hall 112
City Pass 210
Civic Center, *voir* Hayes Valley et Civic Center
Clarion Alley 128
Cliff House 170
climat 53, 173, 204
Clipper Cards 208
Coastal Trail 170
cocktails 190, *voir aussi l'index* Prendre un verre
Coit Tower 11, 56
Columbus Tower 62
concerts 189, *voir aussi l'index* Sortir
conduire 45, 208
Conservatory of Flowers 168
Contemporary Jewish Museum 88

conteneurs maritimes 118
convenances 186, 212
Coolbrith, Ina 75
cours 122, 142
covoiturage 209
Creativity Explored 133, 182
Crissy Field 28
croisières 39, 50, 51
cyclotourisme 44, 174, 209

D

DAB 209
dangers 114, 140, 211
danse 100, 119, 139, 202
Dearborn Community Garden 129
des Jardins, Traci 79, 114
devises 16
Diego Rivera Gallery 43
Dolores Park 129
Downtown et SoMa 76-105, **86**
  à voir 78-82, 88-91
  itinéraires 77, 84-85, **84**
  prendre un verre 95-99
  se restaurer 91-95
  shopping 103-105
  sortir 12, 84-85, 99-102
  transports 77
drag-queens, spectacles de 193
Dragon's Gate 63
droits civiques 147, 153
droits LGBT 146

Références des **sites**
Références des **plans**

E

Electric Works 112
électricité 16, 210
Eli Ridgway 91
Emeryville Amtrak Station 206
enfants, voyager avec des 81, 200
Exploratorium 9, 52

F

Fairmont Hotel 95
faune 197
Ferlinghetti, Lawrence 64, 71
Ferry Building 11, 78
Filbert Steps 11, 56
Fisherman's Wharf 11, 36-39, 38
Fisherman's Wharf et les quais 34-49, **42**
  à voir 36-41, 43-44
  itinéraires 35
  prendre un verre 48
  se restaurer 45-48
  shopping 49
  sortir 49
  transports 35
flower power 153
Flycasting Club 176
food trucks 30, 116, 188
football 202
Fort Funston 170
Fort Mason 30
Fort Point 25
fresques 194
fresques de Mission, les 128, 132

G

Galería de la Raza 132
galeries 194
Gallery Paule Anglim 91
gares ferroviaires 206

gastronomie 186-188
Ghirardelli, Domingo 44
Ghirardelli Square 44
Ginsberg, Allen 64
GLBT History Museum 147
Glide Memorial United Methodist Church 113
Go Card 210
GoCar 45
Golden Gate Bridge 8, 24
Golden Gate Bridge et la marina 22-33, **26**
  à voir 24-25, 28
  itinéraires 23
  prendre un verre 30-31
  se restaurer 28-30
  shopping 32
  sortir 31-32
  transports 23
Golden Gate Park 171, 174, 176
Golden Gate Park et les avenues 160-177, **166**
  à voir 162-165, 168-170
  itinéraires 161
  se restaurer 170, 172-174
  shopping 175-177
  sortir 175
  prendre un verre 174-175
  transports 161
Good Luck Parking Garage 67
Grace Cathedral 75
Grateful Dead House 152, 181

H

Haight et Ashbury 152, 181

Haight et NoPa 148-159, **150**
  à voir 152
  ballades 180, **181**
  itinéraires 149
  se restaurer 154-155
  shopping 158 -159
  sortir 157
  prendre un verre 155-157
  transports 149
Hallidie, Andrew 83
handicapés 81, 211
Harvey Milk Plaza 147
Hayes Valley et Civic Center 106-123, **110**
  à voir 108-109, 112-113
  itinéraires 107
  se restaurer 113-116
  shopping 121-123
  sortir 119, 121
  prendre un verre 116-119
  transports 107
hébergements 204
Hendrix, Jimi 181
Herbst Pavilion 30
heure 16
heures d'ouverture 211
hip-hop 189
Hippie Hill 181
histoire
  Alcatraz 9, 51
  Barbary Coast 70
  Beat Generation 64
  cable cars 83
  Castro 12, 146
  Chinatown 62
  flower power 153
  droits LGBT 146
  Golden Gate Park 171
  mission de San Francisco 134

H – P 219

séisme de 1906 120
South Park 96
homosexualité 192
Hosfelt Gallery 144
hôpitaux 213
hôtels 205
Human Be-In 153, 171
humoristes 202, *voir aussi* l'index Sortir

I
Ina Coolbrith Park 75
incontournables 8-13
indicatifs téléphoniques 212
itinéraires 14, *voir aussi par quartiers*

J
Jack Kerouac Alley 60, 185
Jane Warner Plaza 147
Japanese Tea Garden 168
Japantown 12, 124, **124**
jardins 95
jardins sur toit 95
jazz 119, 125, 189
Joplin, Janis 181
jours fériés 211

K
Kabuki Springs & Spa 125
Kaufman, Bob 64, 184
Kerouac, Jack 60, 64, 75
Kesey, Ken 153
Klussmann, Friedel 82

L
La Cocina 142
La Raza Skatepark 133
langue 16, 214-215
Lawn Bowling Club 176

Leary, Timothy 153
lectures 157
Lee, Corey 91
Legion of Honor 168
LGBT 192
librairies 199, *voir aussi l'index Shopping*
librairies City Lights 64, 71, 184
Lombard Street 11, 40
London, Jack 96
Long Now Foundation 30
Lower Haight 156
LSD 153
Luggage Store Gallery 112

M
Macondray Lane 75
magasins de musique 199, *voir aussi l'index Shopping*
Makeshift Society 122
manèges 38
marchés fermiers 79, 116, 188
marijuana 156
marina, la, *voir* Golden Gate Bridge et la marina
Maupin, Armistead 75
maccarthysme 64
mendicité 152, 212
météo 53, 173, 204
métro 17, 207
MH de Young Museum 9, 164
Milk, Harvey 146, 147
Mission Dolores 132, 182
Mission Street 139
Mission, 12, 126-145, **130**
  à voir 132-133
  balades 182, **183**

circuits 132
itinéraires 127-129, **128**
se restaurer 133-136
sécurité 140
shopping 142-145
sortir 139-142
prendre un verre 137-139
transports 127
mode 199, *voir aussi l'index Shopping*
Morrison Planetarium 163
Muni 17, 207, 208
  Coit Tower 57
  Mission, 128, 132
  Rincon Annex Post Office 94
Murao, Shigeyoshi 64
Musée Mécanique 37
musées 190, 194
Museum of the African Diaspora 89
musique 189, *voir aussi l'index Sortir*
musique classique 119, 189
musique folk 189
musique hip-hop 189

N
Napier Lane 57
nature 196
Nob Hill 13, 74, **74**
NoPa, *voir* Haight et NoPa
North Beach et Chinatown 54-73, **58-59**
  à voir 56-57, 60-63
  balades 184, **185**
  circuits 60
  histoire 62, 64
  itinéraires 55

se restaurer 64-67
shopping 71-73
sortir 70-71
prendre un verre 67-70
transports 55
Norton, Joshua 90

O
Oakland, aéroport d' 206
Ocean Beach 168
offices de tourisme 211
ohlone, peuple 134
oiseaux, observation des 51
Old St Mary's Cathedral & Square 63
One Montgomery Terrace 95
opéra 119, 120, 189
Oppenheimer, Frank 53
otaries 11, 37

P
Palace of Fine Arts 28
parcs et jardins 196
Patterson, Daniel 63
Peace Pagoda 125
pêche 176
perroquets 57
Phan, Charles 79
Piano, Renzo 163
Pier 39 37
pique-nique 79
plages 28, 168, 196
planétariums 163
points de vue 25, 57, 196
police 213
politique 212
pompiers 213
POPOs 95
Portsmouth Square 62

Index

Postcard Row 152
Potrero del Sol 133
Potrero Flats 144
pourboire 16, 186
Powell-Hyde, ligne de cable car 41, 81, *voir aussi* cable cars
Powell-Mason, ligne de cable car 81, *voir aussi* cable cars
Precita Eyes 132
prendre un verre 190, *voir aussi par quartiers et dans l'index Prendre un verre*
Presidio 28
Pride festival 192

Q
quais, les, *voir* Fisherman's Wharf et les quais
quotidien 12-13

R
Ratio 3 183
Red & White Fleet 39
Redwood Park 88
Refregier, Anton 94
Rickshaw Obscura 53
Rincon Annex Post Office 94
Rivera, Diego 43
Russian Hill 13, 74, **74**
Ruth Asawa Fountain 92

S
sécurité 114, 140, 211
Saints Peter & Paul Cathedral 63
saloons 191

Références des **sites**
Références des **plans**

San Francisco 49ers 202
San Francisco Airport 205
San Francisco Art Institute 43
San Francisco Botanical Garden 168
San Francisco Carousel 38
San Francisco Giants 98
San Francisco Main Library 112
San Francisco Maritime National Historic Park 38
San Francisco Model Yacht Club 176
San Francisco Museum of Modern Art 88
San José, aéroport de 206
sans-abri 152, 211
Santa Clara 202
se restaurer 186, 188, 212, *voir aussi par quartiers et dans l'index Se restaurer*
  enfants, voyager avec des 200
  cours de cuisine 142
  convenances 186
  réservations 186
  magasins 199
  tacos 135
séismes 120
services médicaux 213
SFMOMA 88
Shakespeare Garden 171
shopping 198, *voir aussi par quartiers et dans l'index Shopping*
  centres commerciaux 102

  chaînes 103 sites
  Internet 16
  hébergements 204
  restaurants 186, 188
  concerts 189
  shopping 198
  skateboard 133, 158, 174
SLA Safehouse 180
SoMa, *voir* Downtown et SoMa
SOMArts 144
sortir 201, 202, *voir aussi l'index Sortir*
sous-marins 37
South Park 96
sports 98, 202
SS Jeremiah O'Brien 44
stationnement 67, 209
Steinhart Aquarium 163
Sterling, George 41
Sterling Park 41
Stern Grove Festival 120
Stow Lake 169
Sun Terrace 95
Superbowl 202
Sur la route 60, 64, 75, 184
surf 196
Sutro Baths 169

T
tacos 135
taxis 17, 208
Telegraph Hill 57
téléphones portables 212
téléphone 16, 212
Tenderloin 114
Tetrazzini, Luisa 120
toilettes 212-213
tramway 17, 207
Transamerica Pyramid 88
transports 17, 206-209

troquets 191, *voir aussi l'index Prendre un verre*

U
Union Square 92
Upper Haight 156
urgences 209
USS Pampanito 37

V
Vallejo Street Steps 75
vélo 44, 174, 208
vie nocturne 190, 192, 202, *voir aussi les index Prendre un verre et* Sortir
Villareal, Leo 90
visas 212
voiture 45, 208

W
Walt Disney Family Museum 28
Walter & McBean Gallery 43
Warner, Jane 147
Washington Square Park 63
Waters, Alice 186, 187
Waverly Place 60
Women's Building 129, 182

🍸 Prendre un verre

A
15 Romolo 68
20 Spot 138
111 Minna 84

A
Alembic 156
Aub Zam Zam 156

B
Bar Agricole 95
Barrique 68
Beach Chalet 174
Biergarten 118
Bloodhound 96
Blue Bottle Coffee Company 116
Bourbon & Branch 116
Brazen Head 31
Buddha Lounge 70
Buena Vista Cafe 48
Burritt Room 97
Butter 85

C
Caffe Trieste 67, 184
California Wine Merchant 30
Cantina 98
Cat Club 85
City Beer Store & Tasting Room 98
Club OMG 85
Coffee to the People 156
Comstock Saloon 67

D
DNA Lounge 85

E
Eagle Tavern 96
Edinburgh Castle 118
El Rio 137
El Techo de Lolinda 139
Elixir 137
Emporio Rulli 92
EndUp 85

F
Four Barrel 182

G
Gold Dust Lounge 48

H
Hemlock Tavern 117
Hollow 175
Homestead 138
Hôtel Biron 117
House of Shields 98

I
Irish Bank 98

J
Jack's Cannery Bar 49

L
Lexington Club 138
Li Po 69, 185
Lightning Tavern 31

M
Madrone Art Bar 156
MatrixFillmore 31
Monarch 85
Monk's Kettle 139

N
Noc Noc 156

R
Red Blossom Tea Company 68
Réveille 69
Rickhouse 95
Rickshaw Stop 119
Ritual Coffee (Patricia's Green) 118
Ritual Coffee Roasters (The Mission) 138
RN74 97
Rye 117

S
Sightglass Coffee 99
Smuggler's Cove 116
Specs Museum Cafe 67, 185

T
Thursday NightLife 163
Tommy's Mexican Restaurant 174
Tonga Room 75
Top of the Mark 81
Toronado 155
Tosca Cafe 68
Trad'r Sam 175
Trick Dog 138
Trouble Coffee 175
Twin Peaks 147
Two Sisters Bar & Books 118

U
Uva Enoteca 157

V
Vesuvio 69
Vinyl Coffee & Wine Bar 157

W
Winery Collective 48

Z
Zeitgeist 137

⊗ Se restaurer

A
A16 29
Academy Cafe 163
Aziza 170

B
Bar Crudo 154
Benkyodo 125
Benu 91
Bi-Rite Creamery 129
Blue Barn Gourmet 29
Boudin Bakery 46
Boulette's Larder 92
Boulevard 92
Brenda's French Soul Food 115
Butler & the Chef 93

C
Café Asia 109
Cafe Zoetrope 63
Chez Maman West 114
Chez Panisse 186, 187
Cinecittà 66
Citizen's Band 94
City View 65
Coi 64
Commonwealth 135
Cotogna 64
Craftsman & Wolves 134
Crown & Crumpet 200

E
Eagle Cafe 47
Escape from New York Pizza 155

F
farm:table 115
Fisherman's Wharf Crab Stands 47
Forbes Island 45

G
Gary Danko 45
Ghirardelli Ice Cream 44
Gitane 94
Greens 28

Index

H
Hog Island 79
House of Nanking 66
Humphry Slocombe 136

I
Ichi Sushi 135
In-N-Out Burger 47

J
Jardinière 114

K
Kabuto 172
Kara's Cupcakes 45

L
La Palma Mexicatessen 135
La Taqueria 133
Liguria Bakery 65
Little Chihuahua 155

M
Magnolia Brewpub 154
Mamacita 30
Masala Dosa 172
Mijita 79
Millennium 115
Mission Cheese 129
Mission Chinese 136
Mission Pie 182
Molinari 67
Moss Room 163
MH de Young Museum Café 165

Références des **sites**
Références des **plans**

N
Namu Gaji 134
Nojo 114
Nopalito 173

O
Off the Grid 30
Outerlands 170

P
Pancho Villa 135
Park Tavern 65
Pat's Cafe 48
Pier 15 food tricycles 53
Pizzeria Delfina 135
Pretty Please Bakeshop 174

R
Radish 136
Ragazza 154
Rich Table 113
Ristorante Ideale 65
Rosamunde Sausage Grill 154

S
Saigon Sandwich Shop 115
Salt House 92
Salty's Famous Fishwich 46
Scoma's 46
Seaglass Restaurant 53
Sentinel 95
Slanted Door 79
Smitten Ice Cream 118
Spices 173
Swensen's 46

T
Tacolicious 135
Thanh Long 172
Ton Kiang Restaurant 172
Tropisueño 94

U
Udupi Palace 136

W
Warming Hut 30

Z
Z & Y 65
Za 45
Zero Zero 93
Zuni Cafe 115

⊛ Sortir

A
Alonzo King's Lines Ballet 100
American Conservatory Theater 99
Amnesia 140
AsiaSF 101
Aunt Charlie's 121

B
Balboa Theatre 175
BATS Improv 32
Beach Blanket Babylon 70
Bimbo's 365 Club 71
Booksmith 157

C
Castro Theatre 147
Chapel, The 140
Cobb's Comedy Club 71

E
Elbo Room 140
Embarcadero Center Cinema 101

G
Great American Music Hall 121

H
Hotel Utah Saloon 100

I
Independent 157

J
Jazz Heritage Center 125
Joe Goode Performance Group 100

L
Lindy in the Park 176
Liss Fain Dance 100

M
Magic Theater 31
Make-Out Room 141
Marsh 140
Mezzanine 100
Mission Bowling Club 142

N
New People Cinema 125

O
Oberlin Dance Collective 139-40

P
Pier 23 49
Plough & Stars 175
Punch Line 102

R
Roxie Cinema 139

Shopping

S
San Francisco Ballet 119
San Francisco Opera 119
San Francisco Symphony 119
SFJAZZ Center 119
Slim's 100
Smuin Ballet 100
Starlight Room 102
Stud 100

T
TIX Bay Area 92
Tonga Room 75

V
Viracocha 141

W
Warfield 121

Y
Yerba Buena Center for the Arts 99
Yoshi's 125

🛍 Shopping

101 Music 72

A
Accident & Artifact 145
Adobe Books & Backroom Gallery 143
Al's Attire 72
Amoeba Music 158
Aquarius Records 144
Aria 72
ATYS 32

B
Benefit 32
Betabrand 143
Bi-Rite 143
Bound Together Anarchist Book Collective 158, 180
Branch 104

C
Chinatown Kite Shop 72
City Lights 64, 71, 184
Community Thrift 144
Crocker Galleria 102

D
Dema 144
Dog-Eared Books 183
Double Punch 73

E
Eden & Eden 72
elizabethW 49

F
Fatted Calf 123
Ferry Plaza Farmers Market 79
Ferry Plaza Wine Merchant 79
Flight 001 123
Foggy Notion 177

G
General Store 176
Gimme Shoes 122
Golden Gate Fortune Cookie Company 71
Goorin Brothers Hats 159
Gravel & Gold 142
Green Apple Books 177

H
Heart of the City Farmers Market 116
Heath Ceramics 103
Human Rights Campaign Action Center & Store 147

I
Isda & Co Outlet 105
Isotope 123

J
Japan Center 125
Jeremys 103

K
Kinokuniya Books & Stationery 125

L
Le Sanctuaire 104
Levi's 103
Loved to Death 159

M
MAC 122
Madame S & Mr S Leather 104
Margaret O'Leary 104
Mingle 32
Mission Skateboards 133
Mollusk 176
My Roommate's Closet 33

N
Nancy Boy 121
Needles & Pens 142

New People 125
Nooworks 143

P
Park Life 175
Past Perfect 33
Piedmont Boutique 159

R
Rare Device 159
Recchiuti Chocolates 104
Reliquary 121
Rock Posters & Collectibles 73

S
SFMOMA Museum Store 88
SFO Snowboarding & FTC Skateboarding 158
Shotwell Boutique 105
Sports Basement 32

T
TCHO Chocolate 49

U
Upper Playground 158

V
Voyager 145

W
Wasteland 158
Westfield Centre 102

L'auteur

Alison Bing

En 15 ans, Alison a fait tout ce qu'il faut faire à San Francis[co] et bien plus... comme rencontrer l'amour dans un bus de Haight St et démissionner d'un poste dans la Silicon Valle[y] pour écrire 43 guides Lonely Planet, des chroniques culturelles dans des magazines, des guides pour smartph[one] et beaucoup d'autres choses. Pour suivre ses aventures e[n] direct, rendez-vous sur Twitter @AlisonBing.

San Francisco en quelques jours
2ᵉ édition
Traduit et adapté de l'ouvrage *San Francisco Pocket*, 4th edition, March 2014
© Lonely Planet Publications Pty Ltd 2014
© Lonely Planet et Place des éditeurs 2014
Photographes © comme indiqué 2014
Dépôt légal Mars 2014
ISBN 978-2-81614-093-4
Imprimé par L.E.G.O. Spa (Legatoria Editoriale Giovanni Olivotto), Italie

Bien que les auteurs et Lonely Planet aie[nt] préparé ce guide avec tout le soin nécessai[re,] nous ne pouvons garantir l'exhaustivité [et] l'exactitude du contenu. Lonely Planet [ne] pourra être tenu responsable des domma[ges] que pourraient subir les personnes utilisant c[et] ouvrage.

En Voyage Éditions | un département | place des éditeurs

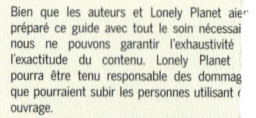

Tous droits de traduction ou d'adaptation, même partiels, réservés pour tous pays. Aucune partie de ce livre ne peut êtr[e] enregistrée dans un système de recherches documentaires ou de base de données, transmise sous quelque forme que c[e soit,] par des moyens audiovisuels, électroniques ou mécaniques, achetée, louée ou prêtée sans l'autorisation écrite de l'édi[teur,] à l'exception de brefs extraits utilisés dans le cadre d'une étude.
Lonely Planet et le logo de Lonely Planet sont des marques déposées de Lonely Planet Publications Pty Ltd.
Lonely Planet n'a cédé aucun droit d'utilisation commerciale de son nom ou de son logo à quiconque, ni hôtel ni restaurant ni boutique ni agence de voyages. En cas d'utilisation frauduleuse, merci de nous en informer : www.lonelyplanet.fr